本书系云南大学《中国边疆研究丛书》成果之一，得到云南大学专门史国家重点学科建设经费资助。

云南大学 中国边疆研究丛书

林文勋 主编

方国瑜与中国西南边疆研究

娄贵品 著

人民出版社

总　序

林文勋

　　我国幅员辽阔,民族众多,是一个统一的多民族国家。而中国的边疆地区则是我国统一多民族国家的重要组成部分,历来在国家的经济发展、社会进步和政治稳定中占有十分重要的地位。古往今来,历朝历代莫不重视边疆问题的研究与边疆治理。近代以来,随着世界局势的变化和边疆问题的凸显,边疆问题的研究更加受到重视,并形成了几次大的研究热潮。在这一过程中,一些学者提出了"边政学"、"边疆学"等概念,极大地推动了边疆问题研究的开展。目前,尽管人们对"边疆学"、"边政学"等概念还持有不同的看法,但边疆问题研究的重要性已没有人怀疑。构建一门具有中国特色的边疆学学科,在更高的层面和更大的范围开展中国边疆问题的研究越来越成为更多的人们的认识。

　　云南大学地处祖国西南边疆,是我国西南边疆建立最早的综合性大学之一。长期以来,依托特殊的区位优势和资源优势,大批学者对边疆问题特别是西南边疆的问题开展了持续不断的深入研究。在几代学者的共同努力下,通过将区位优势和资源优势转化为学科优势,再将学科优势转化为人才培养的优势,云南大学边疆问题的研究与人才培养蓬勃发展,并积累了深厚的学术基础,呈现出旺盛的发展潜力。中国边疆研究现已成为云南大学重要的优势和特色学科。在全力推进、发展中国边疆学学科建设的进程中,云南大学应该义不容辞、责无旁贷地肩负起建设和发展中国边疆学学科的重任。

基于此,为进一步巩固和提升云南大学边疆问题研究的水平与实力,2002 年,我们提出了在云南大学建设中国边疆学学科的建议并拟定了具体的方案。2007 年,通过整合边疆问题研究、中外关系史和经济史研究的力量,云南大学专门史学科被批准为国家重点学科。同年,我们又在历史学一级学科博士学位授权下自主增设了"中国边疆学"二级学科博士学位授权。2008 年,我们再次抓住国家"211 工程"三期建设的契机,提出"西南边疆史与中国边疆学"作为云南大学国家立项的学科项目加以建设,旋即得到批准。

"西南边疆史与中国边疆学"学科项目,计划从中国西南边疆史、中国与南亚东南亚关系史和中国边疆学研究三个方面较全面地开展边疆问题的研究和中国边疆学学科体系的探讨。同时,还将有计划地整理有关西南边疆的历史文献和档案资料,翻译和介绍国外学者关于中国西南边疆研究的重要成果。

此次我们编辑和出版云南大学《中国边疆研究丛书》,就是为了系统地反映我们在推进边疆问题研究和中国边疆学学科建设中所形成的研究成果,增进与国内外学术界的交流与合作。

从传统的边疆史地研究到中国边疆学学科建设,决不只是研究范围的扩大和研究内容的增加,而是一种研究视野的转变和研究范式的创新。

中国边疆学学科的建设还将经历长期的探索过程并面临较为

艰巨的任务,我们的工作也仅只是在自己原有基础上的一个新的
开端。为此,我们真诚地期望各位专家学者给我们提出宝贵的意
见和建议,以便我们的工作做得更好,共同为推进中国边疆学学科
的发展与繁荣作出新的贡献!

2011 年春节

序

林超民

20 世纪三四十年代,云南大学在抗日战争的烽火中,创办了两个重要的人文学术研究机构。一个是由费孝通领导的的云南大学—燕京大学社会学实地调查工作站。一个是由方国瑜领导的西南文化研究室。这两个研究机构在学术研究、人才培养、服务社会诸方面做出了前无古人的杰出贡献,为西南边疆的社会、历史、文化研究奠定了坚实深厚的基础。

社会学实地调查工作站经由费孝通回忆,潘乃谷、王铭铭、谢泳、梁永佳等学者撰文论述,被誉为中国现代学术集团的雏形,蜚声宇内。因躲避日军空袭,1940 年社会学实地调查工作站被迫从昆明城内搬到呈贡县的魁星阁,所以,有"魁阁"工作站的绰号。魁阁学派、魁阁精神、魁阁时代、魁阁道路的雅号席卷学术界。相比之下,西南文化研究室则寂寂无闻。

青年学者娄贵品博士经过多年潜心研究,在占有详实资料的基础上,完成《方国瑜与中国西南边疆研究》一书,打破了自 1950 年以来一个甲子的沉寂,让我们得见西南文化研究室众多学者的人文风采、领略他们的学术风气、品味他们的文化风韵、学习他们的独立风骨、瞻仰他们的大师风范。

　　贵品这本著作第一次系统深入地论述了《西南边疆》杂志的创办、内容、特点、价值；第一次系统深入地论述了云南大学西南文化研究室的创建、成就、影响；第一次廓清了《西南边疆》杂志和西南文化研究室之间既相关又有区别的关系，澄清了在两者关系上的诸多模糊认识。最重要的是，本书用大量事实，说明西南文化研究室在研究成果、人才培育、学术贡献、社会影响诸方面，不输魁阁工作站。

　　方国瑜是滇版《西南边疆》杂志的主编，又是西南文化研究室的主任。本书浓墨重彩地论述了方国瑜在创办《西南边疆》杂志与西南文化研究室中的重大贡献和不朽业绩，凸显方国瑜在西南边疆研究中巨擘的引领作用与泰斗的楷模地位。方国瑜在祖国边疆危机的紧要关头，做出了具有历史意义的抉择。他毅然放弃已有成就的语言学、汉语史、音韵学，从学术研究中心来到西南边疆，筚路蓝缕、披荆斩棘，开创了西南边疆研究的新局面。方国瑜创办的西南文化研究室不仅是云南第一个现代学术机构，也是中国研究西南边疆的第一个现代学术机构。这个研究机构可谓人才济济，群星灿烂，他们齐心协力，用丰硕的研究成果使滞后的西南边疆研究一跃而为国内领先国际一流的学科，许多论文著作为传世经典，光照千秋。今天我们在边疆学的学科建设中有所进步，不能不怀着深深的敬意诚心感谢方国瑜和他的同仁们的开创之功与奠基之劳！

　　本书特别论述了方国瑜"中国历史发展整体性"理论的酝酿。这是作者的又一个重要创新点。

　　谈到方国瑜的"中国历史发展整体性"理论的酝酿，不能不涉及当时在昆明发生的一场影响甚巨的学术争论。1939年2月9日，昆明《益世报》的《边疆周刊》发表了顾颉刚《中华民族是一

个》一文，由此，一场围绕中国是不是多民族国家的学术辩论在众
多学者中展开。当年发表在《边疆周刊》或《星期评论》的信件和
文章有张维华的《读了顾颉刚先生的"中华民族是一个"之后》、白
寿彝的来函、马毅的《坚强"中华民族是一个"的信念》等。上述文
章对顾颉刚的观点大多表示了赞同，特别是从当时的抗战形势着
眼，大家认为顾颉刚提出这一观点对于加强民族团结、共御外侮是
有着积极的意义。

　　费孝通、翦伯赞等学者对"中华民族是一个"的观点就提出了
质疑。费孝通在《关于民族问题的讨论》中提到，中华民族应团结
一体进行抗日，但是从民族研究学理角度也应该承认中国是一个
拥有众多民族的国家，少数民族客观存在的事实应当受到尊重。
抗日并不一定要否认中国境内有不同的文化、语言、体质的团体存
在。不同的文化、语言、体质的人群发生共同的利害，有对内稳定、
对外安全的需要，自然有可能结成一个政治团体。因此，实现政治
上的平等才是解决民族问题的关键。谋求政治上的统一，不是要
消除各民族及经济集团之间的界限，而是要消除这些界限所引起
的政治上的不平等。翦伯赞认为，国家确实需要国内各民族的团
结统一，但"团结"不是"消灭"，"团结"不但不应否定其他民族之
存在，并且应扶助他们的独立自由之发展。只有承认各民族之生
存乃至独立与自由发展的权利，在民族与民族间建立经济的政治
的乃至文化的平等关系，才能实现中华民族的团结。

　　针对费孝通的质疑，顾颉刚在《边疆周刊》连续发表两篇《续
论中华民族是一个——答费孝通先生》。不过，费孝通此后却没
有再写论辩文章。对此，费孝通于1993年在参加顾颉刚诞生一百
周年学术讨论会上的讲话可作为解释。他回忆道："后来我明白
了顾先生是基于爱国热情，针对日本帝国主义在东北成立'满洲

国'，又在内蒙古煽动分裂，所以义愤填膺，亟力反对利用'民族'来分裂我国的侵略行为。他的政治立场我是完全拥护的。……但是这种牵涉到政治的辩论对当时的形势并不有利，所以我没有再写文章辩论下去。"

在这场激烈的辩论中，方国瑜没有著文参与讨论，但是他完全支持顾颉刚"中华民族是一个"的命题。他在论述云南边疆历史时，始终明确肯定"自有历史以来之云南，即为中国的一部分；故云南之历史，为中国历史之一部分，此为确然可信之事实"。"中国历史应该是中国各民族共同的历史"。不过，对顾颉刚的论点，方国瑜尚有所保留。因为他看到中国，尤其是云南，多民族共存的历史与现实。经过多年的思考，他在 1963 年发表了《论中国历史发展整体性》一文。他既看到中国多民族的存在，又看到各民族结为一个整体的事实。各少数民族与汉族共同结成一个整体，这就是中华民族。对此贵品在书中做了精到中肯的论述。这不仅对于理解方国瑜中国历史发展整体性有重要的学术启迪，而且对促进民族交融、加强边疆建设、维护国家统一也有巨大的社会价值。

云南大学的西南边疆研究在方国瑜的领导下有三次重大进展。上世纪三四十年代以"创"为特点，就是开创与创造。上世纪五六十年代以"新"为特点，就是革新与求新。上世纪七八十年代以"精"为特点，就是精深与精严。创，以《西南边疆》杂志和西南文化研究室的创立为标志。《西南边疆》杂志刊载的文章与"西南研究丛书"10 种，大多是边疆研究的创新之作，引领一个时代的风气。新，以西南文化研究室的停办到中国少数民族史研究室成立和中国民族史专业招生为标志。这是一个以新代旧的变革时代。是一个用马克思主义改造旧思想、旧学科的时代。方国瑜满怀热情迎接新时代的到来。他和杨堃、江应樑等学者在马克思主义的

旗帜下,为新时代的边疆民族社会历史调查和少数民族识别做出
了杰出贡献。1957 年方国瑜开始招收中国民族史专业副博士研
究生;1959 年云南大学首创中国民族史本科专业并招生;1955 年
撰著《云南民族史讲义》,1960 年编写《中国民族史讲义》。这两
部书在 1964 年被高等教育部列为国家推荐教材。方国瑜、杨堃、
江应樑等人齐心协力、共同努力,使云南大学在中国民族史研究与
人才培养诸方面居于海内外领先地位。精,以方国瑜负责编绘中
国历史地图西南部分,完成《中国西南历史地理考释》与《云南史
料目录概说》两部经典著作,编纂《云南史料丛刊》,培养中国民族
史专业博士研究生为标志。云南大学的中国民族史与民族学学科
获得长足进步,成为中国民族学与民族史研究与人才培养的重点
基地。

　　贯穿在这三个时期的宗旨是忧民爱国的忠诚与实心,经世致
用的热忱与激情,实事求是的质朴与纯正。归纳起来就是方国瑜
的十字箴言:"不淹没前人,要胜过前人"。这是古今中外治学的
大道正轨。

　　治学必须温故方能知新,必须学习方能增高,必须继承方能创
新,只有学习前人,才能胜过前人。

　　贵品潜心研究方国瑜开创西南边疆研究的学术历程,与前贤
精神对话,和往哲心灵交谈。论述前贤往哲已取得的学术成就,避
免后来人以不知为空白,以抄袭为超越;学习前贤往哲的严谨求实
的学风,警示后来人不要以虚浮为新意,以取巧为创新。

　　贵品这部新书,昭示研究西南边疆一代新人正在前人的基础
上,开创西南边疆研究的学术新时代。

目　录

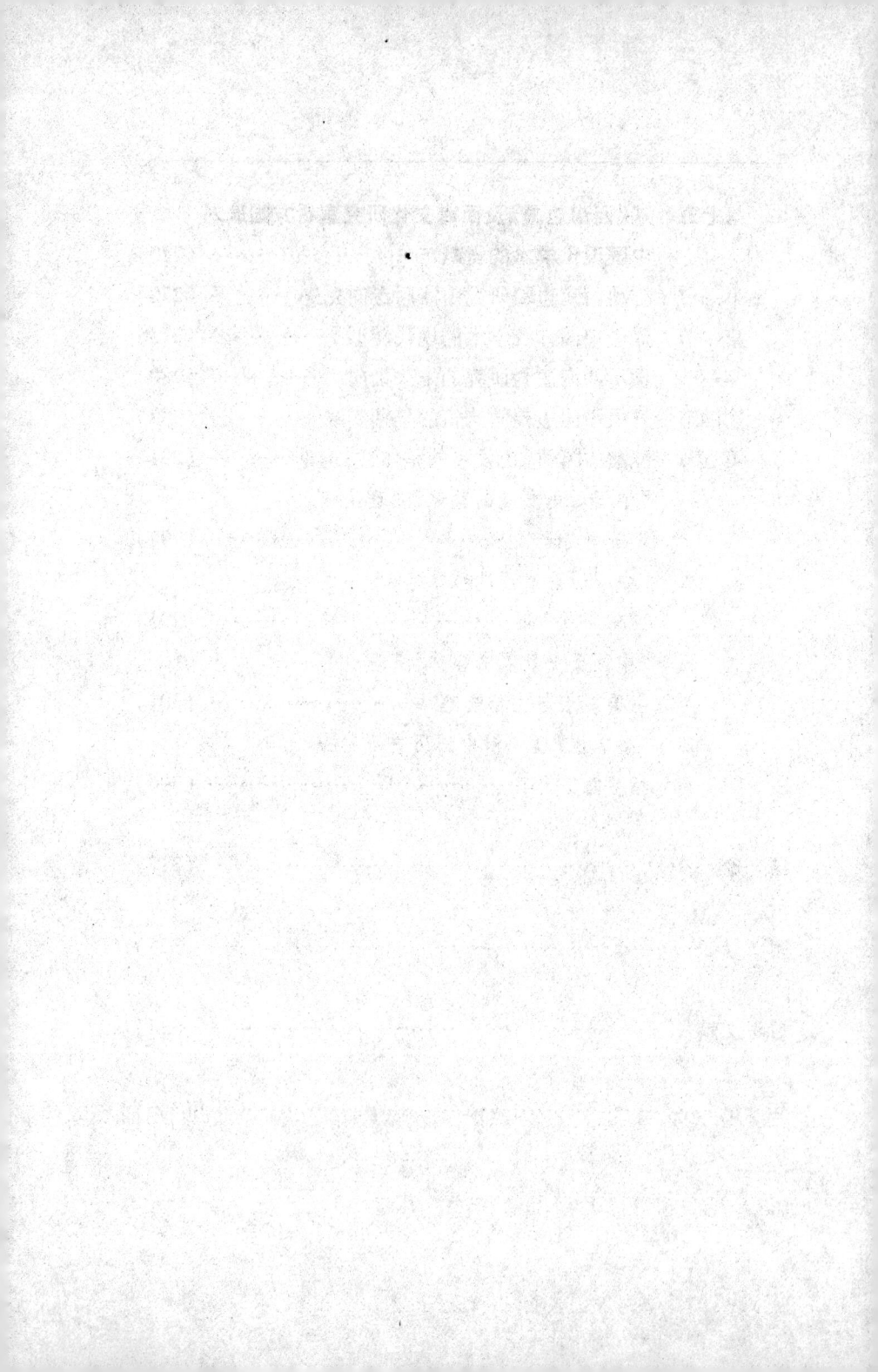

绪　　论

一　选题缘由

全面抗战爆发后,云南及西南边疆成为抗战建国的根据地,内地专家学者纷纷向西南转移,昆明一时名师荟萃,成为全国学术中心。因当时国人对西南不甚了解,加强对西南边疆的调查研究,认识西南边疆,了解西南边疆,介绍西南边疆,为抗战建国服务,便成为内迁专家学者和云南地方学者的共同使命。又因其时边疆研究的大型刊物或被迫停刊,或被迫转移,而云南地区涉及边疆研究的刊物又几近于无,于是内迁学者与云南学者中热心边疆研究之人士凌纯声、方国瑜遂相约在昆明组织西南边疆月刊社,出版《西南边疆》月刊,由方国瑜担任主编。《西南边疆》创刊号于1938年10月27日出版,第十二期出版后移蓉编印,由徐益棠主编,至1944年6月停刊,共印行18期。该刊自创刊起,一直备受学术界关注,至今仍然受到国内外学者的普遍赞誉和高度肯定,"不仅在国内学术界享有声誉,并引起国际上的重视……影响之深远难以估计",[1]"是抗战时期关于西南边疆历史文化研究方面最有名的刊物之一"。[2]1941年3月,国立云南大学拟设置西南史地研究室,聘请方国瑜任筹备主任。1942 年 7 月,西南文化研究室成立,方国瑜出任主任,邀请省内外著名专家学者加盟,拟有宏大研究计划和年度工作计划,在极为困难的条件下编印《云南大学学报》一期,出版"西南研究丛书"10 种,使该室"成为西南民族历史文化研究中心"[3]。因《西南边疆》和西南文化研究室的核心人物均是方国瑜,所以两者之间也有较大关联。在方国瑜为研究室聘请的人员中,陶云逵、楚图南、闻在宥、白寿彝、张印堂、凌纯声、徐益棠、岑家梧、张凤岐、江应樑、彭桂萼、李希泌、赵继曾等均是《西南边疆》的撰稿者。而且,《西南边疆》的征稿范围与西南文化研究室的研究项目相当接近。"西南研究丛书"中某些著作的部分内容,最先就在《西南边疆》发表。

学术期刊和研究机构在中国现代学术史上具有至关重要的作用。"学术刊物在中国现代学术史上的重要性,在于它预示并促进了中国传统学术向现代的转化"。"近代以来学术的变迁,无论是西学的引进传播,还是现代学术的交流都离不开学术刊物这一媒介"。[4]"现代学术研究机构的建立,为学术研究提供了必要的研究空间,为学术研究者提供了各种物质保障,使现代学术研究逐渐演变为体制化研究,学术研究日趋体制化和建制化"。[5]作为中国现代学术的重要标志,《西南边疆》及西南文化研究室在中国现代学术史上的地位、作用及影响值得重视。

20 世纪三四十年代是中国现代学术史上的关键时代。"中国现代学术创造实绩的拓展和繁荣,是在二十年代后半期和三四十年代"。"那是清中叶乾嘉之后中国学术的又一个繁盛期和高峰期"。[6]中国边疆研究也在这一时期掀起了第二次高潮。西南边疆研究则是这一"繁盛期和高峰期"的新的学术增长点。诚如马长寿所说,抗战时期我国西南边疆的研究"呈现一种空前的热烈与紧张。……实有'空前绝后'之感"。[7]其中,《西南边疆》及西南文化研究室扮演了较为重要的角色。《西南边疆》作为当时西南边疆研究最权威的刊物,西南文化研究室作为当时西南边疆研究中少有的重要研究机构,凝聚了一大批知名学者,做出了空前的成绩。

然而,正如李绍明所指出,"现在,我们关于民国时期边疆问题的研究都没有理清楚"[8]。长期以来,学界对《西南边疆》及西南文化研究室均较少措意,甚至连对两者的基本情况及两者之间的关系也不甚清楚,更没有人从现代学术的角度对之做过探讨。

20世纪80年代以来,中国边疆研究掀起第三次高潮,创立"中国边疆学"成为"肩负继承和开拓重任的中国边疆研究工作者的历史使命"[9],而"认真总结前人研究积累是构筑中国边疆学的重要学术基础"[10]。因此,以《西南边疆》及西南文化研究室为基础,探讨方国瑜在中国现代学术史上的地位、作用和影响,具有重要的学术价值和现实意义。不仅有利于推进中国现代学术史研究、中国边疆研究、中国西南边疆研究、中国近代报刊史研究、云南现代学术史研究和方国瑜研究,对当今中国边疆学的构筑及西南边疆建设,也有较强的现实借鉴意义。

二　学术回顾

与本书有关的研究,主要体现在以下几个方面。

(一)关于方国瑜的学术经历及学术思想的研究。主要有林超民教授的《文章惊天下　道德著春秋——一代宗师方国瑜》[11]、方福祺著《方国瑜传》[12]、陈友康、罗家湘著《20世纪云南人文科学学术史稿》[13]第十五章"学术大师方国瑜"、王国梁的《方国瑜历史地理学思想研究——以〈中国西南历史地理考释〉为中心》[14]等。

林超民教授在文中指出,方国瑜经历了"从音韵转向界务,从古代转向现实,从中原转向边疆"的学术转向;在参与中英滇缅南段未定界界务谈判中,方国瑜"从实践中进一步认识到中国边疆居住着众多族类,他们自秦汉以来就成为多民族国家的一部分,奉中国历代王朝的正朔,向中央王朝称臣纳贡,是中国整体的一个有机组成部分"。[15]这对本书的写作具有较大的启迪意义。王国梁对方国瑜"中国历史发展的整体性"理论的渊源略有探讨,认为该理论与《云南》杂志所载的部分文章、袁嘉谷、龙云、李根源、范义田等滇籍学者的相关认识有关。同时,依据肖向龙、袁韵《抗战时期对西南历史地理的研究》一文,认为当时的研究都强调西南在文化渊源、民族源流上和内地的一致性,是该理论的源头之一[16]。杨文辉认为,方国瑜后来提出"中国历史发展的整体性"观点,强调中国各民族、各地区始终是一个整体,从他在《滇西边区考察记》中对佤族人在界务中的集体倾向的肯定和着力强调中,已可见这种思想的萌芽。从这一意义上而言,参加中英之间的滇缅界务会勘对于其学术指导思想的形成有着非同寻常的意义[17]。1992年,马大正先生在谈及现代高等教育在实现中国边疆研究的平衡发展中的作用时曾说:

　　　　随着云南现代高等教育事业的发展(特别是抗日战争时期),以方国瑜为代表的一批学者以云南大学等高校为主要基地,较为稳定地开展了中国边疆研究(主要为西南边疆研究)的教学与科研工作,进而使原本较北部边疆研究明显滞后的西南边疆研究取得了长足的进步,从而有利于中国边疆研究的整体布局和进步。[18]

2007年,林超民教授在丽江市召开的"方国瑜先生与民族文化学

术研讨会"上发言,首次称方国瑜为"西南边疆学的奠基人",认为
"《西南边疆》杂志和《西南研究丛书》的出版,是西南边疆研究从
滞后走向先进的里程碑,标志着中国西南边疆研究进入一个新的
阶段,也标志着西南边疆学学科的形成。"[19]马先生和林先生都
充分肯定了方国瑜在中国边疆研究史上的地位和作用,不过未展
开论述。

　　(二)关于《西南边疆》和西南文化研究室所出"西南研究丛
书"的研究。作一般性介绍的主要有张善尧《云南期刊〈西南边
疆〉述评》[20]、王振刚《民国学人研究西南边疆问题之考察》[21]、黄泽
《半个世纪以来三套"西南民族文化研究"丛书评介》[22]、万亚《"西
南研究丛书"文献简介》[23]、丁守和、马勇、左玉河等主编的《抗战时
期期刊介绍》[24]等。对"西南研究丛书"作具体评论[25]的有林超《评
张印堂之〈滇西经济地理〉》[26]、李何林《读〈云南农村戏曲史〉》[27]、
黄有成《〈大理古代文化史〉是有价值的地方史专著》[28]、余嘉华等
《徐嘉瑞与〈大理古代文化史稿〉》[29]、余斌《徐嘉瑞的〈大理古代文
化史稿〉》[30]、李硕《藏书家方树梅〈明清滇人著述书目〉》[31]、杨文辉
《一部不应被忽略的佤族研究著作——读〈滇西边区考察记〉》、段
润秀《方树梅与〈明清滇人著述书目〉》[32]。以上研究或偏重于介
绍,或就个案论个案,缺乏现代学术的整体关照。或许正是这一原
因,学术界在涉及《西南边疆》、西南文化研究室及二者之间的关
系、中国民族学会与《西南边疆》的关系时,所述往往与事实有较
大出入。

　　(三)学术界对20世纪三四十年代西南边疆研究的学术史考
察。早期主要有岑家梧《西南种族研究之回顾与前瞻》[33]、徐益棠
《十年来中国边疆民族研究之回顾与前瞻》[34]、陶云逵《云南土著民
族研究之回顾与前瞻》[35]、愈兄《论我国研究西南民族之今昔及其

将来展望》[36]、罗致平《战时中国人类学》[37]、马长寿《十年来边疆研究的回顾与展望》[38]、云南省立昆华民众教育馆编《云南史地辑要》[39]等。其中,《战时中国人类学》从中国人类学发展的角度,对《西南边疆》和方国瑜著《滇西边区考察记》的学术意义予以高度肯定。其余均为概论性文章,且多从民族学、人类学的角度进行梳理和总结,在区域方面对西南和云南略有侧重。

20世纪80年代,方国瑜《〈滇史论丛〉自序》[40]、《江应樑自传及著作简述》[41]有涉及,但未展开。这一时期关于民族学、人类学史的回顾与研究性文章较多,比较重要的有江应樑的《民族学在云南》[42]。该文对"民族学在云南的发展和成就"作了梳理和总结,肯定了《西南边疆》在云南民族学史上的重要地位,在一定程度上反映了20世纪三四十年代云南在中国民族学发展中的地位与作用。

20世纪90年代以后,相关论著多有发表。通史性著作主要有《二十世纪的中国边疆研究——一门发展中的边缘学科的演进历程》[43]、王建民著《中国民族学史》(上卷)[44]、美国学者顾定国著《中国人类学逸史:从马林诺斯基到莫斯科到毛泽东》[45]、胡鸿保主编《中国人类学史》[46]。这些著作关注面既广且全,但对20世纪三四十年代的西南边疆研究均未作专门论述。李绍明指出:"现在关注这些问题的学者开始多了,但还不深入,其实没有几本书将这段历史梳理清楚,并给予恰当评价的。"又说,"《中国民族学史》也说过这一段(按:民国时期的边疆研究),基本上是可以的,但也不是很清晰"。[47]的确,以上著作对《西南边疆》和西南文化研究室多有提及,但都是一笔带过,且表述多有欠准确。

论文方面。王文成《抗日战争时期的云南民族研究》,[48]对抗战时期云南民族研究的的盛况做了简要记述与分析。王水乔《论民国时期国内学者对云南少数民族的研究》,[49]对 20 世纪 20 年代至抗战时期国内学者对云南少数民族进行研究的历史背景、内容及特点作了探讨。马大正《二十世纪的中国边疆史地研究》,[50]"依据近百年来中国边疆史地研究发展的脉络,分别予以概述。"肖向龙、袁韵《抗战时期对西南历史地理的研究》,[51]论述了抗战时期西南历史地理研究的背景、概况和特点。潘乃谷《抗战时期云南的省校合作与社会学人类学研究》,[52]介绍了抗战时期西南联大、清华大学、燕京大学和云南大学等校社会学和人类学学者在云南的学术研究工作及成就,表达了对年轻一代学者继承和发扬前辈的优良学术传统的殷切希望。曹明煌《二十世纪三四十年代的云南民族研究》,[53]对 20 世纪三四十年代的云南民族研究作了较为深入的考察总结。王建民《中国人类学西南田野工作与著述的早期实践》,[54]全面论述了 20 世纪上半期中国人类学家在西南边疆地区的调查研究实践,分析了他们对中国人类学发展的贡献及对本学科所产生的影响等。李绍明《略论中国人类学的华西学派》,[55]论述了以华西协合大学为中心的学派及该学派形成和发展的过程、特点等。邓杰、刘长江《〈边疆服务〉与服务边疆——基督教边疆服务运动的历史记录》,[56]对中华基督教会全国总会边疆服务部创办的《边疆服务》杂志做了深入、具体的研究。马玉华考察了西南联大的西南边疆研究[57]。周蜀蓉对华西边疆研究学会作了再诠释,对《华西边疆研究学会杂志》及《边疆服务》杂志的创办、内容、出版发行及其重要价值作了论述[58]。姚乐野、秦慧运用文献计量的方法对民国时期创办的大型藏学期刊《康藏前锋》的发文量、作者、内容等进行了统计分析,重点评析了该刊的社会影响及学术价值[59]。杨绍军对"魁阁"和西南联大之南开大学"边疆人文研究室"作了比较研究[60]。王振刚《民国学人研究西南边疆问题之考察》对《西南边疆》做了介绍,对西南文化研究室略有提及。

多年来,学术界对《禹贡》半月刊的创办、内容和特点、该刊对中国学术和社会的影响等多有探讨[61]。其中,专著有孙喆、王江著《边疆、民族、国家:〈禹贡〉半月刊与20世纪30—40年代的中国边疆研究》[62]。关于《康藏研究月刊》,有硕士学位论文一篇,即谢敏《学术与时局:以〈康藏研究月刊〉为中心的考察》[63]。关于新亚细亚学会及《新亚细亚》月刊,有硕士学位论文两篇,即叶罗娜《〈新亚细亚〉月刊内外蒙古研究述评》[64]和李海健《新亚细亚学会与抗战时期的边疆研究》[65]。关于《边政公论》,有硕士学位论文三篇,即关冬燕《〈边政公论〉之研究》[66]、耿宪文《时局与边政:〈边政公论〉研究(1941—1948)》[67]、刘晓光《〈边政公论〉研究》[68]。

除以上研究外,学术界关于近代报刊的研究[69],典型者如《新青年》研究[70]、《史地学报》研究[71]、《学衡》研究[72]、《独立评论》研究[73],期刊与中国现代学术转型[74]研究,杨天宏《基督教与中国"边疆研究"复兴——中华基督教全国总会的边疆研究》[75]、《20世纪上半叶的中国边疆和边政研究——李绍明先生访谈录》[76]、汪洪亮《中国边疆研究的近代转型:20世纪30—40年代边政学的兴起》[77]、《过渡时代的边疆学术:民国时期边政学研究引论》[78]等文,对本书也有一定的参考价值和借鉴意义。

总的来说,学术界对20世纪三四十年代中国西南边疆研究的学术史考察,主要在人类学、民族学界对本学科的学术史梳理与总结中展现出来,其中关于云南地区的研究受到较多的关注,不过以上成果虽已涉及到当时的西南边疆研究,但多不系统,亦不深入。尽管出现了对当时的边疆刊物和相关团体的边疆研究的具体考察,但总体而言仍然薄弱。

中华人民共和国建立后,社会学、人类学、民族学、边政学等被取消,方先生的研究遂集中于云南地方史,因此被誉为"南中泰斗、滇史巨擘"。受此限制,方国瑜早期在西南边疆研究中的学术活动长期以来未受重视。近年来,其地位虽得到承认和肯定,但有待详细论证。学术界关于《西南边疆》和"西南研究丛书"的研究也还不多见,而且已有的关于"西南研究丛书"的研究,不是流于一般性的介绍,就是陷入孤立的个案分析。这在一定程度上造成了学术界相关表述的不当甚至错误。因此,以《西南边疆》及西南文化研究室为基础,总结方国瑜在中国现代学术史上的地位、作用与影响,符合学术发展的内在需要。

三　研究思路

本书以第二次中国边疆研究高潮中西南边疆研究的权威刊物——《西南边疆》和代表性机构——国立云南大学西南文化研究室为基础,以方国瑜在其中的核心作用为主线,系统考察西南边疆危机与方国瑜的学术转向、《西南边疆》的创刊、主编、作者群体、征稿、经费来源、版面设计、栏目设置、出版周期、停刊原因、内容、特点和价值,及西南文化研究室的成立、人员构成、研究计划与完成情况、终结、成就等。在此基础上,从学术史发展的角度,总结方国瑜在中国现代学术史上的地位、作用与影响。

四　研究创新之处

(一)在资料搜集和使用方面有较大突破,全面涉及档案、报刊、日记、学人自述或自传、文集、传记、年谱、地方志等。(1)新资料的发掘和使用,主要为当时的报刊资料,如《云南日报》所载之《西南边疆月刊创刊号昨日出版》、《兴文劝业两银行拨款补助云大》,《边疆研究通讯》所载之《西南边疆移蓉编印》、方国瑜《昆明通讯》、《云南大学西南文化研究室已正式成立并将刊印专刊多种》、《东方语言学校□迁昆明》、《云南边疆研究团体行将成立》、《国立云南大学文史学系之学术演讲会》,《图书季刊》所载之《西南边疆(月刊)创刊号至第三期》、《西南边疆(月刊)第四五六期》、《国立云南大学西南文化研究室近况》、《滇西边区考察记》、《云南农村戏曲史》、《越南古史及其民族文化之研究》,《地理学报》所载徐近之《抗战期间我国之重要地理工作》,《地理》所载林超《评张印堂〈滇西经济地理〉》,《社会学讯》所载罗致平《战时中国人类学》等。(2)已出版、但与本书有关的研究未注意的资料,如《永昌府文征·文录》收入的《上将委员长请筹设西南边疆文化研究机关书》,《中华民国史档案资料汇编》收录之《国民党中央组织部提议并经五届八中全会通过的设置边疆语文系与文化研究所以利边政施行案》(1941年4月1日)、《军委会委员长侍从室抄转李根源建议加强边疆文化研究机关代电及中央研究院办理情形呈》(1941年12月)、徐益棠《中国民族学会团体概况呈报表》(1943年8月16日),《竺可桢全集》第七卷(收录1939—1940年的竺可桢日记)、常任侠《战云纪事》等。(3)云南省档案馆、云南大学档案馆所藏相关档案。

(二)首次从杂志学的角度对《西南边疆》的创刊、主编、作者群体、征稿、经费来源、版面设计、栏目设置、出版周期、停刊原因、内容、特点和价值进行系统、全面的考察研究,纠正了学界在《西南边疆》主编、中国民族学会与《西南边疆》关系、《西南边疆》的出版周期、经费来源等问题上的模糊或错误认识。

(三)首次对国立云南大学西南文化研究室的成立经过、人员构成、研究计划及其完成情况、终结、成就进行系统、全面的考察研究,揭示了方国瑜在筹备创建和主持该室工作中的贡献,指出该室

还编了《云南大学学报》一期这一几乎不为后人所知的史实,对
"西南研究丛书"有"十一种"或"十余种"的说法提出了自己的独
到见解。

(四)通过对《西南边疆》及西南文化研究室的系统和全面的
考察研究,首次理清了两者之间的关系,纠正了学界长期存在的将
《西南边疆》的创办时间与西南文化研究室的创建时间混为一谈,
及《西南边疆》系西南文化研究室创办等错误认识。

(五)在以上研究的基础上,首次从中国现代学术发展的角
度,对方国瑜在中国现代学术史上的地位、作用与影响进行总结。

(六)对方国瑜"中国历史发展的整体性"理论作了新的诠释。
将方国瑜"中国历史发展的整体性"理论置于中国近代史、中国现
代学术史中加以考察研究,深入揭示了该理论的酝酿过程,对该理
论的主要观点和主要表现提出看法,进行了论证,同时还就该理论
对中国研究及中国边疆学研究的指导意义作了分析。

注　释

1　江应樑:《民族学在云南》,中国民族学研究会编:《民族学研究》第一辑,民族出版社
　　1981年版,第244页。

2　丁守和、马勇、左玉河等主编:《抗战时期期刊介绍》,社会科学文献出版社2009版,
　　第871页。

3　傅于尧:《学问道德　风范永存——记方国瑜对熊庆来的深切怀念》,载《思想战线》
　　1993年第2期,第16页。

4　王桃:《早期学报与中国现代学术的兴起》,载《编辑学刊》2004年第3期,第57页。

5　左玉河著:《中国近代学术体制之创建》,四川人民出版社2008年版,第308页。

6　刘梦溪著:《中国现代学术要略》,生活·读书·新知三联书店2008年版,第123、
　　120页。

7　马长寿:《十年来边疆研究的回顾与展望》,载《边疆通讯》第四卷第四期,1947年
　　4月。

8　47　王利平等:《20世纪上半叶的中国边疆和边政研究——李绍明先生访谈录》,载《西南民族大学学报(人文社科版)》2009年第12期,第38、41、38页。

9　马大正、刘逖著:《二十世纪的中国边疆研究—— 一门发展中的边缘学科的演进历程》,黑龙江教育出版社1997年版,第285页。

10　马大正:《关于构筑中国边疆学的断想》,载《中国边疆史地研究》2003年第3期,第10页。

11　《林超民文集》第二卷,云南人民出版社2008年版。

12　云南大学出版社2001年版。

13　云南人民出版社2003年6月版。

14　云南大学硕士研究生学位论文,2009年5月。

15　19　林超民:《文章惊天下　道德著春秋—— 一代宗师方国瑜》,《林超民文集》第二卷,云南人民出版社2008年版,第363、377、363、365页。

16　云南大学硕士研究生学位论文,2009年5月,第49~54页。

17　杨文辉:《一部不应被忽略的佤族研究著作——读〈滇西边区考察记〉》,那金华主编:《中国佤族"司岗里"与传统文化学术研讨会论文集》,云南人民出版社2009年版,第31页注[1]。

18　马大正:《二十世纪的中国边疆史地研究》,载《历史研究》1996年第4期,第141页。

20　载《云南图书馆》1993年第3期。

21　云南大学中国边疆学博士学位论文,2011年6月。

22　载《广西民族研究》1999年第1期。

23　载《云南大学学报(社会科学版)》2003年第2期。

24　社会科学文献出版社2009版。

25　按:因徐嘉瑞著《大理古代文化史稿》是"西南研究丛书"之一的《大理古代文化史》的再版,所以相关的书评也一并列入本书的学术综述。

26　载《地理》第三卷第三四期合刊,1943年。

27　收入徐嘉瑞著:《云南农村戏曲史》,云南人民出版社1958年版。

28　载《昆明师院学报》1979年第3期。

29　余嘉华等著:《云南风物志》,云南人民出版社1986年版。

30　余斌著:《学人与学府》,云南民族出版社2003年版。

31　中国人民政治协商会议云南省委员会文史资料研究委员会编:《云南文史资料选辑》第 21 辑,云南人民出版社 1984 年版。

32　收入罗群主编:《边疆与中国现代社会研究(下)》,人民出版社 2012 年版。

33　载《青年中国季刊》第一卷第四期,1940 年 7 月 1 日。

34　35　载《边政公论》第一卷第五、六期合刊,1942 年 1 月 10 日。

36　载《社会研究》第十二期,1940 年。

37　载《社会学讯》第一期,1946 年。

38　载《边疆通讯》第四卷第四期,1947 年 4 月。

39　云南省立昆华民众教育馆 1949 年版。

40　载《史学史研究》1982 年第 2 期。《自序——略述治学经历》(载方国瑜著,林超民编:《方国瑜文集》第一辑,云南教育出版社 2001 年版)与此基本相同。

41　载《文献》杂志编辑部、《图书馆学研究》编辑部编:《中国当代社会科学家》第 8 辑,书目文献出版社 1986 年版。《江应樑自述》(高增德、丁东编:《世纪学人自述》第 3 卷,北京十月文艺出版社 2000 年版)与此基本相同。

42　中国民族研究学会编:《民族学研究》第一辑,民族出版社 1981 年版。

43　马大正、刘逖著,黑龙江教育出版社 1997 年版。

44　云南教育出版社 1997 年版。

45　胡鸿保、周燕译,社会科学文献出版社 2001 年版。

46　中国人民大学出版社 2006 年版。

48　载云南省社会科学研究院历史研究所编:《云南省社会科学院历史研究所集刊》1993 年合刊本,编者 1993 年 12 月版。

49　载《云南社会科学》1994 年第 5 期。

50　载《历史研究》1996 年第 4 期,第 137 页。

51　载《中国历史地理论丛》1999 年第 4 期。

52　载《云南民族学院学报(哲学社会科学版)》2001 年第 5 期。

53　云南大学历史学硕士学位论文,2003 年 5 月。

54　载《西南民族大学学报(人文社科版)》2007 年第 12 期。

55　载《广西民族研究》2007 年第 3 期。

56　载《重庆师范大学学报(哲学社会科学版)》2007 年第 1 期。

57　马玉华:《西南联大与西南边疆研究》,载《中南民族大学学报(人文社会科学版)》

2009 年第 3 期。

58　参见周蜀蓉《华西边疆研究学会之再诠释》(载《中华文化论坛》2010 年第 3 期)、
　　《研究西部开发的珍贵文献——〈华西边疆研究学会杂志〉》(载《中华文化论坛》
　　2003 年第 1 期)、《〈边疆服务〉评述》(载《西南民族大学学报(人文社会科学版)》
　　2010 年第 4 期)。

59　姚乐野、秦慧:《民国时期期刊〈康藏前锋〉的价值及文献计量分析》,载《贵州民族
　　研究》2010 年第 2 期。

60　杨绍军:《"魁阁"和"边疆人文研究室"之比较研究》,载《贵州民族研究》2011 年
　　第 1 期。

61　四川师范大学硕士学位论文,2010 年 4 月。

62　林琳:《近五十年〈禹贡〉半月刊研究综述》,载《新乡学院学报(社会科学版)》2009
　　年第 3 期。

63　人民出版社 2013 年版。

64　中央民族大学硕士学位论文,2007 年 7 月。

65　河北大学历史学硕士学位论文,2010 年 5 月。

66　中国人民大学 2009 年硕士论文。

67　华中师范大学硕士学位论文,2011 年 5 月。

68　云南大学硕士学位论文,2011 年 5 月。

69　喻春梅:《20 世纪 90 年代以来中国近代报刊史研究回顾》,载《吉首大学学报(社
　　会科学版)》2006 年第 2 期。

70　参见董秋英、郭汉民:《1949 年以来的〈新青年〉研究述评》,载《近代史研究》2001
　　年第 6 期;黄晓虹:《新世纪以来〈新青年〉研究述评》,载《安庆师范学院学报(社
　　会科学版)》2008 年第 8 期;杨琥:《同乡、同门、同事、同道:社会交往与思想交
　　融——〈新青年〉主要撰稿人的构成与聚合途径》,载《近代史研究》2009 年第
　　1 期。

71　如吴忠良:《〈史地学报〉作者群析论》,载《东方论坛》2005 年第 5 期;陈宝云:《〈史
　　地学报〉及其群体与〈学衡〉之关系的探讨》,载《东方论坛》2007 年第 6 期;程文
　　标:《论〈史地学报〉对近代中国史学的影响》,载《湖北大学成人教育学院学报》
　　2007 年第 3 期。

72　如李刚、张厚生:《〈学衡〉杂志初探》,载《东南大学学报(哲学社会科学版)》2002

年第 3 期;李刚:《论〈学衡〉的作者群》,载《南京晓庄学院学报》2002 年第 1 期;李刚、倪波:《〈学衡〉创刊与出版始末》,载《新世纪图书馆》2003 年第 3 期。

73　黄波粼:《近三十年来国内〈独立评论〉研究综述》,载《民国档案》2008 年第 4 期。

74　如张越:《〈国学季刊〉与中国史学近代化》,载《北京大学学报(哲学社会科学版)》1998 年第 4 期;张越、叶建:《近代学术期刊的出现与史学的变化》,载《史学史研究》2002 年第 3 期;李春雷:《史学期刊与中国史学的现代转型——以 20 世纪二三十年代为例》,载《史学理论研究》2005 年第 1 期;左玉河:《学术期刊与中国史学研究的发展》,载《河北学刊》2008 年第 5 期。

75　载《四川大学学报(哲学社会科学版)》2008 年第 1 期。

76　载《西南民族大学学报(人文社科版)》2009 年第 12 期。

77　载《四川师范大学学报(社会科学版)》2010 年第 5 期。

78　载《四川师范大学学报(社会科学版)》2012 年第 2 期。

第 一 章
中国西南边疆危机与方国瑜的
学术转向

在方国瑜的学术历程中,曾有一次关键的学术转向,即"从音韵转向界务,从古代转向现实,从中原转向边疆"[1]。转向的原因在于西南边疆危机。这一转向不仅是方先生学术历程中的重要转折性事件,也是中国西南边疆研究史上值得浓墨重彩书写的一页。因为这一转向既带动了方先生在研究领域、研究方法等方面的巨大转变,又在较大程度上影响了中国西南边疆研究的历史发展。

第一节　中国西南边疆危机

近代时期,地处祖国西南边疆的云南,无论在国内还是在国际上,都具有重要的战略地位。姚文栋早就说过:

> 夫目论之士,以为云南暇荒,不关形要;而不知云南实有倒挈天下之势。由云南入四川,则据长江上流;由云南趋湖南而据荆襄则可动摇北方,顾亭林郡国利病书言之矣。况英今有印度缅甸以为后路之肩背,则形势更胜昔日,英之觊觎云南,非一朝一夕矣。夫云南之得失,关乎天下。[2]

华企云认为：

> 云南在本部十八省中，面积虽系次大之省，而形势之重
> 要，则要为任何各省所不及。一孔之士，以为云南边瘠之地，
> 何关大局；而不知云南据各省之上游，有到挈天下之势。由云
> 南入川，则据长江之上流，过贵州至黄平沅江，以达湖南，则可
> 左右北方。若夫东走广西，沿西江而下，则又可据珠江流域。
> 刘维坦云：中国如瓜形，而云南则其瓜蒂也；瓜蒂溃，则全瓜溃
> 矣，此语诚可谓之知音。[3]

张服真指出：

> 云南，为珠江发源的一省，也是长江上游所经的地方。全
> 省大部，介乎长江，珠江两流域间。就国防言，实为康藏与长
> 江的连锁，我国西南的门户！就国际形势言，云南又为远东与
> 近东的关键；欧洲与亚洲交通的枢纽！

所以被称为中国"得天独厚"[4] 的一省。

云南与缅甸、安南之间，本没有十分确切的疆界，但自从越、缅
相继被英、法强占以后，云南也逐渐遭到蚕食和侵吞[5]。所谓界务
问题随之产生，西南边疆危机也因此而日益加剧。

"九一八"事变后的"二年中，一时谣诼繁兴，盛传法人在云南
将大肆活动。是时大部分中国人，皆惧云南不久将与东三省同一
命运"。美国《密勒氏评论》"为明了云南的实在情形起见，乃派白
敦（Wilber Burton）君前往，……他曾费数月之力，在中国南部，云
南及安南一带作实地调查。白敦君于调查完毕复返中国南部时，
曾完成其报告"。报告指出：

> 时至今日，无论在政治经济方面，实际上云南已成为安南

之一部。

晚近有一部分中国人，认法人之合并云南，刻已危机日迫。但记者个人对此，却未加证实。……吾人对于法国是否具有侵略云南之决心，可置勿论，但法国在云南之侵略行动，实较一般人所想像者为大，盖其在云南所植之根基，刻已日渐变成根深蒂固，牢不可拔矣。……

……此路（按：滇越铁路）在法人手上，殆为法帝国主义侵略之工具，其权力之大，较诸日人在东三省经营南满铁路，犹有过之。

自实际上言：无论任何人与货物，如未经法国当局同意，及未在河内缴纳通过税，则不能入云南境内。

结果，不独云南全省商务，为法人所垄断，而云南省政府亦在巴黎政府掌握之中，因其所有军需物品，皆须仰给于法人也。

因此云南政局如有变动，法人大有举足轻重之势。[6]

白敦此文引起了国人的广泛关注。《外交评论》"为唤起国人注意起见，特烦辰侯君译出，以饷读者。"[7]1933 年 9 月 8 日的《北平晨报》"社评"，也介绍了该文观点，并评论说：

美人言论或不免夸张，即打折扣亦可见法人在滇势力之大。……越南总督操经营云南之大权，有类于从前日本关东军司令及南满会社总裁任经营我东北之冲。纵使阴谋源泉不在巴黎亦在越南。越南本多华侨，近年受法压迫，几难为生，吾人睹此形势，苟不亟谋预防之道，则滇为东北之续，非不可能。……滇省局势，虽未必如东北之紧迫，而法人之窥伺，亦未必如日本之横暴，但其视如囊中物则一也。

上海各报亦"争相转载《云南将为满洲之续乎?》及密勒氏评论关于云南的论著"。[8]

国人此时对云南将蹈满洲覆辙的担忧,主要源于云南问题与东北问题的诸多相同点。滇籍外交家张凤岐对此有调查与分析,他说:

> 云南国防地位之重要,反因暴日侵占东三省而愈获得类比的证明。作者于前岁六月间到东北考察,深觉东北危机。触目惊心,令人惊悚!当时曾为文《东北与云南》交东北民众日报社发表,文中比较东北与云南外交上的危机,发见相同之点极多:东北邻邦为日俄属地,云南邻邦为英法领地,其同一。日本以南满铁路为侵东三省底军事的经济的工具,并设满铁会社以总其成;法国亦以滇越铁路为窥滇底军事的经济的干线,而以滇越铁路公司操持一切,其同二。日本以朝鲜银行,正金银行等为工具,在东省发行金票,扰乱东省金融,致使东省官银号整顿金融,大成困难;法国亦于云南设立东方汇理银行,发行法票,紊乱滇省金融,致滇民受害极深,其同三。日本随时准备以武力占据东北,其兵力之分配,即在平时亦于铁路区域中设两个师团之多,而占领步骤,亦早在日本参谋部的计划中;法国虽未于滇省境内,置铁路守备队(因云南政府以省款设置"滇越铁路军警总局",替法国保护铁路,每年支出在三四十万元之多,故法人未便再置铁路守备队,前年冬西南风云日紧,闻越南政府曾以匪患为辞,要求设备,确否待证),然因滇越铁路之军事化的设备,越南政府亦可于非常事变时于两日内由越调兵侵入昆明省城,至于小规模的探识地势,如前岁二月间法国军用飞机五架,事先并未通知滇省政府,竟自侵入滇省领空,直达昆明,探识地形,凡此俱为军事的准备;其同

四。所不同者：(一)日本视东三省为生命线和国防线；而法
国因地理关系，未视云南为生命线。所以日法帝国主义的侵
略，有硬软缓急之别。(二)东三省的天富较云南丰裕，东三
省的国际关系较云南复杂。(三)东省除对日关系外，还有一
个对俄关系的问题(中东路的关系)，云南除对法关系外，还
有中英滇缅界务问题(江心坡和片马问题)。[9]

如果说两者之间的相同点容易引起国人担忧云南将蹈满洲之覆辙
的话，那么，两者之间的相异处则可使国人减少这种担忧。尽管如
此，白敦此文还是向国人敲响了警钟，"中国在过去对于东北边境
问题不知注意，致负失守东三省热河于日本之责。前事不忘——
后事之师，如仍对于西南边境问题，漠然无视，则西南边境之疆界，
恐转瞬间又将拱手让人矣。"[10]

　　1934年班洪事件发生后，"滇省内外一致呼吁，我政府外交部
一面派员调查，一面与英交涉，经若干次折冲，双方始同意合组一
勘界委员会，先往勘查，以为解决此段界线之根据。中英合组滇缅
勘界委员会大纲系二十四年四月九日双方政府在南京签字公布，
并派员从事勘查。"[11]经云南代表在南京和各方联系，决定由中央
大学组织云南地理考察团入滇，拟以一年时间深入云南边疆作实
地调查。由于事关重大，中央政府由国防设计委员会资助，并派对
云南外交问题素有研究的张凤岐偕行。考察团由中央大学地理系
教授黄国璋、国际联盟新派德籍教授费师孟、张凤岐、王德基、严德
一组成，除受中央资助外，还得到云南政府资助。考察团1934年
11月离开昆明，深入西双版纳，环绕一周到中英滇缅和中法滇越
边界，复经石屏、个旧、碧色寨，沿滇越铁路，于1935年5月底返抵
昆明[12]。随后，中英续勘滇缅南段未定界界务。

第二节　方国瑜的求学经历

方国瑜,字瑞丞,1903 年 2 月 15 日出生于云南丽江。其求学经历大致可以分为三个阶段:在北师大读预科时期、在北师大读本科同时在北大读研究生时期和在南京中央研究院历史语言研究所学习语言学时期。

(一)在北师大读预科时期。1924 年 8 月,方先生考入北京师范大学预科。根据学校规定,需要学习两年才能升本科。一年级主要是读必修课,二年级以选修课为主。两年中可以选修多门课程。方先生为自己制定了一个长远的学习计划。要点是:首先要摸到读书门径,其次要向已成名的人学习如何做学问。方先生选修了沈兼士的"读书法"、钱玄同的"清代学术"、鲁迅的"中国小说史"、梁启超的"中国文化史",并旁听高一涵的政治学、陈大奇的认识论、赵元任的语言学等课程。其中,方先生最感兴趣的是沈兼士和钱玄同讲的治学方法。方先生听沈先生讲目录、校勘、训诂、考据等治学基础知识,颇受启发。沈先生还介绍他读张之洞的《輶轩语》。继之方先生又读了《书目答问》。后书为方先生指引了读书门径。在考据学方面,方先生也读中国人翻译出版的日本人、法国人著的有关书籍,从中学习方法,即所谓"新考据学"。他以旧考据学为基础,应用新考据学分析问题[13]。这一时期,除认真听每位先生讲课外,方先生还在课余虚心向开课老师求教。其中,钱玄同对他影响最大。方先生回乡养病之前曾拜访过钱先生,向他请教如何做学问。钱先生给他谈了不少治学之道,其中有两句话,他一直牢记在心,即"辨异同,明是非",主要在于"博学深思",这就是考据学的能事,也是研究问题的开端和终结[14]。在预科的两年里,方先生听了许多门课,同时利用课余时间读了不少书,开始粗知读书门径,为其后来在学术上取得成就打下了坚实的基础[15]。

(二)在北师大读本科同时在北大读研究生时期。1926 年从预科毕业时,方先生因劳累过度而病倒,曾到北京西山卧佛寺疗养了两个月。其间,他读了顾颉刚的《古史辨·自序》。顾先生以科学方法考订古史,在学问上要建立一个是非真伪的标准,对方先生启发很大。方先生回乡养病时,曾把读《古史辨·自序》的感想写成《要如何读书》一文[16]。1929 年 8 月,方先生北上复学,直接升入国文系二年级。主攻科目是钱玄同先生讲的"中国音韵学沿革"。国文系学生办《国学丛刊》,由钱先生指导,方先生做主编。方先生在课外也经常和钱先生接触,向钱先生请教。1930 年春,方先生考入北京大学研究所国学门,论文题目是"广韵声汇",后又在此基础上写成《广韵声读表》。他把四千多个切纽纳入类、等、呼、调、摄、韵六项的表格里,在研究广韵方面做出了一定贡献。这是一项整理工作,他着手研究说文声类、释名声类、经典释文、音读声类,目的是要把中国音韵史的声读演变系统讲清楚。为了研究广韵,他考订了几种唐写本、五代刻本韵书,驳正了王国维对这几种本子的年代的说法,并得到董作宾等的认可和赞赏,后编成《隋唐声韵考》一书[17]。《广韵声读表》和《隋唐声韵考》都是在钱玄同的指导下完成的。方先生在音韵学方面取得的以上成绩,对于其此后研究别的学问帮助甚大。他后来编纂《纳西象形文字谱》和考证云南名物,音韵学知识都派上了用场。

在读本科的几年里,方先生认真听每一门课,对他有影响的课程包括:吴承仕开的"三礼名物"、"经典释文",刘半农的"语音学",马玉藻的"古音学",马衡的"金石学",范文澜的"文心雕

龙",余家锡的"目录学"、"校勘学",商承祚的"甲骨文",杨树达
的"古文法",黎锦熙的"国语文法"。另外,方先生还有不少学习
上的问题得到高步瀛的指教。在北师大的众多先生中,对方先生
影响特别大的是陈垣。方先生在北师大升本科时,陈先生是历史
系系主任,开"史学名著评论"和"史学名著选读"两门课程。方先
生选了这两门课程,目的是要向陈先生学习治学方法。陈先生告
诉方先生,治学要在目录学上下功夫,还要多读笔记小说[18]。陈先
生做学问,以史料取胜,以谨严取胜的治学方法和态度对方先生影
响甚深。他常常对方先生说,历史上有许多问题还不为人们所重
视,要把它们提出来研究。但问题不是一次就能解决好的,要分步
骤,要反复做。第一步是发现资料、收集资料、整理资料,要把资料
搞清楚,再做第二步工作,就是在第一步的基础上来扩大深入。方
先生在学生时代就接受了陈先生的治学方法,后来他研究云南地
方史,就是从史料的搜集整理入手。方先生还把陈先生关于治学
态度的话概括为"不淹没前人,要胜过前人",既用以自勉,也以之
来教育学生[19]。

　　方先生从北京大学毕业前夕,北大研究所所长刘半农得知他
是来自丽江的纳西族学生,鼓励他研究纳西象形文字。方先生毕
业后便回乡完成这一任务。令他意外的是,他读书期间发表的文
章引起了云南文化名人袁嘉谷、周钟岳、赵式铭等人的注意。他们
认为方先生在学术上有成绩,是云南的后起之秀,很有发展前途,
希望能和他见面[20]。因此,方先生便去访晤诸老。"初次相识,过
蒙称许,且多鼓励"。[21]

　　(三)在南京中央研究院历史语言研究所学习语言学时期。
方先生在家乡学习了纳西象形文字,收集了各种有关资料后,于
1934年7月回到北京。不久,刘半农去世。方先生于是打算到南

京中央研究院师从赵元任、李芳桂学习语言学,整理纳西象形文字。经董作宾介绍,方先生的计划于1934年9月得以实现。入学不久,他便制定了纳西语的音标,然后着手编写。先编写象形文字及标音文字,再编字汇,终于在1935年写成初稿,暂定书名为《么些文字汇》。在这段时间里,除完成《纳西象形文字谱》初稿外,方先生还充分利用中央研究院丰富的藏书,抓紧时间纵览云南史地之书。1935年7月,方先生到苏州看望章太炎先生。太炎先生看了《么些文字汇》后很高兴,认为"么些文字,是以参证中国古代遗文,有俾学术"。应促即刊行。当即命笔写序,并叮嘱方先生结合殷周古文字多作研究[22]。8月,方先生接受"中英会勘滇缅南段未定界"中国委员随员职务,返回云南。

　　方先生在北京和南京读书期间发表了大量论文:1929年12月15日至1930年3月7日在北平《益世报·国学周刊》第十七期至第二十七期上连续发表《释经》一文。1930年4月1日在《师大教育丛刊》第一卷第一期发表《从意符文字及社会背景推测中国古代之教育思想》。1930年5月在《东北丛镌》第五期发表《散盘句读》。同年还在《云南旅平学会会刊》第六期发表《鸦片入祸中国考》。6月在北平《益世报·国学周刊》第三十八期发表《〈孝经〉古简考》。8月8日至8月29日在《益世报·国学周刊》第四十九期至五十二期发表《〈诗〉二南名义》。8月29日在《益世报·国学周刊》第五十二期发表《〈诗经〉的兴》。1931年在《师大国学丛刊》第一卷第一期发表《汉石经〈鲁诗·小雅〉二石读校记》、《字说六则》。同年5月在《东北丛刊》第十七期发表《释鼎》。5月15日在《师大国学丛刊》第一卷第二期发表《〈"获白麟"解〉质疑》、《敦煌五代刻本唐〈广韵〉残页跋》。5月25日,在《东方杂志》第二十八卷第十号发表《数名原始》。在《女师大学术季刊》第二卷第二期发表《敦煌唐写本〈切韵〉残卷跋》。据《方国瑜传》,这一年方先生还在《教育声》第九期发表《黄梨洲先生的教育论》、《颜习斋先生的唯物教育论》等。[23]1932 年 3 月 10 日在《师大国学丛刊》第一卷第三期发表《释身》、《读章鸿钊先生石雅"琉璃为璆琳"说》。同年秋在《云南旅平学会会刊》发表《蓝廷秀〈韵略易通〉跋》。1934 年 10 月 20 日,在《云南旅平学会季刊》第一卷第三期发表《滇南旧事(一)》(包括豆沙关袁滋摩崖、大理工鱼、星回节、崇圣寺元圣旨碑、杨慎《滇载记》、《德化碑》地名)。1934 年 11 月在《金陵学报》第四卷第二期发表《慎懋赏本慎子疏证》。1935 年 3 月 30 日,在《云南旅平学会季刊》第一卷第四期发表《滇南旧事(二)》(包括樊绰《云南志》、徐霞客记罗罗、哈剌章、唐标铁柱)。

可以看到,方先生这一时期的研究完全集中在国学方面。正如林超民先生所总结:

> 方国瑜在国学研究中开创新篇,多有发明,贡献显著。主要有以下几方面:古文字学研究别出心裁;质疑孔子学说见解独到;在中国古代教育思想的研究上独树一帜;在《慎子》整理与研究上别具一格;批判经学一针见血;在音韵学上超迈前人。[24]

第三节　方国瑜的学术转向

当方国瑜在中央研究院历史语言研究所平静的书斋中勤奋苦读,在国学的园地里默默耕耘之际,西南边疆危机却在进一步加剧,这对方先生刺激极大。他在 1935 年 3 月 1 日即发表《滇缅边界的昌蒲桶》[25]中说。

> 民国二十四年四月九日,我外交部与驻华英吉利国公使,
> 签换照会,重勘悬案三十余年之滇缅南段界务,闻之亦喜亦
> 忧,草成《葫芦王地之今昔》一文载《新亚细亚》月刊九卷五
> 期,《滇缅南段未定界之孟仑》一文载《边事研究》二卷一期,
> 《条约上滇缅南段未定界之地名》一文载《民族杂志》三卷八
> 期,颇多建议[26]。

《滇缅边界的昌蒲桶》的引言说:

> 读者看了这个标题,或许还不知道是个地名。即使知道,
> 难免认为值不得留意的。因为在过去很少的人谈起牠是一个
> 怎样重要的地方,此时还在被一般人漠视着呢。但我明了这
> 个地方的情形,认为非常之重要,值得介绍给大家。

接着又指出:

> 菖蒲桶在云南西北部,与西康、缅甸连接,其西南便是已
> 被英帝国主义者占领的江心坡、片马等地。与缅甸交界之一
> 段,到如今还没有立过界碑,因此原来管辖着很广的土地,一
> 年一年的缩小,丧失给英帝国主义者,直到现在,还在没有止
> 境的蚕食着呢。

1934 年,方先生用 8 个月的时间在云南境内旅行,搜集历史地理
及语言文字的资料,在菖蒲桶设治局局长陈应昌先生的帮助下,
"考察档案,查问事实",得到"不少可靠的史料"。因而写成此文。
文章最后指出:

> 菖蒲桶距云南省城三十六站,由大理去也要二十四天,邮
> 政不能直达,电报更说不上。一有紧急,就派大兵,途中也非

一个月以上不能达,而自菖蒲桶治西行至猛底四天,再至木刻夏两天,再至驼洛江七天,而英人从缅甸有汽车路直达驼洛江,单就交通来看,已经人胜于我了。虽然有天然的山河可守,反而成了敌人的战线,所以这一带地方真是英人的囊中物,一探就得,危险非常。近年,省政府已很留意,教育和开发富源也准备着手。假使能赶早努力或许数十年后,有点希望。可是,英人能不能许我们慢慢的筹画渐渐的布置呢。江心坡和班洪的问题,喧腾一时,国人想尚不至忘却。那末对于菖蒲桶,这块地方,就要及早注意,若等别人动起手来,才惊慌失措的谋补救,那就晚了。

《葫芦王地之今昔》一文纯粹依据文献资料完成,"瑜虽留心于西南地理,未曾亲履其地,不能道其详,乃辑录所见,草成此文。"文章指出,在此交涉之始,有两点应予以注意。文章"从史实及地理,证明葫芦王地之全部境域,为中国领土,而葫芦王地西以潞江与木邦为界。木邦自元明以来,即为中国疆土。……查中英条约竟越潞江而东数百里之地方,订为滇缅交界,此诚最可惊异之事。"因此,"一八九七年根据一八九四年中英双方所订立之条约,关于葫芦王地部分,中国方面应重行考虑。"同时,"中国官吏之于边土,所能认识者,至多亦不过地名,而某地当经纬度几何,则漫不加察。在未订约之先,英已派员往勘,而中国方面则毫不注意,故当订约之际,英人所提出之经纬度,往往不符,故所据以划定之界线,亦成问题。"所以,"约文中所载之地名,与经纬度不符,应另行规定。"最后呼吁国人"督促政府与英交涉,据理力争,以保我滇边之完整而杜外人之觊觎,幸勿再事含糊敷衍,以贻民族国家之祸"。

在《滇缅南段未定界之孟仑》一文中,方先生说:

　　　　瑜为此文,搜寻史料,比勘地理,已煞费苦心也。然以历史之叙述,以观今日之事实,则不免有历史自历史,事实自事实之感;而瑜所费苦心草成之此文,读者岂以多事目之耶? 吾人固谓:历史自不能视为田契,照契管业;然老契满筐,田业何存? 子孙不肖有以致之,回念往迹,能不憬然! 以我中国今日之国力,不敢谓收回我元明清时代之八百媳妇故土,亦不敢谓必争清朝之景线景迈,即孟仑之全境之应归我国否? 亦望国人之考虑!

并指出:

　　　　孟仑地与我国猛角镇康孟连之界线,当以黄线为准,不惟英员所拟红线不可从,即外部示线亦断不可用,此吾人所以坚信不疑者。

　　在《条约上滇缅南段未定界之地名》一文中,方先生再次批评我国划界人员的无知,同时指出悬案的症结所在并提出自己的看法:

　　　　我疆吏与外交官之于边疆,茫然不识,所订条约,一任英人之指撝;而彼英人之狡猾,故使约文所载之地名与经纬度不符,得地名则失其经纬度也,得经纬度则失其地名也,双方争持,莫由解决,于是各执一线,请诸政府,悬案于今,三十有余年矣。

　　　　……兹所欲言,则为重勘南段未定界所当注意之一二问题也。

　　　　……

　　　　所以提出此问题者,中英双方政府,已议定于年内重勘滇缅南段未定界,以瑜所知,供诸世人之讨论,则或有裨于解决数十年来之纠纷乎!

方先生引述英国公使照会中的话:

> 关于交点分水岭及文中所载之各处地名,应予以相当考虑。
>
> 与本问题似有关联之地形的,历史的,或政治的因素,关于任何修改问题,将来应由双方以妥协互让之精神进行磋商。

认为这些言论抓住了问题的关键所在,对此次重勘期望甚高。"此番重勘,能于地理的,历史的关系予以考虑,则不难迎刃而解也。"因会勘依据"约文所载关于未定界之地名,属于英国者,曰琐麦,曰孟仑;属于中国者曰孟定,曰耿马,曰猛董,曰猛角,曰镇康,曰孟连;属于交界者,曰公明山,曰南卡江。此文所欲申述者,即此数地名之地形的,历史的,及政治的因素也。"

方先生以上文章指出政府经营滇边不力,丧权辱国系"子孙不肖有以致之"。同时,"以历史文献和实地调查的资料,雄辩地说明这些地方应属中国边界,是中国领土不可分割的一部分。为中英滇缅边界谈判提供了可靠的重要历史依据。"[27]

此时,中英双方正在交涉界务,议定两国派员并由国际联盟派中立委员会会勘滇缅南段未定界。方先生的文章引起了中国委员尹明德的注意。1935 年 8 月,李根源在南京约见方国瑜,告诉他即将参加中英会勘滇缅南段未定界界务工作的尹明德希望他能参加勘界委员会的工作。尹明德之所以让方国瑜参加是项工作,是因为 1935 年方国瑜发表的关于界务问题的文章,对南北段界务提出了自己的看法。尹明德告诉李根源,方国瑜的文章多从理论上谈问题,如能亲到边界上进行考察,就能对界务提出精辟的意见。此前方国瑜也曾和尹明德谈过研究云南史地的一些问题,并表示愿意参加一些实际工作。所以从李根源处得知尹明德的用意后，方先生回到南京即去找尹明德，表示愿意接受中国委员随员的职务。

　　接受"中英会勘滇缅南段未定界"中国委员随员职务后，为了把边界勘察工作完成好，方先生决定先到昆明查看相关历史档案材料。1935 年 9 月，他先于勘界委员会的其他人来到昆明，用了一个月左右的时间，查阅政府的有关档案。在这期间，勘界委员会的其他人员也都到达昆明，在做好赴边地的最后准备工作后，于1935 年 10 月 30 日起程。方先生随"中英会勘滇缅南段未定界"中国委员会的部分人员一起坐汽车从昆明出发，经禄丰、下关，1935 年 11 月抵达孟定。11 月 30 日，方先生从孟定起程，12 月 1日到达班洪。12 月 6 日到达中英谈判地点南大营。12 月 28 日前往耿马。1936 年 2 月 7 日到达岗猛。后又随委员会一起前往猛角、猛董等地。3 月 26 日到达募洒厂，"中英勘界委员会"闭会于此。4 月 9 日离开募洒，经保山，5 月 14 日到下关，6 月 20 日回到昆明。方先生此次参加"中英会勘滇缅南段未定界委员会"工作的具体任务，是联络未定界地区内少数民族土司头人和进行边地实地调查[28]。

　　参加完中英滇缅边界南段界务会议后，方先生更加认识到研究边疆问题对于捍卫祖国边疆、维护国家统一具有紧迫的现实意义。知识分子的爱国良知、社会责任、历史使命促使方先生放弃南京中央研究院优越的学术条件和已取得显著成就的学术课题，毅然决然回到云南昆明，执教于云南大学[29]。

　　1936 年 9 月，方先生开始在云南大学的执教生涯。同时仍然高度关注边界问题。同年 10 月，省主席龙云接到国民政府外交部的文件，说将在 1937 年召开滇缅界务会议，要云南届时派代表参

加,对界务问题提出意见。龙云从周钟岳处打听到方先生参加过
"中英会勘滇缅南段未定界委员会"的工作,便请周先生约方先生
到其办公室商谈。方先生把有关材料也一并带去,并把清朝末年
到1936年的界务交涉向龙云作了简要介绍,还谈了自己参加会勘
工作后对滇缅南段未定界界务的看法。方先生最后向龙云提出:
这段界务要合理解决,必须修改条款。同时也谈了修改条约的依
据。龙云听后让方先生草拟一份交涉界务的意见书,题为《滇缅
南段界务管见》,提出修约和炉房银厂两个问题[30]。

撰文讨论西南边疆问题是方先生学术研究转向的开始,参加
中英滇缅界务会勘工作则坚定了方先生转向边疆研究的决心,执
教云南大学标志着方先生学术转向的完成。从此,方先生加入了
中国西南边疆研究的队伍,并成为其中的重要一员。西南边疆研
究的广阔园地为方先生施展拳脚提供了宽阔的舞台。

注　释

1　27　林超民:《文章惊天下　道德著春秋——一代宗师方国瑜》,《林超民文集》第
　　二卷,云南人民出版社2008年版,第363、364页。

2　张凤岐:《西南边疆问题与云南》,载《外交月报》第三卷第六期,1933年12月15日。

3　华企云编著:《云南问题·自序》,上海大东书局1931年版,第1—2页。

4　张服真:《法帝国主义者侵略下的云南》,载《新亚细亚》第二卷第一期,1931年4月
　　1日。

5　勃冈:《西南边疆问题研究》,载《平等杂志》第一卷第七期,1931年9月。

6　韦布·白敦:《云南将来是否与东三省蹈同一覆辙?》,载《时事类编》第一卷第五期,
　　1933年9月21日。译自上海《密勒氏评论》第六十六卷第一期,1933年9月2日。

7　辰侯译:《云南将与满洲同归一途耶——韦尔本波顿之实地考察报告》,载《外交评
　　论》第二卷第十期,1933年10月。

8　刘钟明:《"云南将为满洲之续乎"?》,载《天南》第二卷,1933年。

9　张凤岐:《英法铁蹄下的云南外交问题》,载《新亚细亚》第五卷第六期,1933年6月

1 日。刘寿彭《云南将为满洲之续乎?》(载《海外月刊》第十二期,1933 年 8 月)也持类似观点。

10　刘寿彭:《云南将为满洲之续乎?》,载《海外月刊》第十二期,1933 年 8 月。按:直至 1936 年,国人仍还有这种担忧。"云南的地位,无论在其地位上,对于祖国的密切关系上,至少与东北相等,而其祸患之深,何异于'九一八'以前的东北。……今国人目睹'九一八'之事变,莫不痛心疾首,愤慨不已,抑知西南之隐患实不下于东北,且帝国已入腹地,堂奥探手可及,若不早为之奋发图强,西南之地不难再有'九一八'之变。"参见马中侠:《云南的过去现在和将来》,载《边事研究》第三卷第三期,1936 年。

11　昆明某学会:《滇缅南段划界问题　必须抓住要点力争》,载《边事研究》第五卷第六期,1937 年 6 月 20 日。

12　严德一:《三十年代西双版纳的地理考察》,载《中国科技史料》1981 年第 4 期。

13　14　15　16　17　18　19　20　22　23　30　方福祺著:《方国瑜传》,云南大学出版社 2001 年版,第 16、17、28、18、27—28、32、33—34、35、43、45、46、48、255、63—64 页。

21　方国瑜:《兰廷秀〈韵略易通〉跋·附记》,《方国瑜文集》第五辑,云南教育出版社2003 年版,第 108 页。

24　林超民:《方国瑜在国学研究中的贡献》,载《丽江民族研究》第三辑,云南民族出版社 2009 年 12 月版,第 1 页。

25　载《新亚细亚》第九卷第三期,1935 年 3 月 1 日。

26　方国瑜:《滇西边区考察记·自序》,云南大学西南文化研究室 1943 年 7 月版第 2页。按:发表时间分别为同年 5 月 1 日、6 月 15 日、8 月 1 日。

28　以上参见方福祺著《方国瑜传》,云南大学出版社 2001 年版,第 50—58 页。

29　林超民:《应对边疆危机的新学科——边政学的兴起与发展》,载张波主编:《丽江民族研究》第二辑,云南民族出版社 2008 年 12 月版,第 88 页。

第 二 章

《西南边疆》的创办

前述方先生的学术转向在较大程度上影响了中国西南边疆研究的历史发展。之所以这样说，原因之一是转向后的方先生于抗战爆发后创办并主编了《西南边疆》杂志。

第一节 《西南边疆》的创刊

全面抗战爆发后，为实行持久抗战，国民政府西迁重庆。西南的地位因此而迅速提高。

西南成为今后抗战建国的重心，"开发西南""发展西南"，不期然就成为全国人士一致的呼声！可是现在已非坐而言的时候，是要起而行的时候，"行"之先，尤必须对西南一般实际情况有正确的认识，和深切的了解，然后才"行"得通，才能收实际的效果。[1]

二十世纪的国际战争。论性质上，不仅是一国与一国的兵力战，而是一国与一国的文化，政治，外交，经济等整个国力战，论区域上，不仅是一国与一国之某一部分与某一部分战，而是一国与一国之全体战[2]。

诚如 1935 年 11 月陈垣所说：

> 一个国家是从多方面发展起来的；一个国家的地位，是从各方面的成就累积的。……我们必须从各方面就着各人所干的，努力和人家比。我们的军人要比人家的军人好，我们的商人要比人家商人好，我们的学生要比人家的学生好。我们是干史学的，就当处心积虑，在史学上压倒人家。[3]

其时学术界对这种分工显然是多有自觉的。

在此之前，"国人很少注意西南，对于西南情况颇多隔膜"。[4]1930 年，杨成志就警告说：

> 云南地边缅越，直像一只驯猪介在虎狮的中间，任由英法两帝国主义者向沿边的土著人进攻，问诸吾政府失了许多国防要隘或膏腴之地，反茫然无所知。……若不急起调查边陲的土人及境域，作保护国界的参考，……云南地图将日见变色了！[5]

1936 年，宓贤璋也感叹道：

> 国人年来感于国难之日深，强邻压境，边疆日蹙，而报章所载，华北闽南，竟有伪自治之活动，分崩离析，领土不复完整，是则由边疆而寖及腹地矣。民族隐忧，识者共鉴。以故研究边境问题者日众，复兴民族之呼声日高，发为文章，促国人之注意，而关于西南边境小民族（Minimum nomads）之文，独不多见；外人已研钻勿替，法日尤甚，其重要性反未受一般国人之注意……[6]

1938 年 8 月，凌纯声指出西南边疆的不受重视是国家之不幸：

自九一八事变以后,国人鉴于外患日亟,边警频传。一般有志之士群起而注意边疆,研究边疆,经营边疆,这不能说不是一种好的现象。但是在这热烈的开发边疆运动之中,朝野人士,大都注意到西北而忽略了西南。对于西南边疆,只有很少一部分的有心人士在呼喊,未能唤起举国一致的推动,此实为晚近国家建设上一件不幸之事。[7]

因此,学术界此时的主要任务,便是调查西南,研究西南,从而认识西南,了解西南,介绍西南。

与战前相比,此时加强对西南边疆的调查研究,不仅符合时代需要,而且有近水楼台的便利。当时凌纯声就说:

以前要研究边疆,而边疆不易来;要开发边省富源,而资本缺乏。现在沿海的人才财力都已被迫流向边地,正是建设西南边疆千载难遇的机会,希望举国上下,切莫错过。[8]

1947年,黄文山也指出:

近年以来,不少国内外学者致力于西南民族之调查,然限于种种条件,多属走马观花,未能作深入之考察。直至抗战期间,国内学者由沿海内迁西南,与各民族接触之机会日多,西南民族文化之调查研究,始较往昔为深切。[9]

但是,面对人生地不熟的云南,内迁专家学者迫切需要云南地方人士的合作与支持。

而云南人士,如方国瑜、张凤岐、张服真等,早就对国人忽视西南边疆危机和西南边疆研究颇有微词,也有与内迁专家学者交流、合作,共同推进西南边疆研究,服务抗战建国的强烈愿望。

日本全面侵华后,《禹贡》杂志、《新亚细亚》、《边事研究》等边疆研究的大型刊物或被迫停刊，或被迫转移发行。而在云南所办的刊物中，涉及边疆研究者只有 1923 年张天放、寸树声发起创办的《曙滇》[10]和 1938 年 5 月 1 日创刊于腾冲的《晨暾》[11]，皆未形成气候，难以满足昆明作为战时学术中心，服务抗战建国的时代需要。这样，在昆明创办一份杂志，作为双方交流、沟通、讨论的学术平台，显得极为重要。而刊物的创办，需要内迁学者和云南学者中的热心边疆研究人士来积极组织。

在迁滇的高校与机构中，对边疆民族研究关注最多、成绩最好的无疑是中央研究院历史语言研究所。该所对边疆民族问题相当关注，抗战爆发前即多次派凌纯声、芮逸夫、林惠祥、颜复礼、商承祖等赴边调查。其中涉及云南的就有两次。1934 年该所派研究员凌纯声、编辑员陶云逵、技正赵至诚、勇士衡等 4 人赴滇调查民族人种[12]。1935 年秋至 1936 年春，派凌纯声与芮逸夫参加中英会勘滇缅南段界务。1939 年，中央研究院历史语言研究所人类学组"目下正在进行的工作"，就有"滇缅南段未定界之民族"，"此系根据二十四年至二十五年该所参加中英会勘滇缅南段界务时调查所得材料，从事研究"。并说明"由研究员凌纯声、助理员芮逸夫担任"。[13]凌纯声虽然出身民族学，但是眼见边患加剧，痛心疾首，非常重视边疆研究。1933 年，凌在《外交评论》发表《新疆之民族问题及国际关系》，该刊编者介绍说：

> 新疆变乱之由来，言人人殊，而其民族问题与国际关系之复杂，足以招致纠纷，要为不可讳言之事实。作者为民族学专门学者，对于国内外各民族之研究，颇具心得，最近鉴于新疆边患日急，情势益趋严重，爰撰此文，在本刊发表。作者并拟继续为本刊撰著关于边疆民族问题之论文，以备国人之省

览……[14]

1934 年,凌发表《从政治地理上论班洪事件》[15]一文。同年,凌编著的《中国今日之边疆问题》出版。完成于 6 月 24 日的《编者序言》说:

> 外交评论社鉴于今日边患之严重,迺有是书之辑。执笔者如凌纯声博士,胡焕庸教授,张凤岐先生,徐位先生等,均属知名人士,对于边务,研究有素,本平日之心得,发而为文;对于边疆现状,及今后治边之方法,多所贡献,俾益读者,诚非浅显。[16]

该书收录了《外交评论》此前刊发的涉及边疆的大部分论文,分新疆问题(收有凌纯声《新疆之民族问题及国际关系》[17]、村田孜郎著,沈钟灵译《新疆变乱与英俄》[18])、西藏问题(收有徐位《西藏问题之解剖与今后解决之途径》[19]、福崎峰太郎著,彭杲辛译《日人论西藏独立运动之内幕》[20])、云南问题(收有 Wilbur Burton 著,邹辰侯译《云南将与满洲同归一途耶》[21]、张凤岐《班洪事件之检讨与我国对策》[22])、南海诸岛问题(收有徐公肃《法国占领九小岛》[23]、胡焕庸《法日觊觎中之南海诸岛》[24]、陈东亚《对于西沙群岛应有之认识》[25]、石克斯著,胡焕庸译《法人谋夺西沙群岛》[26])几块。1935年,凌发表《中英会勘南奔河滇缅国界之经过》[27],1936 年发表《中法桂越国界及边地交涉》)[28]。抗战爆发后,凌随所迁滇。因此,凌可视为内迁云南的学者中最热衷于西南边疆研究的代表人物。中国民族学会成立不久即有出版《民族学报》的计划,作为中国民族学会的发起人、理事、出版委员会委员及书记的凌纯声[29],对刊物在边疆研究中的重要性定有深刻认识。

而在云南地方人士中,先后在北京师范大学国文系、北京大学国学门读完本科和研究生,1934 年又到中央研究院历史语言研究所师从赵元任和李芳桂学习语言学,且长期与云南地方文化人士共事的方国瑜,具备广泛联络云南籍学者和内迁著名学者的学缘与地缘优势。方国瑜在北师大国文系读书时,曾在钱玄同的指导下担任《国学丛刊》的主编[30]。在北京师范大学和北京大学研究所国学门读书期间,课余又参加编辑《云南旅平学会会刊》(季刊)[31]。从北师大国文系和北大研究所毕业后,经北师大黎锦熙先生介绍,又进北师大研究院做编辑员[32]。1937 年 3 月,云南教育学会、云南科学研究社、云南省教育会联合创办《教育与科学》,编辑委员即有方国瑜[33]。因此,方国瑜对刊物在边疆研究中的重要推动作用也必有深切体认。

而且,凌纯声和方国瑜可能在 1934 年即相识。1933 年,民族学组并入历史语言研究所,凌纯声也进入该所。1931 年应凌纯声之邀帮助其整理赫哲族语言资料据的芮逸夫也转入该所。芮1929 年在清华大学图书馆任职,并就近从赵元任学习语言学。方国瑜 1934 年到史语所是为师从赵元任、李芳桂学习语言学,整理纳西象形文字。与凌、芮应皆相识。同时,既都重视西南边疆研究,彼此也会进入对方的视野。在参加中英会勘滇缅南段未定界界务过程中,凌、方应当又加深了对对方的印象。

凌纯声、方国瑜对国人忽视西南边疆危机及西南边疆研究均极为不满,并积极开展西南边疆研究,有共同的研究取向,乃西南边疆研究的同道中人,道既同当相为谋。他们都不愿错过这一"建设西南边疆千载难遇的机会"。于是他们共同负起了组织西南边疆月刊社,创办《西南边疆》月刊的责任。1938 年 10 月 27日,《西南边疆》创刊号在昆明出版。次日,《云南日报》报道:"本市西南边疆月刊社,近经省内外对边事有研究之人士,热心筹备,已告成立。"[34]

该刊的创办,标志着以凌先生为代表的内迁学者和以方先生为代表的云南学者承担起了文化人的责任与使命。这是中国抗战的重要组成部分和抗战胜利的基础。该刊《发刊辞》充分地说明了这一点:

> 在这全民族对日抗战时期,前方将士的英勇奋战,自然奠定了最后胜利之基;但后方的救亡工作,也是不容忽视的。我们这班从事于文化学术工作的人,鉴于敌人到处破坏我们的文化机关,不容我们不负起加紧推行文化学术工作的责任。
>
> 同人等都是特别有兴趣于西南边疆问题的同志,因竭所知,发行这个西南边疆月刊。我们的主要旨趣,即在以学术研究的立场,把西南边疆的一切介绍于国人,期于抗战建国政策的推行上有所贡献。[35]

这一关于学术研究在抗战中的重要作用的认识,与不久之后蒋介石的相关表述不谋而合。蒋介石在致中央研究院评议会第三次会议的祝电中说:

> 国于大地,非学胡立。唯国家在敌国外患之中,斯学人更当励雪耻自强之志,抗战建国,无时无事不赖学术之发扬与专家之继起,学术界研究工作上之殚精竭力,论其功绩,决不下于疆场将士之浴血牺牲,以言发明创造之所极,当为军事决胜之所资。往往造端甚微,收效至远,一事一理之发明,足以挽回整个之战局,亦且转变人类生活之将来。[36]

第二节　《西南边疆》的主编

根据罗致平《战时中国人类学》一文,"《西南边疆月刊》于二十七年在昆明创刊,由方国瑜主编,三十一年迁蓉由徐益棠负责"[37]。任职于金陵大学的徐益棠编辑的《边疆研究论丛》(1941年度),也说该刊"自本期(按:即第十三期)起由徐益棠主编"[38]。至1944年6月停刊,该刊共发行18期。前12期在昆明编印,称"滇版",自第十三期起移蓉编印,称"蓉版"[39]。显然,方国瑜是"滇版"12期的主编,而徐益棠则是"蓉版"6期的主编。

至于其他相关人员,方先生和徐先生都有提及。方先生后来多次提到该杂志是他与凌纯声、向达、楚图南、闻宥等一起主办[40],最后一次忆及此事时又说参与编印《西南边疆》者有楚图南、方国瑜、闻宥、向达、周光倬和赵继曾[41]。1942年,徐益棠在《七年来之中国民族学会》中说,"二十七年秋,会员何联奎,黄文山,胡焕庸等在渝,凌纯声,方国瑜等在滇,徐益棠等在蓉,以私人立场,组织《西南边疆》月刊,国内同志,渐通声气"[42]。同年,徐益棠在呈送国民政府的《七年来之中国民族学会》中有同样表述[43]。

方先生的历次回忆,无疑是就其主编的滇版12期而言的,而徐先生接手该刊是移蓉后的事,所以其对滇版的情况,应该说了解不多,至少可以肯定不如方先生清楚。所以,关于创刊及滇版的情况,应以方先生所述为主。蓉版的情况则以徐先生所述为主。在方先生和徐先生的多次表述中,凌纯声除在方先生的最后一次回忆中被遗漏外,其余每次都与方先生被共同提到。而方先生最后一次回忆突然提及此前从未提到的周光倬和赵继曾,同时却将此前屡次必提的凌纯声遗忘,应系记忆不准确所致。因此,凌先生与该刊的关系毋庸置疑。而方先生提到的向达、楚图南、闻宥均未见于徐益棠的记述,是因为徐益棠未参与滇版的编印工作。方先生始终没有提到徐,肯定事出有因。

方先生提到的人中,闻宥可能参加了编辑工作。马学良《湘黔夷语掇拾》在《西南边疆》第三期发表,文首有闻宥先生"小引"。"小引"除对文章提出意见外,还说:"马君此文,以罗莘田先生之雅意,使余得以付印之前,细籀一过,深以为幸。"[44]这篇论文可能是得到闻先生的推荐,也可能是闻先生所编辑。1939 年 1 月,方先生在《西南边疆》第四期发表《马可波罗〈云南行纪〉笺证》,文末有这样一段话:

> 国瑜先生文中,证崖葬事颇详。今川南一带,遗迹甚多,美人葛维汉志(DGraham)曾为摄影,又有文记之,载华西边疆学会杂志七期,可参证也。又洪县志卷十四附录中,亦曾及此。言"相传有罗因者,以□[45]人尝灭其宗,乃教以悬葬崖上,子孙高显,于是争挂高崖以趋吉,其祖父遗骸被风吹散,后嗣俱绝"。此虽传说,亦资多闻,故并记之。

最后署名"在记"。闻宥,字在宥,"在记"当为闻先生所记。楚图南、周光倬、向达、赵继曾当时都在昆明,或许他们也参与了某些工作。

与凌纯声一样,徐益棠也出身民族学,但同样重视边疆研究。1934 年秋,金陵大学文学院院长刘国钧有感于边疆问题的严重,拟在金陵大学开设边疆史地讲座以推动边疆研究的发展,让徐益棠拟出详细的讲座计划,并向教育部提出申请。在边疆民族事务的研究机构寥寥无几、人才匮乏的情况下,国民政府对金陵大学申请设立边疆史地讲座一事极力支持,授徐"教育部边疆问题专任讲座"衔。此后,由徐以民族学、边疆政治史、边区人文地理为内容开设讲座,在全校范围内供学生选修[46]。据不完全统计,在抗战爆发前几年,徐就发表了《边疆问题之地理研究的必要》[47]、《评〈中缅边地纪游〉》[48]、《非常时期之云南边疆》[49]、《边疆建设的根本问题》(1937 年 1 月 5 日在中央电台播讲)[50]、《九一八以后之绥远》[51]等文。1937 年 4 月,徐编《非常时期之云南边疆》由上海中华书局出版。徐先生在写于 1936 年 7 月的《自序》如下:

> 余酷爱李日垓子畅[52]先生边陲杂感四律:
> "玉斧谁挥大渡河,只今南返鲁阳戈。
> 藩篱惟九龙江在,根据如三鸦矿何?
> 邻厚虚传归印度,国存环顾愧暹罗。
> 西南多少蛮夷尽,恨杀当年无尉陀。
>
> 错铸金河不共航,迢迢南段局全僵:
> 永租恶例开三角,未定危疆系五王;
> 气识金银官雁杳,关寻铜铁汉龙荒;
> 最邻八百媳妇国,各抱琵琶天一方。
>
> 卅年北段甚尘嚣,宰割由人气自挠;
> 石我河过烧茨竹,本王地尽树葡萄;
> 空闻布底留多垒,已让耶稣入不毛;
> 一事怅然虽可说,年年洋脚有人包。
>
> 百年不及此为戒,举国如吹过耳风。
> 片马警曾一经哄,独龙尨岂此三空?
> 平添紫线高黎贡,徒接朱波察瓦隆。

此是剥床及肤日，翁家犹自作癙聋。"

抑郁悲凉，可作史诗。余撰书既竟，泫然不能作一语，讽诵此诗，以舒激愤。读者其能同吾情乎？录之卷首，以代吾序。

书后又交代说：

本编之作，不尚空谈，故首重实际的地理的形势，于以见云南边疆之重要。次则述及国际间纠纷之历史，以及强邻之设施，以引起国人之警惕与反省。最后则分析边疆问题之因素及对付方策，以期埋头苦干，应付此非常时期之国防。若夫高揭标语，空呼口号，痛骂帝国主义者侵略之不当，则无裨补国难，徒快一时而已。

本编材料，均系采自各调查报告书及较可靠之地图、地籍，其中就有错误，著者以未获亲履某地，未能一一改正。其来源亦因此系普通书籍，不及一一注明。读者如能于此浏览一过，则滇边在此非常时期中之重要性，已可了然矣。

上引徐氏关于中国民族学会与《西南边疆》的话，是以民族学会的名义写的，目的在为该会申请经费，所谓"国内同志"，即民族学会会员。《西南边疆》改由中国民族学会编辑是移蓉以后之事，将该刊创刊记在民族学会账下，是为夸大该会的成绩。凌纯声、徐益棠、何联奎、黄文山等人在中国民族学会成立时就是会员，而且还担任职务[53]。胡焕庸与凌纯声私交甚好。他们不仅为同乡、同校、同级、同门，而且还相约一起渡海游学。胡先生后来在《治学经历述略》中说："1926年8月初，我约同乡同学凌纯声一起渡海赴法国继续深造。"[54]但胡是否在早期即是会员不清楚。不过，《西南边疆》创刊号就有他的文章，显然他对该刊的创刊是知情的，是否参与则难以确定。但是，当时中国民族学会会员星散，会务停顿,连创办《民族学报》都未能实现,加上特殊时代的交通、通讯等的落后及受战争的影响,散居渝、蓉的会员不太可能参与《西南边疆》的创办。在中国民族学会成立初期,方国瑜不是会员,其被吸收为会员,当是主编《西南边疆》之后的事。

除此而外,以上两位先生均没有提及、任职于史语所并随史语所迁滇的吴宗济,明显参与了该刊的编辑工作。吴先生回忆说:

> 到昆明后,又因我在校干过出版业务,就在工余同几位同好办起《西南边疆》半月刊,……投稿者中不乏知名人士(如楚图南、凌纯声等)。我担任责编和经理,也写点有关语言学的文章……

吴先生1928年考入清华大学。毕业后因"懂得些印刷技术","被留校主持《清华学报》等刊物的编辑出版事务"。[55]吴先生未具体介绍"几位同好","半月刊"的说法及仅将凌纯声视为投稿者中的知名人士亦与事实不符,但吴先生既有办刊经历,当时也确在昆明,《西南边疆》创刊号就刊过他关于语言学的论文,因此其参与该刊的某些工作应是实情。但"担任责编和经理"是否完全属实,还无法确定。

1941年5月30日,《西南边疆》第十二期出版,此后,移蓉编印,原因是什么? 该刊第十三期的一则"本刊启事"称:"因编印便利起见,自第十三期起,迁蓉发刊。"[56]另据《边疆研究通讯》第一卷第一号,"西南边疆月刊于二十七年秋季在昆明发刊,以印刷困难,年出版数期。去年秋季,因编撰人离滇,印刷厂被炸,乃移蓉编印"[57]。所谓"编撰人离滇",应是指凌纯声离滇。1938年春,中央研究院历史语言研究所迁至昆明。1940年冬,又迁至四川南溪县李庄镇。凌纯声作为该所人员,也随所先迁昆明,再迁四川。但在凌离开昆明的好几个月内,该社似无将《西南边疆》移他处编印之意。1941年春的一天,时在北京大学文科研究所学习的李埏入城拜谒方国瑜,不遇。2月15日,方先生致信李先生,开头便提到"《西南边疆》杂志,可继续出版,惟不能按期耳;若有大著光篇幅,则幸甚! 今后出刊,当奉赠请教也"。[58]说明李先生曾向方先生问及《西南边疆》是否停刊,或外间有该刊将停刊的传言。李先生之所以问方先生,及方先生既希望李先生赐稿,又表示"今后出刊,当奉赠请教",说明方先生仍是该杂志社的主要人物,而且至此尚无移蓉编印的意思。"印刷厂被炸"应系事实。不过,"印刷厂被炸"固然影响杂志的出版,但主编既为方国瑜,凌纯声离去对编辑工作当无太大影响。所以,"因编撰人离滇"可能并非主要原因,"印刷困难"才是根本原因,而这一点又主要与经费有关。从表五可见,该刊在昆时期出版周期就已经越来越不确定,而且间隔时间越来越长,特别是第十一期至第十二期之间间隔达8个月,表明经费严重缺乏。方国瑜说"不能按期"也说明有困难。可能是因为经费的难题,第十二期出版后已难继续坚持下去。而该会计划多年的《民族学报》未能出版,在该会会员心中一直是个比较大的遗憾。专门登载民族学会会员文章的《国立中央研究院历史语言研究所人类学集刊》(1938年12月)第一期及中山文化教育馆编《民族学研究集刊》第二期(1940年3月)出版后,"颇引起国内学人之兴趣,于是本会会员颇有主张重复旧规,继承前业者,三十年度秋,移会址于成都华西坝,设通信处于金陵大学,由徐益棠负书记之职责。"[59]《西南边疆》既为中国民族学会理事、书记参与创办,他们对之当然不会弃之不顾。该刊移蓉编印后,改为中国民族学会西南边疆研究社编辑,并曾刊登"启事"对《民族学报》未能出版深表遗憾,呼吁将《西南边疆》办成该会永久性质的会刊,足见中国民族学会对该刊的爱护和珍视。"启事"说：

> 本会成立有年，学报迟迟未刊，深用怅憾。《西南边疆》
> 月刊，为本会同志所经营，已有相当历史，敢请本会诸同志，公
> 共努力，加以爱护，俾得发荣滋长，逐渐发展，成为本会永久之
> 会刊。[60]

因此，当该刊在昆明遭遇停刊的命运时，中国民族学会承担起了继续办下去的重任。

而《西南边疆》之所以转到金陵大学，由徐益棠主编，是由于徐益棠与中国民族学会的关系。1934 年 12 月 16 日，中国民族学会成立。时在金陵大学工作的徐益棠是发起人之一。1935 年 12 月 16 日，学会在南京举行第一届年会，徐益棠被选为理事。1936 年，该会设通讯处于金陵大学。同年，徐益棠与凌纯声及该会会员卫惠林担任内政部礼俗司全国风俗普查委员会委员，凌纯声为召集人。1936 年 12 月 21 日，中国民族学会在南京举行第二届年会，徐益棠被选为理事，并任编辑（当时中国民族学会计划出版《民族学报》）[61]。金陵大学比较重视边疆研究，徐先生与金大渊源较深。金陵大学中国文化研究所成立后，为进一步充实研究队伍，提高研究水平，从而提升金陵大学中国文化研究所在全国的学术地位，延揽了一批著名专家，徐益棠即是其中之一。[62]徐益棠在《七年来之中国民族学会》中说，20 世纪 30 年代初，金陵大学中国文化研究所"增聘研究员从事于中国边疆民族之研究"，[63]便是指此。徐专任研究员，单独承担该所"中国外来民族之文化"、"西南民族史"、"本国历史地理"、"中国考古学史"等课题，与李小缘共同承担"考古学名词辞典（青铜部分）"课题的研究。[64]金陵大学对中国边疆问题的研究起步较早，自该校社会学系成立后，边疆问题就一

直是该系的主要研究方向。[65]前述金陵大学开设边疆史地讲座,与
徐益棠有关。徐先生的公子徐畅回忆说:

> 1941年秋,中国民族学会迁至四川成都华西坝,设通信
> 处于西迁的金陵大学,由先父任书记一职。由于条件艰苦,中
> 国民族学会通信处甚至设在了我们家中。当时,我家在成都
> 寓所的门口挂了两块招牌:"中国民族学会"、"西南边疆杂志
> 社"。[66]

"杂志质量的高低,很大程度上取决于编辑修养的高低"。
"许多书籍和文章在谈编辑修养时,都强调编辑要有优化的知识
结构、智力结构和能力结构的问题"。"我国历史上著名的杂志,
其编辑大多为学者和作家,甚至是学术史上的知名学者,他们以学
者深邃的理性光辉和以自己深厚广博的学识,促进了杂志的发
展"[67]。方先生和徐先生能够任《西南边疆》的主编,不仅因为他们
都是学识广博的学者,而且还因为他们都有办刊经历和经验。前
述方先生在读书和工作期间做过刊物主编、编辑。至于徐先生,前
述他被推举为《民族学报》编辑,虽然该刊一直未能出版,但相关
工作并没少做。

第三节　《西南边疆》的作者群体

《西南边疆》的"文稿大都系专家及各大学教授所撰著,颇受
各方欢迎"[68]。先后为该刊撰文的知名学者众多。本节以"论文"
栏目作者为例,对《西南边疆》的作者群体作一分析。

表一　"论文"栏目作者群信息表

姓名	出生年	籍贯	教育经历	系、部或专业	工作单位、职务及职称	备注
胡焕庸	1901	江苏	南京高师巴黎大学	地理学	中央大学（教授）中央研究院（研究员）	2篇
凌纯声	1902	江苏	南京高师巴黎大学	民族学	中央研究院史语所（研究员）	2篇
熊秉信	1913	云南	清华大学	地质学	个旧锡矿（工程师）	
楚图南	1899	云南	北京高等师范学校	史地部	云南大学文史系（教授）	2篇
闻宥	1901	江苏	震旦大学	语言学	云南大学文法学院（教授）	
吴宗济	1909	浙江	清华大学	语言学	中央研究院史语所	2篇
江应樑	1909	广西	暨南大学中山大学	历史学人类学	中山大学	3篇
何塘			地质学	云南大学矿冶系（教师）		
张凤岐	1901	云南	东陆大学北京大学燕京大学	政治学	私立五华文理学院（教授）	2篇

续表

姓名	出生年	籍贯	教育经历	系、部或专业	工作单位、职务及职称	备注
芮逸夫	1897	江苏	东南大学 美国柏克莱加州大学 耶鲁大学	人类学 语言学	中央研究院史语所（研究员）	
邹序儒		湖南	东京帝国大学	农学部		
后晋修	1906	云南	东南医科大学	医学	云南陆军军医学校	云南大学
董彦堂	1895	河南	北京大学	甲骨文	中央研究院史语所（研究员）	
马学良	1913	山东	北京大学	语言学	中央研究院史语所（助理研究员）	4篇
张其昀	1901	浙江	南京高师	史地部	浙江大学史地系史地研究所（教授）	2篇
徐季吾		江苏			中央农业试验所云南工作站	
陆钦范		江苏	金陵大学 美国明尼苏达大学	农学 生物化学		
丘勤宝	1908	广东	天津北洋工学院 美国康奈尔大学	土木工程 水利工程	中山大学 岭南大学 建设所技正 云南大学（教授）	2篇

姓名	出生年	籍贯	教育经历	系、部或专业	工作单位、职务及职称	备注
方国瑜	1903	云南	北京师范大学 北京大学	国文系 国学门	云南大学 文史系(教授)	3篇
周光倬	1897	云南	南京高师	文史地部		2篇
茅荣林	1910	江苏	中央大学	土木系	西南联大	
王文瀚	1909	江苏	中央大学	地理系	中央气象局 沙坪坝 测候所(主任)	
彭桂萼	1908	云南	东陆大学 预科		双江简易 师范学校(校长)	
张廷休	1898	贵州	南京高师 伦敦大学 柏林大学	文史地部 经济学	教育部蒙藏 教育司司长	
庄学本	1909	江苏	中学辍学			2篇
秦仁昌	1898	江苏	金陵大学	林学	静生生物调查所 技师兼庐山森林 植物园主任,云南 丽江庐山森林 植物园工作站	3篇
赵晚屏			美国哥伦 比亚大学 清华大学	云南大学		
王兴瑞	1912	广东	中山大学	历史学 人类学	中山大学	2篇
张宝堃	1903	浙江	东南大学	地学系		2篇
马毅						不详

姓名	出生年	籍贯	教育经历	系、部或专业	工作单位、职务及职称	备注
陆鼎恒	1903	浙江	里昂大学	动物学	北平研究院	3篇
岑家梧	1912	广东	中山大学 东京立教大学 东京帝国大学	社会学 史学系 考古学	西南联大	2篇
傅玉声			西南联大（清华大学）	史地学	宣威乡师	
赵继曾		云南	云南大学		大理县立中学（校长）《滇西日报》社（社长）	
刘历荣		四川	清华大学			
和永惠						不详
白寿彝	1909	河南	燕京大学	中国哲学	云南大学 文史系（教授）	2篇
陶云逵	1904	江苏	南开大学 柏林大学 汉堡大学	人类学 遗传学 民族学	云南大学社会学系（主任、教授）	
周绍模					中央农业试验所云南工作站	
徐永椿	1910	江西	中央大学	森林系 林业专业	云南大学农学院	
赵丰			云南大学			学生

续表

姓名	出生年	籍贯	教育经历	系、部或专业	工作单位、职务及职称	备注
李景汉	1894	北京	美国伯玛拿大学加利福尼亚大学哥伦比亚大学	社会学	西南联大社会学系（教授）	
杨力行	1917	湖南	湖南地方自治专科学校	金陵大学		
李希泌	1919	云南	西南联大	历史系		学生
震声						不详
陈秉仁	1886	四川	云南省优级师范	天文学气象学	昆明气象测候所（所长）	
张印堂	1902	山东	燕京大学、英国利物浦大学	地理学	西南联大	
胡耐安	1899	安徽	东京帝国大学		国民政府内政部（首席参事）、湖南省党务改组委员会（委员）、宣传部（部长）	
刘国钧	1899	江苏	金陵大学美国威斯康星大学	目录学图书馆学哲学	金陵大学	
徐益棠	1899	安徽	东南大学巴黎大学	教育系民族学	金陵大学	2篇
宓贤璋	1902	浙江	厦门大学燕京大学	法学政治学	之江文理学院教授云南大学金陵大学	
擎天						不详

姓名	出生年	籍贯	教育经历	系、部或专业	工作单位、职务及职称	备注
陈祖稣			金陵大学			2篇
丁骕	1912	云南	辅仁大学燕京大学苏格兰格拉斯哥大学	地学系地理系	中央大学地理学系（教授）	
刘恩兰	1905	山东	南京金陵大学克拉克大学牛津大学		金陵女子文理学院地理学系（主任）	
孙明经	1911	山东	金陵大学	化工系机电系物理系	金陵大学理学院电化教育专修科（主任）	
李有义	1912	山西	燕京大学	社会学人类学	云南大学社会学系（讲师）	
陈万聪	1899	四川	东南大学、美国怀沃闵大学	农科绵羊和羊毛专业	国际贸易委员会松潘绵羊改	
良场（场长）	2篇					
梁瓯第		福建	中山大学	教育系	中山大学（教授）	
胡良珍	1924	福建	成都燕京大学金陵大学	法学	金陵大学中国文化研究所（助理研究员）	
尹子建		云南			腾冲宿儒	
任乃强	1894	四川	北平农业专门学堂		西康省通志馆（馆长）	

姓名	出生年	籍贯	教育经历	系、部或专业	工作单位、职务及职称	备注
李孝芳	1915	河北	清华大学——西南联大	地质地理气象系地理组	国立西南联合大学地理系（助教）、经济部地质调查所	
李式金	1914	广东	清华大学——西南联大	地质地理气象系地理组	西北大学地理系（副教授）	

资料来源:作者自述或自传、传记、年谱、辞典、地方志等相关资料。按:续稿不单独计算。

从上表可以看出,就年龄结构而言,在已知出生年的 47 人当中,1880 年代出生的只有陈秉仁。1890 年代出生的有楚图南、芮逸夫、董作宾、周光倬、张廷休、秦仁昌、李景汉、胡耐安、刘国钧、徐益棠、陈万鳖、任乃强等 12 人。其中有留学经历的有芮逸夫、张廷休、李景汉、胡耐安、刘国钧、徐益棠、陈万鳖等 7 人,占二分之一强。1900 年代出生的有胡焕庸、凌纯声、闻宥、吴宗济、江应樑、张凤岐、后晋修、张其昀、丘勤宝、方国瑜、王文瀚、彭桂萼、庄学本、张宝塈、陆鼎恒、白寿彝、陶云逵、张印堂、刘恩兰等 19 人。其中有留学背景的有胡焕庸、凌纯声、陆鼎恒、陶云逵、张印堂、丘勤宝、刘恩兰等 7 人,占三分之一强。1910 年代出生的有熊秉信、马学良、茅荣林、王兴瑞、岑家梧、徐永椿、杨力行、李希泌、丁骕、孙明经、李有义、李孝芳、李式金等 13 人,只有岑家梧、丁骕有留学背景。1920 年代出生的有胡良珍。傅玉声 1944 年毕业于西南联大,估计亦出生于 1920 年代。赵丰为云南大学学生,其出生年也应在 1920 年代。其他出生年不详者可能还有学生。其时,1880 年代生者年龄在 58 岁—60 岁之间,1890 年代生者年龄在 48 岁—54 岁之间,1900 年代生者年龄在 38 岁—44 岁之间,1910 年代生者年龄在 28 岁—34 岁之间,1920 年代生者年龄在 18 岁—24 岁之间。若将 1880 年代生者视为老年,1890 年代生者视为中老年,1900 年代生者视为中年,1910 年代生者视为青年,则中年学者是最主要的撰稿群体,青年学者又其次,中老年学者再其次,第四是学生,第五是老年。基本上反映了学术发展的新老更替趋势。

就文章数量来说,发表文章两篇或两篇以上者,有胡焕庸、凌纯声、楚图南、吴宗济、江应樑、张凤岐、马学良、张其昀、丘勤宝、方国瑜、周光倬、庄学本、秦仁昌、王兴瑞、张宝堃、陆鼎恒、岑家梧、白寿彝、徐益棠、陈祖稣等 20 位。根据普赖斯定律,核心作者的最低发文数为 N = 0.749(Nmax)1/2,其中 Nmax 为最高产作者的论文数[69]。Nmax 取 4,N 为 14.98。以上 20 位撰稿者为该刊核心作者。其中,1890 年代生者有楚图南、秦仁昌、徐益棠 3 位,占总数七分之一弱,后两位有留学背景。1900 年代生者有胡焕庸、凌纯声、吴宗济、江应樑、张凤岐、张其昀、丘勤宝、方国瑜、庄学本、白寿彝等 10 位,所占比例达二分之一,胡焕庸、凌纯声、丘勤宝等 3 位有留学经历,占到这一年龄段的三分之一强。1910 年代生者有马学良、王兴瑞、岑家梧 3 位,占总数七分之一弱,只有岑家梧有留学背景。1920 年代生者可能有陈祖稣,作者简介显示其为金陵大学学士,在 1920 年代出生的可能性较大。由上可知,就已知出生年代和学历背景者来看,发表文章达到两篇或两篇以上的,1890 年代生者和 1910 年代生者各占到总数的约七分之一,1920 年代生者尚不清楚。1900 年代生者最多,占到总数的二分之一,有留学经历者所占比例也大,超过该年龄段的三分之一。显而易见,1910

年代生者是"论文"栏目作者群的主力。

许纪霖教授认为,在整个 20 世纪中国,总共有六代知识分子。1949 年之前为前三代,即晚清一代、五四一代、后五四一代。其中后五四一代又分为前后两批,前一批出生于 1895 年—1910 年之间,他们在求学期间直接经历过五四运动的洗礼,是五四中的学生辈(五四知识分子属于师长辈),这代人大都有留学欧美的经历,有很好的专业训练。如果说晚清与五四两代人在知识结构上都是通人,很难用一个什么家加以界定的话,那么这代知识分子则是知识分工相当明确的专家。五四一代开创了新知识范型之后,后五四一代作出了一系列成功的范例,三四十年代中国文学和学术的高峰主要是这代人的贡献。到三四十年代,后五四一代知识分子开始崭露头角[70]。按许教授的分析,该刊作者群中属于后五四一代前一批的共有 30 人,他们在已知年龄作者中的比例超过百分之六十,其崭露头角的时间也恰好是上世纪三四十年代。

已知教育背景的 56 人当中,有留洋背景的有 19 人,接近三分之一。其中留学日本者 3 人,且都是东京帝国大学,只是所学专业不同,岑家梧进东京帝国大学前还在东京立教大学学习。留美者 6 人,留英者 3 人,留法者 4 人,留德者 2 人。其中,刘恩兰既留过美,又留过英,张廷休既留过英,还留过德。

在已知籍贯的 54 人当中,云南籍的有熊秉信、楚图南、张凤岐、后晋修、方国瑜、周光倬、彭桂萼、赵继曾、李希泌、丁骕、尹子建等 11 人。江苏籍的有胡焕庸、凌纯声、闻宥、芮逸夫、徐季吾、陆钦范、茅荣林、王文瀚、庄学本、秦仁昌、陶云逵、刘国钧等 12 人。浙江籍的有吴宗济、张其昀、张宝堃、陆鼎恒、宓贤璋等 5 人。广东籍的有丘勤宝、王兴瑞、岑家梧、李式金等 4 人。山东籍的有马学良、张印堂、刘恩兰、孙明经等 4 人。四川籍的有刘历荣、陈秉仁、陈万骢、任乃强等4人。福建籍的有胡良珍、梁瓯第2人。安徽籍的有徐益棠、胡耐安2人。河南籍的有白寿彝、董作宾2人。湖南籍的有邹序儒、杨力行2人。河北籍的有李景汉、李孝芳2人。江西籍的有徐永椿。贵州籍的有张廷休。广西籍的有江应樑。没有东北的和西北的。仅以籍贯来看，江苏籍的最多，达到12人。云南籍的其次，达到11人。但这倒不能说明云南高等教育的发达程度仅次于江苏，而是外出求学且在外工作的多数云南籍学者都因抗战而返回了家乡。总的来看，江、浙一带人数最多，达到17人。吴忠良在分析《史地学报》作者群时说，以江浙学人为多这一现象，与《学衡》杂志作者群有很大的相似性。其实这是一个非常普遍的现象。晚近以来，江浙为人文渊薮已为学界公认[71]。《西南边疆》的作者群再次印证了这一点。如果再扩大到东部，江苏、浙江、广东、福建、山东等达到27人，达到一半。西南则云南、四川较多，贵州、广西较少，也可以在一定程度上反映出西南相关省份教育发展程度上的差距。

就教育背景而言，在已知教育经历的56人当中，南京高师——东南大学(1921年改)毕业的有胡焕庸、凌纯声、张廷休、张其昀、芮逸夫、张宝堃、周光倬、徐益棠、陈万骢9人。金陵大学毕业的有秦仁昌、杨力行、刘国钧、刘恩兰、孙明经、陆钦范、胡良珍7人。燕京大学毕业的有张凤岐、白寿彝、张印堂、宓贤璋、李有义、胡良珍6人。清华大学毕业的有熊秉信、吴宗济、赵晚屏、刘历荣4人。北京大学毕业的有董彦堂、方国瑜、张凤岐、马学良4人。中山大学毕业的有江应樑、王兴瑞、岑家梧、梁瓯第4人。中央大学毕业的有茅荣林、王文瀚、徐永椿3人。北京师范大学毕业的有楚图南、方国瑜。东陆大学毕业的有张凤岐、彭桂萼。东南医科大学毕业的有后晋修。云南省优师毕业的有陈秉仁。北平农业专门学堂毕业的有任乃强。南开大学毕业的有陶云逵。暨南大学毕业的有江应樑。天津北洋工学院毕业的有丘宝勤。湖南地方自治专科学校毕业的有杨力行。西南联大在读的有李希泌、李孝芳、李式金。云南大学在读的有赵丰。因同一个人有在不同的学校就读的经历，以上统计有重复的现象。总的来看，南京高师——东南大学毕业的最多，金陵大学毕业的其次，燕京大学毕业的又其次，北京大学、清华大学、中山大学所占比例相同。就学校分布来看，主要集中在北京、南京、天津等地。教会学校在西南边疆研究的人才培养中也发挥了重要作用。

需要特别指出的是，以往学术界在研究《史地学报》或竺可桢时，都会提到竺先生在南京高师——东南大学的人才培养为此后我国的地理学、气象学等做出了重大贡献。以上南高——东大毕业生中，除芮逸夫、徐益棠外，其余皆为竺可桢的学生。而且张其昀、张廷休、胡焕庸、周光倬均为南高——东南大学1919级史地系学生。学术界讨论南高史地系的影响时，也无不提及他们几位。如施旋风指出："南高东大时期曾随竺可桢教授专学地理和气象，以后在地理和气象科学担任研究、教学工作、事业推进中起领导和骨干作用的有：胡焕庸、张其昀、张宝堃、周光倬、凌纯声……。"[72]严德一也说，1921年，竺可桢在东南大学创办我国高校第一个地学系，拓宽学科领域，开设新的课程，为培养地学人才奠定了基础。"20年代初进南高至东南大学的首两届毕业生，在竺老精心严格的培植下，人才辈出。当即指导出国去西欧深造的，如……胡焕庸去法国学习地理气候，凌纯声去法国学习民族学，……周光倬回云南大学，曾去勘查中缅未定界。……都各成专家或为知名学者。"[73]另据吴忠良的研究，张其昀、胡焕庸、张廷休等都是当时在南高《史地学报》上刊发文章较多的活跃分子[74]。然而，目前的研究没有注意到南高——东南大学与《西南边疆》的关系。其实,从《西南边疆》的作者群,可以看到竺先生更加杰出的贡献和南高史地更为深远的影响。竺先生对《西南边疆》颇为关注,其当时的日记中多次出现阅读《西南边疆》的记录(详后),与此或许有一定关系。

在已知学系、学部或专业的45人当中,所学学科或专业包括地理学、气象学、地质学、历史学、民族学、人类学、考古学、语言学、目录学、图书馆学、哲学、教育学、社会学、政治学、经济学、医学、生物学、工程学、农学、林学、遗传学、物理学、生物化学等等。而且有些学者还先后受过不同学科的训练,接受过多个专业的熏陶。这种多学科的参与,首先是与方国瑜、凌纯声有关。方先生比较倾向和注重多学科的综合研究。他的学习经历本身就是一个多学科的训练过程。他在北京和南京期间就曾从诸学术大师治音韵、训诂、目录、校勘、金石、名物、史地、语言之学。1935年至1936年,还亲赴滇西边区考察。至于与凌纯声的关系,得从中国民族学会的成立说起。中国民族学会的成立,本来就是国内学者对多学科结合及分工合作开展研究调查工作有充分自觉意识后付诸行动的结果。当时国内"民族学者、社会学者、人类学者有感于祖国民族文化之复杂,殊有分工合作积极研究之必要"。发起人中除民族学者、社会学者、人类学者外,还有解剖学专家欧阳翥、神经学专家卢于道等[75]。而多学科结合,是为了收到分工合作的效果。该会成立后,会务规定第一项原则为"研究",拟定的工作计划中有下列内容:

> 本会会员之研究科目,包括:人类学,民族学,语言学,社会学,文化学,宗教学,民俗学,考古学,史地学等,各就个人专门研究之范围内,拟定一二专题,作精深之研究。[76]

由于该会计划中的会刊《民族学报》一直未能刊印,该会的很多设想和计划未能付诸实践。会所西迁,会务停顿后,该会的凌纯声既参与《西南边疆》的创办,遂将此前的诸多设想和计划付诸实行。其次,多学科的参与还与当时社会各界皆关心并加入边疆研究有关。

> 抗战之顷,各科人士皆谈边疆,无论社会学家、历史学家、语言学家,其所学学科与边疆有密切之关系,其谈也固无不宜。然一般不相干的人士,或劳驾远征,或闭门坐谈,亦往往以边事边情为集注之点。[77]

柯向峰指出:

> 我国边疆之研究园地既广,而研究之方面亦多。举凡自然科学及社会科学中重要部门之学者,均可参加,例如气象学家之研究边疆各地气象,地质学家之研究边疆各地地质,地理学家之研究边疆各地山川地势以及边界问题(例如我们与俄国订《尼布楚条约》因不明边界而损失广大之幅员),生物学家之研究边疆植物动物,其他如水利也、森林也、矿藏也、农事也、畜牧也,无一不需专家之贡献,在人文科学方面,则考古学、史学、政治学(包括外文)、经济学,均应各占重要之一席[78]。

就已知职业身份的49人来看,撰稿者主要由四类人物构成。占比例最大的是大学教师。其次是科研院所的研究人员。其中,中央研究院历史语言研究所的最多。再次是公务员。第四是学生。此外,师范学校校长、工程师、学校医务人员、地方耆宿、参政员等,也多有关心边疆、介绍边疆、调查边疆和研究边疆者。

学术界发现,徐益棠藏有一份"中国民族学会会员录",这份会员录并未记载形成时间,但是按照地域对会员做了分类。刘波儿认为,这里的按地域划分应是按会员录形成之时,会员本人所在地划分,而非按会员的籍贯划分,那么就可以根据一些重要人物的活动年谱与其在会员录中所标注的所在地相比对,得到会员录形成的大致时间。考虑到西部地区信息交流不便,可能影响信息的准确度以及文章写作工作上的便利性,刘氏从东部大城市学者及知名学者中选择了吴文藻、顾颉刚、江应樑、林惠祥、杨堃5人进行考证。将这份中国民族学会会员录的形成时间定在1947年的下半年[79]。从这份会员录来看,以上作者中属于中国民族学会会员者,有胡焕庸、丁骕、方国瑜、马长寿、梁欧第、刘历荣、江应樑、徐益棠、凌纯声、芮逸夫、岑家梧、胡良珍、王兴瑞、庄学本、任乃强、刘国钧。其中可以确定早期即为该会会员者有徐益棠、凌纯声、刘国钧、马长寿、芮逸夫。虽然杨成志在早期即为会员,并被选为出版委员会委员、编辑委员会委员等[80],但其弟子江应樑、岑家梧、王兴瑞等是否在早期即成为会员,尚不能确定。不过,方国瑜肯定是因主编《西南边疆》才成为该会会员的,其他如胡良珍、庄学本、任乃强等,也应是参与了该刊的撰稿才被吸收为会员的。

第四节 《西南边疆》的征稿

"杂志的稿件来源,可分为自发来稿和杂志编辑主动地组织文稿"。"自发来稿可以拓宽编辑部的思路,能够不断丰富和充实杂志的内容,是杂志活力的源泉之一"。"编辑的组稿活动,直接体现杂志的整体编辑思想,体现杂志的编辑方针和编辑意图,对于保证杂志的质量和体现杂志的个性具有十分重要的意义"。"因此吸引更多的自发来稿和主动地组织文稿两者不可偏废"[81]。组稿又包括个别组稿和公开组稿。《西南边疆》的组稿同样如此。该刊除最后一期外,其余各期均在底封里页登出"稿约"和"征稿范围",公开向社会征集文稿。同时,该刊也根据研究内容与范围约请专家撰稿。限于资料,该刊的自发来稿及公开组稿情况,还无从知晓。至于个别组稿,应主要由方国瑜、凌纯声、徐益棠3位负责。

岑家梧发表于《西南边疆》的《海南岛土戏研究》一文,开头在略述写作与修改经过后,即说"顷承方国瑜先生索稿,特检出以献"。[82]据江晓林著《江应樑传》,该刊编者曾"向江应樑约稿"[83]。这里的编者应系方国瑜。董作宾《僰夷历法考源》,也应是方先生组的稿。董氏1895年出生于河南,1924年毕业于北京大学研究所国学门,1928年起任职中央研究院历史语言研究所,为甲骨文专家。董先生与方先生不仅是校友,而且相识较早。方先生《隋唐音韵考》便是在董先生的建议和鼓励下纂成。[84]1934年春,方先生去看董先生,并将受刘半农之托搜集么些象形文字,但刘先生已不及见之的事告知[85]。方先生有意到南京中央研究院历史语言研究所师从赵元任、李芳桂学习语言学并整理纳西象形文字,又得到董先生的介绍[86]。自1938年春至1940年冬,董先生先迁昆明,再迁四川。1938年8月以前住昆明市,8月1号起住龙头村。住昆明龙头村这一段时期,是董先生《殷历谱》的编纂时期[87]。董先生发表于《西南边疆》的《僰夷历法考源》一文也写于这一时期。该文文末标明:"二七,十二,一,深夜草完,于龙头山村。"[88]第一部分"僰夷历法的特点"一开头就说:"在友人方国瑜先生处,得见方氏亲自探访的僰夷历法。"[89]两人本有多年交情,又恰逢方先生主编《西南边疆》,董先生的选题属于西南边疆史,且资料系方先生所提供,则方先生向董先生约稿也就顺理成章了。

从南高——东大毕业者胡焕庸、凌纯声、张廷休、芮逸夫、张其昀、张宝堃、周光倬、徐益棠等人的稿子，则应是凌纯声组的。在这群南高——东大的毕业生中，与《西南边疆》关系最密切者为凌纯声。应是凌纯声将他们联合起来，共同为《西南边疆》撰稿。张其昀在刊于《西南边疆》的《广西省之现势》中提到"友人凌纯声君"[90]。张廷休刊于《西南边疆》的《再论夷汉同源》篇首说："《夷汉同源》一文本寄《西南月刊》，嗣他处索稿，亦以此塞责，刻补充一部分材料以寄老友。"[91]这里的"老友"，应即凌纯声。此时张氏任职于教育部，后来凌纯声出任的国民政府教育部蒙藏教育司司长一职，就曾由张氏担任。徐益棠任该刊主编前曾在该刊发表《西康行记》，在说明"行记"来源后说："友人索稿，缀此以献。"[92]所谓"友人"，也应是凌纯声。因为方国瑜与张其昀、张廷休等似均无私交，且距离遥远，不太可能向他们组稿。闻宥《论 POLLARD SCRIPT》文末附记："文中关于 Laka 部分曾得纯声兄之教示，记以志感。"[93]这篇文章可能也是凌纯声组的稿。

徐益棠任主编时期，金陵大学的宓贤璋教授，金陵大学理学院电化教育专修科主任孙明经，金陵大学中国文化研究所助理研究员胡良珍等均有文章刊发。他们与徐先生有同事或师生之谊。如胡良珍，毕业于金陵大学，任教于金陵大学。曾与徐先生于1940年夏天深入到雷波小凉山，对小凉山倮民的地理环境、居处、服饰、生计、财产、婚姻、阶级制度与政治、战争、生与死、宗教与巫术等，进行了深入调查，于1944年出版《雷波小凉山之倮民》一书[94]。再如庄学本[95]，徐益棠与庄学本认识较早，且多有往来，徐先生在《西康行记》中多次提到"庄学本兄"[96]。滇版《西南边疆》即刊有庄氏的文章，显然与徐氏有关。

第五节　《西南边疆》的经费来源

关于《西南边疆》的经费来源,可以确定的有以下三种:广告收入、销售收入和对边疆问题感兴趣者的赞助。所谓获得过教育部的补助,则与史实不符。

一　广告收入

刊登广告是杂志增加经济收入的重要手段。我国"现在意义上的杂志,……是外国人首先创办起来的"。19 世纪外国人在我国创办的杂志,就已"开始刊登收费广告。1853 年创办于香港的《遐迩贯珍》杂志,首开我国中文报刊收刊广告的先河。……从此,我国中文杂志、报纸才开始登载各种广告,注意经营广告业务"。[97]《西南边疆》虽然是一种学术期刊,但其广告效应仍为广告客户所看重。应该说,同样是为了筹集资金,西南边疆月刊社也有意向外界发出刊登广告的信息,该刊每期底封里页右下角均有"广告刊例",说明版位、版面、面积不同的刊价及优惠条件。因战时经济的不稳定性较大,广告刊价也随之而有所调整。最初的收费是这样的:底封外页,40 元;封面里页,30 元;普通全页,25 元;普通半页,15 元。连登 3 期以上,以 7 折计算。这一价格标准从第一期至第十五期都没有变。到第十六期时才有改变。此时的广告价格调整为:底封外页,100 元;封面里页,60 元;普通全页,50元;普通半页,30 元。连登 3 期以上,以 7 折计算。不同版位的广告刊价不同,是因为"不同版位上的广告,其注意价值的差异是很大的"。"有人认为,如果把杂志广告注意高度最高列为 100,则版面 100,封底 95;封二 90,封三 85;扉页 80,底扉 75;正中内页 79,

内页局部30—50,内页补白10—20。所以版面版位不同、面积大小不同的杂志广告收费档次也就拉得很大"。[98]前述的"底封外页"即"封底","封面里页"即"封二"。可见,《西南边疆》的广告刊价符合杂志广告刊价的基本规例。

表二 所登广告一览表

期号	广告名称	位置	价格	备注
创刊号	新华信托储蓄银行	封面里页	30	
创刊号	金城银行	底封外页	40	
第二期	英商文仪洋行有限公司昆明分行	封面里页	30	
第二期	金城银行	底封外页	40	
第三期	福白龙及浓福白龙	封面里页	30	
第三期	金城银行	底封外页	28	7折价
第四期	金城银行	底封外页	28	7折价
第五期	金城银行	底封外页	28	7折价
合计			254	

资料来源:《西南边疆》。

由上表可知,《西南边疆》刊登广告的位置只有"封面里页"和"底封外页",所登广告以银行为主,只有一次例外。而且都集中在前五期,此后便不再有广告刊登。第六期"封面里页"、"底封外页"都是空白,说明这一期没有广告刊登。从第七期起,至第十八期停刊止,每期均刊有学术信息。值得注意的是,这些学术信息刊载的位置,大部分正是"封面里页"和"底封外页"等此前专登广告的地方。是不是《西南边疆》自第七期以后便无意再刊登广告呢?

不是。前述该刊每期均有"广告刊例",在第十七期还对广告价格做过调整,可以判定西南边疆月刊社不仅无意放弃刊登广告,而且直到最后都还抱有希望。从第七期起以学术信息"取代"广告,主要原因当为无广告可登。因为这种学术期刊发行量小,能流传的人群量不大,宣传难以达到商家的预期效果。杂志本来就"要求读者具有一定的文化水平和理解能力,对专业性杂志来说,还要求具有一定的专业知识和专门爱好,影响了销量。"而且,"杂志广告也有它的局限性:期刊长,时效性不如广播、电视、报纸。那些急于告诉受众的广告,便不宜在杂志上刊登。大多数杂志的发行量较小,其受众不如报纸、广播、电视多"。而20世纪三四十年代正是广播、电视迅猛发展的时期。如在20世纪初,"美国杂志的收入,主要是广告费"。但"20年代广播事业和电影事业的异军突起,特别是40年代后电影事业的勃兴,大大影响了杂志的广告收入在全国广告收入中的比例"。[99]尽管当时我国的发展远远落后于美国,但其时我国报纸的发展势头也十分迅猛,对杂志的挤压也是相当大的。

　　该刊发行有6年之久,广告费却只有254元,即使以当时的物价标准来衡量,也不能算多,这笔收入对于该刊的支出来说,无疑是杯水车薪。

二　销售收入

　　《西南边疆》每期都会在底封里页右边标明"本刊价目"和"代售处"。有销售自然有收入。由于物价上涨及编印地点有变,价目和代售处亦处于变化之中。至于价目,根据创刊号底封里页右下角"本刊价目":每月一期,国币2角;全年12期,国币2元。该刊出到第四期仍为月刊,而第五、六、七三期都已不稳定,但第五、六两期的"本刊价目"仍为"每月一期","全年十二期",价格未变。到第七期出版时,价目才有变化,"本刊价目"变为:每二月一期,国币5角;全年6期,国币3元。第八期"本刊价目"与第七期相同。第九期"本刊价目"为:每2月1期,国币7角5分;全年6期,国币4元5角。价格再次上涨。该价目一直到第十一期都没有变化。到第十二期,则变为每册国币1元,但无全年期数,同时表示"暂不预定"。第十四期出版时,改为"普通本"和"特别本"。前者国币1元2角,后者国币2元4角。到第十五期出版时,仍为"普通本"和"特别本",只是价格变为:前者国币2元,后者国币5元。到第十六期,不再刊行"特别本",仅发行"普通本",价格变为每册国币5元。到第十七期,普通本每册增至国币8元。到第十八期,甚至连普通本的说明都没有,只有定价每册16元正。

由于战时物价的浮动幅度较大,刊物价格也不断调高,这是物价上涨的一个细微反映。每册定价从最初的2角涨到最后的16元,翻了80倍,可见通货膨胀之一斑。该刊自始至终都没有标明出版数量,我们也未见到关于销售数目的记录。不过可以推测,在当时的条件下,尽管该社一直有指定的代售处,但如前所述,学术期刊作为"专业性杂志来说,还要求具有一定的专业知识和专门爱好,影响了销量",战争条件下肯定更加不容乐观。销售虽然是该社经费的来源之一,不过数量一定是不大的。

三 对边疆问题有兴趣者之赞助

《西南边疆》第十三期刊载有一则"本刊启事":

> 本刊自二十七年在昆明发刊以来,颇蒙读者推许,深为欣幸。虽困难重重,然勉强支撑,亦已三年。……自第十三期起,移蓉发刊。仓卒筹备,诸多简陋,……务希对此问题有兴

趣诸同志,仍本爱护学术爱护边疆之初衷,继续赞助,俾本刊仍得尽其最大之责任。[100]

"继续赞助"表明此前该社曾得到对边疆问题有兴趣者赞助。

目前学界有一种观点,认为《西南边疆》还得到过教育部的补助。教育部1942年度对边疆团体的补助于同年8月间确定名单,没有西南边疆月刊社[101]。同年10月15日,中国民族学会理事会代表徐益棠致函国民政府社会部部长谷正纲,说明该会经费无着,各项计划遂难实现,要求给以补助。函称:

> 敝会成立至今已届七年有半,终以经费支绌,未能依据原有计划进行。去年曾呈请钧部拨款维持,亦未蒙照准,殊感失望。三十二年度业务计划业已遵照钧部组五字二七六六号训令呈报在案(本年九月三十日呈报)。钧部指导群伦,提倡学术,维护历史悠久之学术团体尤为尽力,故特呈请钧部鉴核。敝社明年经费预算情形(敝会所呈报之三十二年度业务计划简报表经费预算栏及备注栏),拨款补助。敝会数年来不能实现之计划,一旦得以实现,不独敝会之荣幸,抑亦钧部之心愿也。[102]

从后来的情形看,此次请款还是"未蒙照准"。而其时《西南边疆》第十六期已在出版中,此后才出两期即不得不停刊,可见该刊在蓉编印时期并没有得到教育部和社会部的补助。据此还可以推断,该刊此前也未得到教育部补助,因为如曾得补助,徐氏函中必有提及。

1946年12月,蒙藏委员会所办刊物《蒙藏月报》登了一条《教育部补助边疆文化团体》的消息,内容为:

> 教育部对边疆各文化团体,历年均有补助,惟过去以补助

数额有限,收效甚微,本年度补助费略增,并订定各边疆文化
团体申请补助应注意事项,通饬遵办,本年度已核定补助者,
计有汉藏教理院,边政公论社,中国边疆学会,中国边疆问题
研究会,西南边疆月刊社,回教青年月刊社,康导月刊社,阿尔
泰杂志社等九单位。[103]

但《西南边疆》既已停刊了两年多,这条消息肯定是有问题的。后
人不察,信以为真。影响所及,《第二次中国教育年鉴》[104]、蒋致远
著《中华民国教育年鉴》(10)[105]、熊明安著《中华民国教育史》[106],
均认为《西南边疆》得到过教育部的补助。

第六节 《西南边疆》的版面设计

杂志的版面设计包括封面设计、目录设计和板式设计。《西
南边疆》的目录与封面是融为一体的。封面由图案和文字组成,
图案以线条为主,线为黑线,加粗,文字均为白底黑字,横排,包括
刊名、期号、目录、出版日期、出版单位等。该刊"滇版"的封面设
计与目录设计,详见附录1:图一。"把目录排在封面上,在强调封
面力争抓住读者的眼光"[107],具有提示作者内容的作用,方便读者
查找,可以让读者在最短的时间内了解杂志的内容。目录中出现
作者姓名也很重要,"作者和读者的关系是很密切的,一般读者会
看熟悉的人发表的文章,知名度高的作者,他的文章是受到读者重
视的,拥有知名度较高的作者的文稿,杂志的身份自然就高"[108]。
该刊目录设计的不足在于,未标出页码,查找不便。

该刊移蓉编印后,从第十四期起封面设计有变化,不再用黑色
粗线,仅留文字,文字仍为白底黑字,横排,还是包括刊名、期号、目
录、出版日期、出版单位等,但字体有变化,出版单位改为"成都西

南边疆研究社印行"。详见附录 1:图二。

　　从杂志学的角度来看,"刊名,是杂志本身的自我介绍,要具体、实际,能迎合社会潮流,又不要过于落俗,有号召力和吸引力,能引起读者的注意,既要简洁、醒目,不能含义不清,又要足以表达杂志自己的特色"。"刊名关系到杂志的兴衰大事"。"正因为杂志的刊名如此重要,所以不宜中途变换(除非万不得已),封面上刊名的字体也不宜中途变换。对一家成功的杂志来说,刊名和刊名的字体,对杂志起标志作用,即商标的作用,是一种无形资产"。"杂志应是有个性、有特色的连续出版物,为了便于识记,封面设计应保持相对的稳定性,刊名和期号的字体、字号,图像的类型、封面各构成要素的布局结构样式在一定时期内应少变或不变"。"一般说来,内容比较严肃的学术类杂志,一些久负盛名的杂志,或是主要靠订阅方式销售的杂志,……都有较稳定的读者群,封面设计中不变的因素相对多一些"。[109]据此,《西南边疆》的封面设计及其前后变化,基本符合杂志封面设计的原则。

　　版式设计方面,该刊"滇版"版心上方加有页眉,页眉内容在奇数页和偶数页不同,前者包括刊名和期号,后者包括文章标题和作者姓名,均排在版心上端,置于双正线内,刊名在左,期号在右,或文章标题在左,作者姓名在右。"加页眉可以方便检索,读者需剪存,复印某篇文章时,也不必另外记载刊名、卷期"。[110]版心与地脚之间加有正线,页码为明码,标在版心与地脚之间的正线的中间。移蓉编印后,版心与天头之间加有正线,页眉加在正线之上,奇数页、偶数页内容不同。奇数页正线之上左边为刊名,右边为期号,字体均为宋体。偶数页正线之上左边为文章标题,右边为作者姓名。版心与地脚之间无正线,第十三期页码标在版心正下方,居中,左右各有短线一条。自第十四期起,页码标在版心正下方圆括号内,靠近版心,居中。

第七节 《西南边疆》的栏目设置

杂志的栏目"可以从内容上划分,也可以从文体上划分。……但杂志栏目的确定,更多地是从内容上来划分。"[111]《西南边疆》同样如此。"滇版"《西南边疆》的栏目设置最固定的是"论文"(或论著)、其次是"行记"(或行纪、纪行),再次是"边讯"(通讯),第四是"书评","附录"、"书报介绍"、"资料介绍"、"跋"等均较为少见。移蓉出版后,栏目设置相对稳定的除"论文"和"行纪"(或纪行)外,还有"书评","译述"、"附录"只是偶尔有之,"边讯"则被彻底取消。这样的设计是合理的。杂志的"主要内容并不是唯一的内容。如学术刊物,当然以学术论文、学术成果为主要内容,但还得向读者提供学术动态、学术资料、书评等,或为读者提供交换意见、讨论的园地。这些非学术论文、学术成果的内容也得刊登,才能尽量满足读者广泛的兴趣"。同时,"任何杂志都要力争既有稳定的好栏目,又要经常有创新的栏目,这样才能巩固老读者、吸引新读者。读者的需要是不断变化的,因此杂志的栏目和面貌也要能够根据这种变化及时调整。这对保持杂志的生命力是很重要的"。"总之,每期杂志,栏目要'大同小异'"[112]。

该刊的"译述"栏目和"书评"栏目与中国民族学会有关。中国民族学会成立后,对欧、美、日等地区或国家的相关著作及其研究方法、原则等的引进极为重视。该会所拟定的工作中,第3项为"遴选欧美关于上举各学之专门著作或就最著名之丛书,如法之 Evolution del' Hnmanite 及英美之 History of Civilization 由各会员分任翻译"。第4项为"介绍欧美民族学目录及其研究之方法与原则"。为搜集各国相关材料,该会分别给会员指定任务。1935年1月12日该会理事会议决:德国由商承祖、邱长康、欧阳翥负责;美国由黄文山、孙本文负责;英国由何联奎、吴定良、刘咸负责;法国由徐益棠、凌纯声、杨堃、卫惠林负责;日本由陈映璜负责;俄国则"未定"[113]。"译述"栏目、"书评"栏目的设置,应有贯彻中国民族学会同仁的学术理念的考虑。只是译述难度较大,在当时的条件下更是难上加难,所以未能成为一个固定栏目。"书评"栏目由会员分工合作,效率颇高,所以能够固定下来。

显然,自始至终,"论文"和"行纪"(或"行记"、"纪行")都是固定的栏目。作为一份学术期刊,"论文"为主要板块实属必然,但"行纪"也成为一个固定栏目,与该刊的性质或编辑特色有关。近代民族学人类学等现代学科传入后,国人多不满足于以往关于边疆民族的记载[114],而实地调查则成为改变这一状况的最有效和最重要的手段。该刊在征稿中已清楚地说明:征求关于西南边疆之文字与图画,内容包括各项调查与研究。

由下表可知,单独研究云南的论文有47篇,其余各区域的共有51篇,全部98篇论文中,单独研究云南的论文几乎占了一半。如再加上讨论滇黔和滇缅的,涉及云南的论文数量已超过一半。数量居第二位的是对整个西南地区的讨论,共15篇,并且全集中在"滇版"。数量居第三位的是四川,共10篇,其中,"滇版"有2篇,"蓉版"有8篇,显示出该刊移蓉编印后,关于四川的研究论文数量有较大幅度的增加,不过主要集中在两期(共7篇)。同时,关于云南的研究论文数量减少。

一 "论文"栏目涉及区域分析

表三 "论文"栏目所讨论对象之区域分布表

	滇	川	康	藏	黔	桂	粤	湘	西南	总论	两省	中外
一	3	1							3			
二	3								4			
三	3										1[115]	
四	4						1		1	1[116]		
五	3								2			
六	3		1				1	1				
七	3		1	1	1	2					1[117]	
八	5		1						1[118]			1
九	3						1			1		
十		2	1									1
十一	3						1	1				
十二	3						1					2[119]
十三		4								1	1[120]	
十四	1	1	1								2[121]	
十五	1	3									1[122]	
十六	3			1								
十七	3											
十八	1											1[123]
总数	47	10	4	1	1	2	4	1	15	5	3	5

资料来源:《西南边疆》。

说明:为方便统计,续稿一次以 1 篇论文计算。

"滇版"平均每期关于云南的论文数量略大于3篇,"蓉版"平均每期中才有1.5篇,若取平均数的话,减幅略大于百分之五十,但作为研究的重点区域并无改变。从"滇版"论文的数量和"蓉版"论文的数量在论文总数中所占的比例,可以看出两点:一是西迁的各高校或科研单位主要就近在迁入地选取调查研究对象,而且都办有相关的刊物予以刊载。二是由于受战时交通、信息、人际网络等因素的影响,撰稿者主要为迁入期刊编辑出版所在地的专家学者,稿源具有明显的地域性。单独讨论贵州、湘西的文章仅各有一篇,原因当在于此。成都地区研究川康藏的队伍较为强大,文章也不少,而该刊"蓉版"关于川康藏的论文却没有持续性的增长,这应该归因于四川的相关刊物较多。此外,1941年8月,《边政公论》在四川出版,由于该刊经费充足,投稿者众,而其他私人或学校主办的刊物则经费困难,难以为继,每况愈下,稿源也不可避免地受到影响。由上所述,所谓"该刊在云南期间主要以介绍、研究滇黔两省的少数民族为主。迁至成都后,……刊载内容有所转变,偏重于四川等地的少数民族,尤其是小凉山的彝族"[124],与事实不尽相符。不过,该刊移蓉编印后对四川彝族有所偏重是事实,因为主编改为金陵大学的徐益棠教授,而金陵大学迁川后,"徐益棠即专门从事罗罗之研究"[125]。据《边疆研究通讯》第一卷第一号,《西南边疆》第十五期拟出一"猓猓"专号[126]。只是不知何故,该计划后来胎死腹中。

二　"行纪"栏目涉及区域分析

"行纪"栏目涉及区域有云南、四川、西康、滇缅,共15篇,在昆期间为9篇,在蓉期间为7篇,平均每期不到一篇,其中单独涉及云南的就有11篇,占到总数的83%。以上"行纪"几乎全为民族学人类学调查,关于云南的内容占绝大部分,反映了具有"人种博览会"之称[127]的云南的学术魅力。

表四　"行纪"栏目涉及区域分布表

期号	云南	四川	西康	滇缅	总数
一	1				
二	2				
六				1	
九		1	1		
十	1				
十一	1				
十二	1				
十四	1				
十五	2				
十六	1				
十七		1			
十八	1				
合计	11	2	1	1	15
比例	83%	13%	7%	7%	

资料来源:《西南边疆》。

三　"边讯"栏目涉及区域分析

"边讯"栏目共 5 篇文章,全部是关于云南的,而且全刊于滇版。当是因为战时信息传递的困难,所以以云南为主。该刊移蓉后,"边讯"栏目被取消。

四　"书评"栏目简析

"书评"共 19 篇,其中关于西康的最多,有 3 篇,其余均为 1 篇,但范围较广,内容涉及到西南边疆各省,境外的只涉及到缅甸。滇版只有 2 篇,蓉版 17 篇,蓉版中徐益棠写了 8 篇,胡鉴民写了 3 篇,前述"书评"栏目有贯彻中国民族学会同仁的学术理念的考虑,于此可见。

第八节　《西南边疆》的出版周期

该刊本为月刊,因经费关系,出版周期越来越不稳定。

该刊初定为月刊,自第七期起改为双月刊,自第十二期起不再标明出版周期。从表五可以看出,实际的出版周期则是:第一期至第四期为月刊,第五、六期为双月刊,第七、八期为五月刊,第八期以后为不定期期刊。特别是第十七期至第十八期之间隔了一年,反映出该刊此时难以为继的困境。

表五　出版情况表

期号	出版时间	文章总量	文章类型 与数量	页数
第一期	1938. 10	11	论文 7 篇,行记 1 篇,书评 3 篇	117
第二期	1938. 11	8	论文 7 篇,行记 1 篇	84
第三期	1938. 12	8	论文 6 篇,边讯 1 篇,书评 1 篇	112

期号	出版时间	文章总量	文章类型与数量	页数
第四期	1939.1	7	论文 5 篇,边讯 1 篇,附录 1 篇	101
第五期	1939.3	7	论文 5 篇,边讯 1 篇,附录 1 篇	83
第六期	1939.5	8	论文 6 篇,行记 1 篇,书报介绍 1 篇	77
第七期	1939.10	8	论文 7 篇,边讯 1 篇	82
第八期	1940.3	9	论文 6 篇,行记 1 篇,跋 1 篇,资料介绍 1 篇	82
第九期	1940.4	7	论文 5 篇,行记 2 篇	88
第十期	1940.7	5	论著 4 篇,行记 1 篇	82
第十一期	1940.9	6	论文 5 篇,行记 1 篇	80
第十二期	1941.5.30	8	论著 6 篇,通讯 1 篇,行记 1 篇	82
第十三期	1941.9	8	论文 6 篇,书评 2 篇,通讯 2 篇	82
第十四期	1942.1	11	论文 5 篇,行记 1 篇,译述 1 篇,书评 3 篇,附录 1 篇	53
第十五期	1942.5	10	论文 5 篇,行纪 2 篇,书评 2 篇,附录 1 篇	62

期号	出版时间	文章总量	文章类型与数量	页数
第十六期	1942.12	9	论文4篇,纪行1篇,书评4篇	46
第十七期	1943.6	6	论文3篇,纪行1篇,书评2篇	32
第十八期	1944.6	6	论文2篇,纪行1篇,书评3篇	20

资料来源:《西南边疆》。

尽管如此,第五期和第六期的价目仍标明为"每月一期"。到第七期出版时,出版周期有变化,价目变为"每二月一期"。距第七期出版后5个月才得以出版的第八期,价目与第七期相同。这表明,至迟到出版第七期,西南边疆月刊社已经意识到坚持出月刊已不可能,决定将该刊从"月刊"改为"双月刊"。尽管第七期与第六期之间的出版周期已经远远超过两个月,但该社肯定不希望出版周期拖到这样长。然而,第八期的出版周期还是再次拖到5个月。不过,该社仍坚持"双月刊"不变。还好,一个月后,第九期得以面世,出版周期暂时缩短,但该社仍坚持"双月刊"不变,第九期"本刊价目"为:"每二月一期",显然对出版"月刊"已无信心。第十期距第九期出版时间为3个月,第十一期距第十期为两个月,第十二期距第十一期则达到8个月。至此,该刊已经成为名副其实的不定期期刊。张善尧说,该刊创办之初为月刊,自第五期起改为双月刊,后来实际上成为不定期刊[128]。李列也这样认为[129]。均与实际有出入。

第九节　《西南边疆》停刊的原因

从现存的馆藏刊物看，"滇版"在封面设计、印刷和纸张质量等方面都很不错，且印有照片、插图、图表，作为抗战时期出版的刊物，称得上是比较完善精美的，每期定价也低；而"蓉版"则从封面设计到印刷、纸张等方面都显得质量较次，尤其是普通版，如第18期，其纸质已形同草纸，致使个别地方连字迹都难以辨认，定价也不断上涨。据此，张善尧推测，《西南边疆》可能是受战乱时期的物价飞涨，经费来源难以为继而被迫停刊的[130]。

封面设计、印刷和纸张质量的前后对比，确实反映了该刊移蓉编印后经济状况的恶化，但该刊经费困难是一开始就存在的。

创刊号封底里页左上角"稿约"中有"赐稿请挂号寄交：昆明昆华民众教育馆转西南边疆月刊社编辑部收"。右上角标明：编辑兼发行为昆明西南边疆月刊社，通讯处为昆明昆华民众教育馆转交，代印处为开智印刷公司。"滇版"12期以上信息皆无变化。

投稿和通讯尚需"昆华民众教育馆"转，表明西南边疆月刊社没有固定和专门的办公地点，同时也似可说明编辑部同仁与昆华民众教育馆的关系非同寻常。

昆华民众教育馆的全称为"云南省立昆华民众教育馆"，成立于1932年。内设总务部、陈列部、阅览部、出版部、推广部及莲德镇实验区。民教馆馆址设在文庙内。出版部办有刊物4种：《昆华读书杂志》、《云南民众教育》、《新民众》、《民众生活》。该部还先后出版了很多具有实际意义的书籍：《民众丛书》之一的《云南边地问题研究》、《民众丛书》之二的《云南史地辑要》、《民众科学丛书》之一的《天文》等。抗战爆发后，该馆组织了一系列抗日宣传活动,主要有:①举办仇货展览会。②成立民众歌咏团。③编印抗日救亡歌集。④编印《民众画报》[131]。由此可见,该馆在提倡学术,进行爱国主义宣传与教育方面行动积极且成绩显著。有了这样的爱国情怀,该馆为西南边疆月刊社的投稿与通讯的中转提供方便和帮助也就不难理解了。

开智印刷公司成立于1913年,为集股开办。公司出品:每年代印《民国日报》54万份,《新闻日报》80万份,《民政月刊》42000本及其它杂类等件[132]。据《店务通讯》,在抗战初期的昆明,开智印刷公司和官印局及朝报馆最大[133]。该公司最先创设于西城脚(后艺术剧院附近),代印各种报刊、表册。由于社会经济不振,业务未能进一步开展。抗日战争中,物资缺乏,纸质低劣,书刊印刷质量不高[134]。《西南边疆》由开智印刷公司代印,可见其资金的困难。

移蓉编印后,第十三期封底里页左上角"稿约"(八)标明:"赐稿请挂号寄交:成都金陵大学文学院转西南边疆月刊社编辑部收"。左下角"编辑"为"中国民族学会西南边疆研究社","发行"为"金陵大学文学院转西南边疆月刊社"。将"西南边疆月刊社"改为"西南边疆研究社",更符合该刊不定期出版的实情。投稿由金陵大学文学院转,表明西南边疆月刊社移蓉后仍无固定和专门的办公地点。编辑改为"中国民族学会西南边疆研究社",点明了该刊与中国民族学会的关系。第十四期封底里页左下角"编辑兼发行"为"中国民族学会西南边疆研究社(成都金陵大学文学院转)",说明办公地点仍未解决。前述徐畅述及,1941年秋中国民族学会迁入四川后,"由于条件艰苦,中国民族学会通信处甚至设在了我们家中。当时,我家在成都寓所的门口挂了两块招牌:'中国民族学会'、'西南边疆杂志社'"。可见,自始至终,该刊都没有专门的办公地点。

而该刊经费紧张的内情,在移蓉编印的第一期(即 1941 年 9 月出版的第十三期)已明确透露出来。这一期李孝芳《滇池水位之季节变迁》一文,多幅附图未能刊印,编者在文末加按语说:"此文不能早予刊出,且又将所附图表六幅,概行割爱,对于著者及读者万分抱歉!经费关系,不得不尔,还望著者暨读者予以曲谅是幸。"[135] "经费关系,不得不尔",充分表露了编者的无奈。1942 年 1 月出版的第十四期,刊登了多篇"本刊启事",其中就有两篇是关于经费拮据的。启事二称:"本刊经费来源,骤形短缩,而物价飞涨,几难继续支持;惟各方来函,爱护备至,势不能中止,不得已缩减篇幅,少为□注。内容仍袭旧章,选材或更谨严,区区苦心,敬乞亮鉴。"未言经费来源的渠道,但表明了经费紧张,难以为继的窘境和缩减篇幅的原因。"不得已缩减篇幅",说明稿源充足。启事三说:

> 本刊自第十三期移蓉出版以后,川康学人始知本刊之历史。辱蒙垒颁书函,补订以前各期,深用感奋。惟第一至第六期早已绝版,第七至第十二期,虽尚有数份,然亦不能出售。敝社费绌力薄,不能再版以应诸公之需要,无任歉疚(按:原文误为"仄")。且待出至二十期后,或择其精要者,辑为"选粹"一书行世。故发此愿以慰□雅望。敢布区区,不再一一遍覆,诸希朗察。[136]

再次表达了巧妇难为无米之炊的困惑与无奈。"待出至二十期"则表明,该刊出至第十八期即停刊实在是迫不得已。

1943 年 8 月 16 日,徐益棠向国民政府社会部呈报的《中国民族学会团体概况》中专门提到《西南边疆》,说中国民族学会"附设西南边疆研究社,出有刊物,已有五年共十七期(第十七期在印刷中)。"该会"经费""岁入一千数百元,岁出一万多元"。出版刊物有《西南边疆》(《民族学报》创刊号稿成待印)。"战后计划"为"创刊《民族学报》,续印《西南边疆》,举行规模较大之调查及考察团"。[137]虽然经费困难,但《西南边疆》仍然被列入中国民族学会的战后计划。不幸的是,未能等到战争结束,该刊即不得不停刊。再次说明了该刊出至第十八期停刊是不得已之举。

其实,在当时的特殊条件下,经费紧张是普遍现象。1942 年 5 月 1 日,徐益棠在《西南边疆》刊出"中国民族学会会员公鉴",向本会会员发出即将印行《民族学报》的通知,要求大家集稿。内称:

> 本会《民族学报》早经议决刊行,因故停顿,已历数年。最近旅蓉会员集议,均主张于本年刊行第一号,旋经理事会同意。兹定于即日起开始集稿,八月底截止。[138]

《西南边疆》第十六期还登出了"中国民族学会《民族学报》创刊号要目预告"[139]。遗憾的是,1943 年 6 月,《西南边疆》第十七期又登出"中国民族学会启事":

> 本会民族学报集稿已多,仅待付印,只以经费窘迫,迟迟未能问世,屡承爱读诸君惠函预订,无以应命,歉疚奚似。一俟出版有期,当再登报周知。[140]

"集稿已多"、"只以经费窘迫",表明稿源不是问题,关键在于经费跟不上。同期刊出的还有"《边疆研究通讯》编辑部通告"和"金陵大学中国文化研究所启事",都是关于经费原因未能按计划出版的说明。因经费困难而导致停刊的还不仅限于边疆民族类杂志,其他学科的杂志也一样面临这种困境。如地学类期刊也遭遇了同样的命运。张银玲研究后指出,我国西南地区高校地学期刊的创办,是随着抗战爆发,大批高校迁入才开始的,主要集中在四川和云南两省。但是,由于这些高校在西迁途中资料图书备受损失,经费极度紧张。在这种社会环境下,为了发展地学教育事业,各高校虽纷纷创办地学刊物,但由于经费紧张,刊物的出版难以维持,除中央大学地理系创办的两种刊物连续出版至 1945 年抗战胜利,清华大学地学系创办的两种刊物连续出版至建国前夕外,大部分刊物仅办了 1 期或 2 期即停刊。而且,刊物的纸张、印刷和装帧质量也较差[141]。

注　释

1　王兴瑞:《西康文物展览会》,载《西南边疆》第五期,1939 年 3 月。

2　江铎:《如何动员边疆》,载《边事研究》第八卷第三期,1938 年 11 月号。

3　朱海涛:《北大与北大人——陈垣先生》,载《东方杂志》第四十卷第七号,1944 年 4 月 15 日。

4　7　8　凌民复:《建设西南边疆的重要》,载《西南边疆》第二期,1938 年 11 月。

5　杨成志:《云南民族调查报告》,载《国立中山大学语言历史学研究所周刊》第十一集第 129—132 期合刊,1930 年 5 月 21 日。

6　宓贤璋:《西南各省小民族述略》,载《浙江青年》第二卷第十期,1936 年 8 月。

9　黄文山:《岑著〈西南民族文化论丛〉序》,载《社会学讯》第五期,1947 年。

10　11　33　李生荭:《云南期刊录》(1906 年至 1948 年),《新闻研究资料》第二十四辑,中国社会科学院新闻研究所《新闻研究资料》编辑室编辑,1984 年,第 249、229、226 页。

12　《边事日记》,载《天山月刊》第一卷第二期,1934 年 11 月 15 日。

13　《国立中央研究院历史语言研究所最近工作》,载《图书季刊》第一卷第二期,1939 年 6 月。

14　17　载《外交评论》第二卷第十一期,1933 年 11 月。

15　载《时代公论》第三卷第九期,1934 年。

16　凌纯声编著:《中国今日之边疆问题·编者序言》,南京正中书局 1934 年版,第
　　4 页。

18　26　载《外交评论》第三卷第四期,1934 年 4 月。

19　载《外交评论》第三卷第三期,1934 年 3 月。

20　载《外交评论》第一卷第七期,1932 年 7 月。

21　载《外交评论》第二卷第十期,1933 年 10 月。

22　24　载《外交评论》第三卷第五期,1934 年 5 月。

23　载《外交评论》第二卷第九期,1933 年 9 月。

25　以《西沙群岛应有之认识》为名载《外交评论》第二卷第十期,1933 年 10 月。

27　载《外交评论》第五卷第一期,1935 年 8 月。

28　载《外交评论》第七卷第五期,1936 年 12 月。

29　42　59　61　53　63　徐益棠:《七年来之中国民族学会》,载《西南边疆》第十五
　　期,1942 年 5 月。

30　32　86　方福祺著:《方国瑜传》,云南大学出版社 2001 年版,第 32、39、45 页。

31　傅于尧:《学问道德　风范永存——记方国瑜对熊庆来的深切怀念》,载《思想战
　　线》1993 年第 2 期,第 16 页。据傅先生言:以上所述,为方先生在 1982 年 12 月下
　　旬至 1983 年 7 月间,先后讲述熊庆来先生的生平事略的记录。

34　《西南边疆月刊创刊号昨日出版》,《云南日报》1938 年 10 月 28 日第四版。

35　载《西南边疆》创刊号,1938 年 10 月。按:"同人"系原文。

36　《中央研究院评议会第三次会议闭幕》,载《教育通讯》周刊第二卷第十二期,1939
　　年 3 月 25 日。

37　载《社会学讯》第一期,1946 年。按:"民国三十一年迁蓉"与事实不符。《西南边
　　疆》在昆明出版的最后一期是第十二期,在成都出版的第一期是第十三期,第十二
　　期的出版时间是 1941 年 5 月 30 日,第十三期的出版时间是 1941 年 9 月。可见该
　　刊迁蓉时间在 1941 年 5 月 30 日至 9 月之间。但移蓉后确实由徐负责。

38　参见《边疆研究论文选目》,载《边疆研究论丛》1941 年度。

39　130　张善尧:《云南期刊〈西南边疆〉述评》,载《云南图书馆》1993 年第 3 期,第
　　60 页。

40　如方国瑜《自序——略述治学经历》(载《方国瑜文集》第一辑,云南教育出版社
　　2001 年版,第 2 页)、《方国瑜自述》(高增德,丁东编《世纪学人自述》第二卷,北京

十月文艺出版社 2000 年版,第 247 页)等。

41 傅于尧:《学问道德 风范永存——记方国瑜对熊庆来的深切怀念》,载《思想战线》1993 年第 2 期,第 16 页。

43 徐益棠:《七年来之中国民族学会》(1942 年 4 月 9 日),中国第二历史档案馆编:《中华民国史档案资料汇编》第五辑第二编文化(二),江苏古籍出版社 1998 年版,第 463 页。按:尽管徐先生已说明是"以私人立场"组织西南边疆月刊社,出版《西南边疆》,但"蓉版"的"编辑"改为"中国民族学会西南边疆研究社"(见《西南边疆》第十三期底封里页),后人遂将《西南边疆》视为中国民族学会所办刊物。

44 马学良:《湘黔夷语掇拾》,载《西南边疆》第三期,1938 年 12 月。

45 按:凡字迹模糊无法辨认者,一律以□代替。

46 66 徐畅:《中国民族学研究的先行者——回忆先父徐益棠的治学之路》,《中国民族报》2010 年 11 月 12 日第 07 版《理论周刊·时空》。

47 《边事研究》第一卷第三期,1935 年

48 《正论》第三十六三十七期,1935 年。

49 《中国新论》第二卷第四期,1936 年 4 月 1 日。

50 《广播周报》第 119 期,1937 年 1 月 9 日。

51 《中国新论》第三卷第三期,1937 年 3 月 1 日。

52 应为"梓畅"。

54 胡焕庸:《治学经历述略》,载《中国科技史料》1991 年第 1 期,第 26 页。

55 吴宗济:《我与语音学》,收入张世林编《为学术的一生》,广西师范大学出版社 2005 年 2 月版,第 135—136、131 页。

56 60 载《西南边疆》第十三期,1941 年 9 月。

57 《西南边疆移蓉编印》,载《边疆研究通讯》第一卷第一号,1942 年 1 月 20 日。

58 李埏:《教泽长存 哀思无尽——悼念方国瑜先生》,李埏著:《不自小斋文存》,云南人民出版社 2001 年版,第 725 页。

62 张宪文主编:《金陵大学史》,南京大学出版社 2002 年版,第 153 页。

64 张宪文主编:《金陵大学史》,南京大学出版社 2002 年版,第 156、157 页。

65 《私立金陵大学要览》(1934—1935 年)第 22—25 页;《私立金陵大学要览》(1936—1937 年)。转引自张宪文主编:《金陵大学史》,南京大学出版社 2002 年版,第 145 页。

67　许清茂著：《杂志学》，厦门大学出版社 2002 年版，第 132、142、145 页。

68　《边疆学术运动消息（十六则）》，载《边疆研究通讯》第一卷第一号，1942 年 1 月
　　20 日。

69　姚乐野、秦慧：《民国时期期刊〈康藏前锋〉的价值及文献计量分析》，载《贵州民族
　　研究》2010 年第 2 期，第 187 页。

70　许纪霖：《20 世纪中国六代知识分子》，收入许纪霖著《另一种启蒙》，花城出版社
　　1999 年 8 月版，第 70—80 页。

71　74　吴忠良：《〈史地学报〉作者群析论》，载《东方论坛》2005 年第 5 期，第 60 页。

72　施雅风著：《地理环境与冰川研究》，科学出版社 1998 年 2 月版，第 316 页。

73　严德一：《竺老培植的地理系根深叶茂》，浙江大学校友总会、浙江大学电教新闻中
　　心编：《竺可桢诞辰百周年纪念文集》，浙江大学出版社 1990 年版，第 93—94 页。

76　113　《中国民族学会工作计划》，载《新社会学》第四期，1935 年。

77　马长寿：《十年来边疆研究的回顾与展望》，载《边疆通讯》第四卷第四期，1947 年
　　4 月。

78　柯象峰：《中国边疆研究计划与方法之商榷》，载《边政公论》第一卷第一期，1941
　　年 8 月 10 日。

79　刘波儿：《"中国民族学会会员录"小考》。载《广西民族大学学报（哲学社会科学
　　版）》2011 年第 3 期，第 72 页。

81　许清茂著：《杂志学》，厦门大学出版社 2002 年版，第 153、154 页。

82　岑家梧：《海南岛土戏研究》，载《西南边疆》第十一期，1940 年 9 月。

83　江晓林著：《江应樑传》，广西师范大学出版社 2005 年版，第 92 页。

84　方国瑜著：《隋唐声韵考·自序》，《方国瑜文集》第五辑，云南教育出版社 2003 年
　　版，第 379 页。

85　董作宾：《〈麼些象形文字字典〉序》，载《说文月刊》第五卷第三四期合刊，1945 年。

87　石璋如：《董彦堂先生在昆明——为董作宾先生逝世廿五周年纪念作》，载《中原文
　　献》第二十卷第十一期，1988 年 11 月 30 日，第 17、18、19 页。

88　89　董堂彦：《僰夷历法考源》，载《西南边疆》第三期，1938 年 12 月。

90　载《西南边疆》第四期，1939 年 1 月。

91　载《西南边疆》第六期，1939 年 5 月。

92　96　徐益棠：《西康行记》，载《西南边疆》第八期，1940 年 3 月。

93 闻宥:《论 POLLARD　SCRIPT》,载《西南边疆》创刊号,1938 年 10 月。

94 吴梓明主编,黄新宪著:《基督教教育与中国社会变迁》,福建教育出版社 1996 年版,第 233 页。

95 庄氏于 1909 年 1 月 20 日生于上海,读到中学二年级因交不起学费而辍学。当过练习生、小职员,后学会摄影和冲洗技术。"九一八"事变后,开始注意边疆问题,立志到边疆从事民族摄影,"用形象的照片介绍祖国的大好河山和兄弟民族,以激励人民抗日报国的热情。"1934 年任上海《良友》、《中华》画报及《申报》画刊特约通讯摄影记者,先后去四川省阿坝、青海省果洛采访摄影。1935 年被国民政府聘为护送九世班禅回藏专使行署摄影师,并且受中央研究院的委托进行少数民族体质测量,受中山文化教育馆委托收集少数民族文物标本,在甘肃、青海一些地区考察。1938 年受聘负责西康民族摄影工作。1941 年,举办"西康影展",轰动重庆、成都、雅安三座城市。出版专著五种:《羌戎考察记》、《西康夷族调查报告》、《良友》画报"新西康专号"、《康藏民间故事》和印度影集《西竺剪影》。参见庄文骏《我的父亲庄学本》,载《中国摄影》2002 年第 2 期。

97 许清茂著:《杂志学》,厦门大学出版社 2002 年版,第 41、47、200、15、194、29、30、297、298、128、290、294、303、126、126、127、128 页。

100 载《西南边疆》第十三期,1941 年 9 月。

101 《教育部等报告办理国民参政会有关蒙藏问题决议案并附呈"经办发展边疆文化工作概况"暨行政院指令》(1942 年 8—9 月),中国第二历史档案馆编:《中华民国史档案资料汇编》第五辑第二编教育(二),江苏古籍出版社 1997 年版,第149 页。

102 《中国民族学会致社会部呈》(1942 年 10 月 15 日),中国第二历史档案馆编:《中华民国史档案资料汇编》第五辑第二编文化(二),江苏古籍出版社 1998 年版,第459 页。

103 《教育部补助边疆文化团体》,载《蒙藏月报》第十八卷第九、十期,1946 年 12 月。

104 教育部教育年鉴编纂委员会编,台湾商务印书馆 1948 年版,第 1218 页。

105 宗青 1991 年 9 月版,第 291 页。

106 重庆出版社 1990 年,第 386 页。

114 如早在 1930 年,杨成志先生就说,关于西南民族,我国"古籍多多少少已有相当的记载,并不是一件新发明的东西。不过从前的记述,因时过境迁,只可拿来做一个历史上的参考,有许多方面已不适合乎现在的环境和科学研究的方法了。"
(杨成志:《云南民族调查报告·附录三:西南民族概论》,载国立中山大学语言历
史学研究所《周刊》第十一集第129—139期合刊,1930年5月21日。)1938年,杨
先生又一次指出:"从前关于西南民族的研究,多系从书本找材料,现在已成为
'非科学'的过去。"(杨成志:《民族学与中国西南民族》,载《更生评论》第三卷第
四期,1938年5月10日,广州。)

115 滇黔。

116 西部。

117 123 滇缅。

118 西南。

119 滇缅、滇越。

120 云贵。

121 西北、总论。

122 川康。

124 129 李列著:《民族想象与学术选择——彝族研究现代学术的建立》,人民出版
社2006年版,第276、275页。

125 罗致平:《战时中国人类学》,载《社会学讯》第一期,1946年。

126 《〈西南边疆〉月刊移蓉编印》,载《边疆研究通讯》第一卷第一号,1942年1月
20日。

127 彭桂萼:《顺镇沿边的濮曼人》,载《西南边疆》第七期,1939年10月。

128 130 张善尧:《云南期刊〈西南边疆〉述评》,载《云南图书馆》1993年第3期,第
60页。

131 王水乔:《昆华民众教育馆的抗日宣传活动》,政协昆明市五华区文史资料委员会
编:《五华区文史资料》第5辑,编者1993年2月版,第46—50页。

132 《开智印刷公司》,民国云南通志馆编;云南省志编纂委员会办公室编校:《续云南
通志长编》下册,云南省志编纂委员会办公室1986年版,第383页。

133 《昆明的印刷》,《店务通讯》第四十一号。北京印刷学院,韬奋纪念馆编:《〈店务
通讯〉排印本》上册,学林出版社2007年版,第445页。

134 昆明市五华区志编纂委员会编:《五华区志》,四川辞书出版社1995年版,第
666页。

135 李孝芳:《滇池水位之季节变迁》,载《西南边疆》第十七期,1943 年 6 月。

136 均见《西南边疆》第十四期,1942 年 1 月。

137 徐益棠:《中国民族学会团体概况呈报表》(1943 年 8 月 16 日),中国第二历史档案馆编:《中华民国史档案资料汇编》第五辑第二编文化(二),江苏古籍出版社1997 年版,第 464 页。

138 载《西南边疆》第十五期,封面里页。

139 载《西南边疆》第十六期,封面里页。

140 载《西南边疆》第十七期,底封里页。

141 张银玲:《中国西南地区近代地学期刊发展史略》,载《西北大学学报(自然科学版)》1994 年第 3 期,第 279 页。

第 三 章

《西南边疆》的内容

内容作为杂志的生命和价值所在,是深入了解和认识一份杂志所必须把握的核心。该刊征求关于西南边疆之文字与图画,内容包括下列各项之调查与研究:

(甲)

1. 生活状况与社会组织
2. 宗教与艺术
3. 语言与文字
4. 教育状况
5. 民间传说

(乙)

1. 地理与气象
2. 交通
3. 水利
4. 矿藏开采
5. 畜牧与农业
6. 荒地移垦

7. 手工业

8. 对内对外贸易

（丙）

1. 民族杂处状况与统一问题

2. 边民之战时训练

3. 沿边交涉与对外关系

（丁）

1. 边地游记

2. 边地通讯

3. 关于边地图书馆之介绍与批评

（戊）

其他[1]

征稿范围在内容上涉及西南边疆的各个方面。根据所刊文章,研究区域包括云南、四川、贵州、广西、广东、湖南、西康、西藏、缅甸等地,相当宽广。

本章先对该刊内容作简要、全面的介绍,然后再就所刊文章集中反映的重要问题,如边疆治理问题、民族问题、边疆教育问题、跨国移民问题、边地货币问题、罂粟种植问题、边地瘴疟问题、边地外国教会势力问题等分别论述。

第一节 《西南边疆》的内容综述

《西南边疆》共发表文章 142 篇,其中,各栏目文章数量分别为:"论文"94 篇,"行纪"14 篇,"书评"19 篇,"边讯"（包括通讯）

6篇,"附录"4篇,"书报介绍"(包括"资料介绍")2篇,"跋"1篇,"译述"1篇。

一　"论文"栏目所载文章内容

（一）神话研究。楚图南《中国西南民族神话的研究》[2]在绪言中强调研究西南民族神话的重要意义,并具体考察了金马碧鸡神话。楚先生《中国西南民族神话的研究（续）》[3]、《中国西南民族神话之研究（三）》[4]、《中国西南民族神话之研究（四）》[5]分别详细研究了西南民族的人祖神话、土主庙神话和星回节的传说。马学良《云南土民的神话》[6]介绍了夷边的人祖神话和夷人的三兄弟神话。马氏《云南㑣族（白夷）之神话》[7]介绍了云南㑣族的洪水、八卦、山神、尖刀草、吸烟（三则）等神话。《云南㑣族（白夷）之神话（续十五期）》[8]介绍了云南㑣族的神马、大石头、围腰布、结发夫妻等神话。

（二）民俗研究。江应樑《诸葛亮与云南西部边民》[9]对诸葛亮与云南西部边民的关系作了系统、深入的探讨。杨力行《湘西苗民的信仰》[10]对"椎牛"、"搗猪"、"接龙"、"祭祖先"等湘西苗民的信仰、苗人所迷信的神祇——白帝天王的事迹、苗民传说中的天王事迹的神话、三王和他们的母亲神话等作了详细介绍。马学良《宣威倮族白夷的丧葬制度》[11]记述了云南省宣威县普鹤乡卡腊卡村的白夷区的丧葬制度。岑家梧《海南岛土戏研究》[12]就海南土戏的体裁、内容、演出、话剧与改良土戏、土戏的趋势等作了系统论述。

（三）宗教研究。白寿彝《柳州伊斯兰与马雄》[13]对伊斯兰传入柳州的时间、与柳州伊斯兰有关系的鹧鸪台清真寺、马雄对柳州伊斯兰的贡献等问题作了考察。任乃强《喇嘛教徒之圣城——拉萨》[14]在介绍了喇嘛教徒的基本情况后,认为"自西藏孕育播衍之佛教,究竟与中国,日本,甚至印缅南洋之佛教不同。其最大不同处,在于迷惑六字大明心咒与拉萨圣城二点。尤以迷恋拉萨圣城一点,为极异致。"所以对拉萨作了详尽的介绍,内容包括拉萨发展小史、圣城之核心、圣城三环、三大柱石及其他名寺。

(四)语言研究。闻宥《论 POLLARD SCRIPT》[15]对英国传教士伯格里新创苗文作了分析研究。吴宗济《调查西南民族语言管见》[16]分调查语言的切要、调查人员的资格、调查人员的训练、调查的环境、取材的注意、整理及比较、材料的应用等七个部分提出了自己的看法。马学良《湘黔夷语掇拾》[17]介绍了记录夷语的经过,和作者以记录为基础对夷语的研究,并在结论部分对研究方法提出自己的见解。

(五)边疆教育研究。吴宗济《拼音文字与西南边民教育》[18]就西南语言的分类、西南民族的教育、拼音文字对西南语言的适应性、拼音字母的种类、新拼音文字的条件、统一国语的问题作了深入探讨。芮逸夫《西南民族语文教育刍议》[19]考察了在西南边疆民族地区实施语文教育的意义与目的、功效、步骤与方法等。马毅《苗夷教育之检讨与建议》[20]叙述了苗夷的历史与分布、苗夷教育的历史与近况,并对过去的苗夷教育作出检讨,对今后苗夷的教育与训练提出建议。刘国钧《今后边疆教育应取之方针》[21]"览时贤之伟论,据边疆调查之实况,参以鄙见",提出今后边疆教育应遵守的三项原则及施行中应注意的三大要点。梁瓯第《川康区倮㑩之教育》[22]对川康区倮㑩教育的历史做了系统梳理,对学校施教方式、夷生入校的现象、学生家长对于教育的态度、黑白身份在教育上之反映、教师所感觉之困难、夷人不来就学之原因等作了调查分析。

　　（六）交通建设研究。胡焕庸《交通革命中之云南》[23]简述了
云南在清代驿道交通时代的交通状况,近代以来云南的交通发展,
云南在抗战中的重要交通地位及其发展趋势等。周光倬《云南铁
道建设问题的商榷》[24]从云南的地位与地文、云南交通情形、云南
铁道计划、开发云南实际需要之铁路、滇缅路线问题之商榷等方面
阐述了作者对于云南铁道,尤其是滇缅铁路路线问题的意见。茅
荣林《滇缅叙昆二铁路之轨距问题》[25]分各国轨距之大小及其趋
势、两铁路在西南铁路系中今昔之重要性、西南边疆之国际关系、
在国防观点上不宜采取狭轨、在经济观点上不宜采取狭轨、在工程
技术上不宜采取狭轨等六个部分,全面阐述了作者在滇缅叙昆二
铁路轨距问题上的主张。

　　（七）边疆开发与建设研究。邹序儒《战时边疆移垦事业》[26]
就后方各省之可垦地面积、垦殖农场之设置、垦殖农场之面积、荒
地地权之处理、移垦难民之征送、垦务机关之调整、最近垦务之进
展等七个方面展开了讨论。陶云逵《开化边民问题》[27]先就文化的
概念、文化的整合、文化与文化间的差异、文化差异的性质等关于
文化的性质的基本问题提出看法,然后再就我国西部边疆民族文
化作具体阐述,指出开化边民的必要和应注意的问题。孙明经
《开发西康之意义及其途径》[28]就开发西康的意义、困难、途径等作
了阐述。陈万骝《边疆工作应具之条件》[29]主要阐述了边疆工作之
重要性、目的、步骤、条件等问题。陈祖酥《云南煤铁问题》[30]阐述
了重工业与国防的关系,介绍了云南之煤铁、开发之基本问题、发
展之工程问题等。徐益棠《立信——云南边区建设之初步》[31]指出
云南各地在推行边政中存在的种种问题,认为边政的推进,不必急
于标新立异,多立机构,浪费经费,首当扫除一切妨碍边政推进的
障碍物,即解除边民精神之痛苦,树立边民对于政府的信任。

（八）动物学研究。陆鼎恒《洱海的工鱼》[32]先叙述人们关于工鱼名称的争辩，及其得名的原因，然后提出自己的看法。接着又介绍了工鱼的产地，捕工鱼的方法与渔具。陆鼎恒《滇西边区牧畜事业现状与希望》[33]叙述了考察缘起及范围、牲畜种类、土司畜牧现状、土司地黄牛畜牧现状、最普通之牲畜疾疫、边区牧畜事业之希望与移民、畜种之改良及输入等问题。陆鼎恒《发展邓川乳扇业建议》[34]介绍了邓川乳扇制作的方法、手续，乳扇的形状、名称来历、吃法等，认为邓川制造的乳扇，为输出品之大宗，可惜牛种不佳，产乳量小，而饲养又不得其当，所以无发展希望。为此，作者对牛种之改良、幼牛之保护（牝犊）等均提出具体建议。陈万聪《松潘之畜牧环境》[35]是陈氏在中央大学畜牧兽医系毕业同学会上的演讲记录，主要谈了畜牧事业的必要条件，认为松潘具备发展畜牧事业的必要条件，主张畜牧牧业经营上松潘去。

（九）植物学研究。主要有秦仁昌的三篇文章。《云南三大名花》[36]介绍了云南三大名花（杜鹃花、报春花（又称樱草）与龙胆）及其生长的气候与适地、繁殖方法等。《筹设西康省农林植物研究所刍议》[37]阐述了在西康建设农林植物研究所的重要性，并对成立地点、成立后所急应举办事项、研究所工作进行步骤等提出建议。《乔治福莱斯（George Forrest）氏与云南西部植物之富源》[38]对在中外人士调查云南植物的历史上规模最大、历时最久、成就最著、对于植物科学及森林园艺贡献最大的苏格兰爱丁堡皇家植物园之乔治福莱斯（George Forrest）氏）的传略、福氏滇西采集区域概述、福氏滇西采集纪行、福氏在滇西发现植物之种类及其对于科学之贡献、福氏对于世界森林园艺之贡献、福氏在滇西所遇之艰险、福氏遗著及滇西植物志重要目录等作了非常详尽的叙述。

（十）地理、地质、气象研究。凌纯声《孟定——滇边一个瘴区的地理研究》[39]讨论了瘴疟与人地的关系、孟定的地形、孟定的气候和孟定的人文。后晋修《思茅之疟疾及其流行之初步研究》[40]叙述了思茅县城之地理沿革及社会状况、流行史略、临床调查、生物学之调查、流行原因之推论、建议事项等。张凤岐《瘴疟与云南人口》[41]从瘴疟传播着的云南边县、死亡到什么程度、可怕的结局等三个方面说明了瘴疟在云南的严重性及其对云南人口的消极影响。熊秉信《云南金河上游之地文与人文》[42]叙述了云南金河上游的地文、气候与人文。何塘《澜沧孟连公鸡厂铅银矿产》[43]就该厂的位置、物产及交通、沿革、地质、矿床作了叙述与分析，指出其优点和开发价值，并就开发事宜提出建议。赵丰《个旧锡业之概况》[44]以"通论"、"工程"、"杂记"、"结论"4章对个旧锡业作了介绍。陈祖稣辑《四川省矿业概况》[45]对四川省的地质、煤、铁、铜、金、食盐、石油及其他金属与非金属等矿产作了介绍。王文瀚《昆明与腾冲之气候》[46]对两地的地理环境、气压与气流、温度、湿度及云雾、降水量、霜与雪等分别作了叙述与分析。张宝堃《贵阳的天气》[47]对贵阳的地理环境、贵阳"天无三日晴"的说法、贵阳的雨天是否特别多、贵阳的晴雨阴雾可能性、贵阳的四季、贵阳的天气与人生等作了考察研究。陈秉仁《近周期日斑与昆明气候》[48]以1928至1939年秉仁实测所所测数据，依张子春论广州气候与日斑关系例，取太阳辐射、雨量、气温、气压等最重要要素，与日斑平均数值，大概比较，推求昆明一地气候与日斑的相对变化。李孝芳《滇池水位之季节变迁》[49]介绍了滇池的流域面积、流域内之河流、流域内之航运、水位之变迁、气候对于水位之影响、流域面积及容积面积之计算、滇池之调节功用、滇池之深度等。李式金《大理地理志略》[50]记述了大理的自然概况、人文概况、交通、产业、大理的□城和村落、其他大理的名胜和古迹，最后还预测了大理的将来。资料索引有张宝堃搜集整理的《西南气候研究资料简目》[51]。

（十一）对土司的调查研究。震声《耿马土司地概况》[52]介绍了耿马土司境的自然环境和社会机构。刘历荣《西康木里宣慰司政教概况》[53]根据调查笔记整理，全面描述了西康木里宣慰司的疆界及户口、项氏土司、政治和喇嘛教。宓贤璋《瓦寺土司政治调查》对瓦寺土司的区域及户口、瓦寺土司世系及功勋、政治组织、经济、社会制度与政治等作了介绍。

（十二）农林研究。张凤岐《一个原始农业生产的边区——车里》[54]介绍了车里的农产概况、农业生产（以猛混坝为例做了说明）情况，认为车里是最理想的殖边区域，也是云南的富源宝库之一。徐季吾、陆钦范《云南之小麦与面粉》[55]分绪言、云南小麦产销之现状、云南面粉之产销状况、结论4个部分，就云南小麦与面粉的发展前景、产销状况、改进途径与步骤等作了深入探讨。周绍模《滇西边地农业现状及其发展的可能》[56]记述了滇西考察的行程、边地农耕民族之分布概况、边地农业人口之逃亡与增补、边地气候概况、土地利用情形、主要农作物之栽培及分布、森林与边民之燃料、畜产概况、阻碍稻棉发展之虫害问题等。徐永椿《四川沙坪森林之分布与现时采运情形》[57]对沙坪森林的分布、沙坪现时的采运情形做了介绍。

（十三）水利研究。丘勤宝《云南水利问题》[58]分总论、全省水系概况、云南之水文与气候、灌溉问题四个部分，对云南水利的历史、现状及开发问题作了考察与研究。《云南水利问题（续）》[59]对云南的防洪、排水、航运问题、水电问题分别予以讨论。

（十四）少数民族社会经济研究。江应樑《云南西部僰夷民族之经济社会》[60]以居住在云南西部腾越、龙陵边外的梁河、莲山、盈江、陇川、瑞丽、潞西诸设治局所属各土司地内的僰夷民族作为立论对象,全面论述了滇西僰夷民族的社会及经济阶段、农业的经济生产、傭工及手工业、商业等。江应樑《僰夷民族之家族组织与婚姻制度》[61]分家族与家庭、宗法与承嗣、两性的结合、离婚、男女成年式之遗俗几部分分别对僰夷民族的家庭组织与婚姻制度展开论述。李景汉《摆夷人民之生活程度与社会组织》[62]就与摆夷人民所处之环境及与生活有关之他种情形、摆夷人民之生活程度、摆夷之社会组织等作了深入揭示。胡良珍《小凉山俅俅之社会组织》[63]详细介绍了小凉山俅俅的家族、婚姻、阶级制度与伦理观念。彭桂萼《双江的茶叶》[64]介绍了双江的地理、地形、地貌、民族、政教、气候、农业分布、茶叶的种植、制法与销售、经济等。

(十五)民族源流与历法研究。王兴瑞《海南岛苗人的来源》[65]根据文献及调查资料,采用历史学、民族学、语言学的方法,推测海南岛的苗来源于广西的瑶,并认为现在苗人中必然有僮人羼杂在内。王兴瑞《海南岛黎人来源试探》[66]一文首先梳理了古人对于"黎"这一名称由来的种种解释,再提出自己的看法,又进而讨论了黎人的来源问题。胡耐安《粤北山排住民(瑶)之探讨》[67]依据地方志书、谱牒、口述资料等探讨了瑶之名称及来源等问题。张廷休《再论夷汉同源》[68]认为苗夷与汉族的关系最为密切,溯其源流可说是同一的民族。并根据语言、传说、历史、体质各方面的事实来论证。董彦堂《僰夷历法考源》[69]就僰夷历法的特点、"佛历"、"纪日"与"分季"、立正・置闰・纪月・纪元、僰夷溯源、氏与秦等问题作了深入研究。

(十六)对西南少数民族地区的综合性介绍。庄学本《西康丹巴调查》[70]分总论、经济、民族三部分,较为详细的描述了西康丹巴县的情况。岑家梧《云南嵩明县之花苗》[71]全面考察了该县花苗的分布、村落状况、经济生活、社会组织、风俗习惯、语言、衣饰、教会与教育等。马绍房、傅玉声《宣威河东营调查记》[72]根据调查,对宣威河东营的地理概况、沿革、生活概况、习俗、教育情节等作了叙述。和永惠《云南西北之康族》[73]介绍了云南西北之德钦,维西第五区,及中甸之大中甸、小中甸、泥西、格咱等境民族的户口分布、房屋、饮食、衣服、交通、政治、教育、信仰、婚丧、制造、矿产等情况。庄学本《"俄洛"初步介绍》[74]介绍了俄洛的地理、名称、沿革、物产、民俗、政治、宗教等。尹子建《滇西野人山纪实》[75]详细介绍了滇西居民的分类、名称、性情、信义、禁忌、信仰、姓氏、房屋形状、恋爱、婚姻、饮食、风习、纺织、衣饰、耕种、取火、嗜好、交通、设治等情况。徐益棠《雷波小凉山倮族调查》[76]对行程、雷波的自然环境与社会环境、雷波附郭倮民的物质文化、社会组织、精神生活等基本情况作了介绍,最后就治边问题提出建议。

(十七)经济研究。张其昀《今后抗战之西南经济基础》[77]认为国防经济构成陆海空三军之外的第四种力量,也是决定战事胜败的一种力量,故对西南的农业、矿业、轻工业、重工业、运输及对外贸易等6项作了介绍,并阐述了其与战争之关系。DaVies H. R. 著,东青译《滇缅铁路的商业展望》[78]从货物之输出、货物之输入、省内货物之运输、载客等四个方面论述了云南铁道的功用。擎天《云贵两省租佃制度之研究》[79]就云贵两省的土地耕种权之演变与分类、纳租制、收租制度、租佃契约与年限、地主与佃农之关系、佃农生活概况进行了深入研究。李有义《杂古脑的汉番贸易》[80]详细介绍了杂古脑概况、输入和输出、商号与小商人、番商与歇家,并在最后一部分"汉番贸易衰落之原因及今后之对策"提出自己的看法。

(十八)云南地方史研究。赵继曾《杨黼诵苍洱境跋一碑文》[81]考证了该碑的作者为桂楼,立于明嘉靖以前,碑文为民家词曲体,认为"是碑不惟在语言学上有价值,且在云南文化史上亦为重要之材料"。楚图南《跋大理三灵庙碑记》[82]指出此碑为诸家志书所不载,李根源著《云南金石目略初稿》亦未收入,但其中所述南诏阁罗凤及段氏大理国神话及史实,却极重要,是和《滇载记》、《白国因由》以及张道宗的《纪古滇说》、倪辂、阮元声诸人的《南诏野史》可以两两对勘的极可宝贵的资料。白寿彝《关于咸同滇乱的弹词和小说》[83]先指出描述咸同滇乱的弹词和小说之需要,然后介绍并评述了三种关于咸同滇乱的弹词和小说:龙虎斗、奇英弭乱记和天南外史。

(十九)西南对外交通史研究。主要有方国瑜的三篇论文。《马可波罗〈云南行纪〉笺证》[84]选取"西方各国关于马可波罗游记之各种译注本之集大成者沙海昂氏本","摘其书中关于云南之数章,为沙海昂注所未言,或已言之未安者,参证文献及个人调查所得,略加考证,芜杂录之",包括建都州、哈刺章州、重言哈刺章州、金齿州、阿木州、秃落蛮州等章。《读伯希和〈交广印度两道考〉》[85]就法国伯希和著《交广印度两道考》中涉及云南史事有"疏漏之处"的几条作了研究,包括云南与安南之古代交通、布头之方位、南诏所用之文字、Gandhara 之译名、骠信名义之旁证等。《云南与印度缅甸之古代交通》[86]分传说远古事迹之无稽、伯希和之推测、汉武帝求通蜀身毒道、永昌郡徼外夷入贡、大秦国通道永昌、永昌郡僄越身毒之民、南朝高僧之行呈踪、刘伯英上书通西洱河天竺道、玄奘义净之纪录、贾耽樊绰之纪录、天竺僧徒之行踪 12 个部分,详细考述了云南与印度缅甸的古代交通。

(二十)西北民族史研究。丁骕《白兰羌与白兰山(土谷浑研究之一)》[87]对白兰之名义、白兰之地望作了讨论,最后得出结论,白兰为鲜卑语"慕容"之别译。白兰山者指吐谷浑属白兰羌之山。

（二十一）综合性介绍或研究。凌纯声《建设西南边疆的重要》[88]从完成西南国际铁路线、开发西南的资源、促进西南民族的教育三个方面论述了建设西南边疆的重要性。张其昀《广西省之现势》[89]就广西的面积、人口、男女比例、人口密度、区划、海拔、地理形势、土地制度、土司、地理环境、山脉、水系、地形、气候、雨量、植物、土壤、工业、交通、语言、民族、农村经济、三寓政策、基层组织、民团、沿边对讯、物产等作了全面介绍。张印堂《滇缅沿边问题》[90]是其在西南联大云南同学会的演讲记录，内容包括沿边气候问题、人工问题、居民迁徙问题、民族问题、未定界政治问题、货币问题、语言问题、国际政治问题、走私问题、地名问题。

另外，地方见闻有李希泌《腾冲琐记二则》[91]包括"遮岛市集所见"和"腾冲乡镇夷名订正"两篇，都是关于夷人的；勘界方面有诺林斯（Martin R. Norins）著，周光倬译《滇缅边境之种族界线》叙述了1934年至1937年间中英勘界的经过与问题等；汉化的微观研究，赵晚屏《芒市摆夷的汉化程度》[92]、《芒市摆夷的汉化程度（续）》[93]以芒市为范围，将摆夷文化分为主要文化——求食的文化、求偶的文化、求存的文化、衣饰的文化、住屋的文化、政治的文化、信仰的文化、教育的文化，及次要的文化——观念和思想、日用器具、医药和卫生、旅行和移民、其他的文化势力，并具体阐述其汉化的程度，最后还作了总结。

二 "行纪"栏目所载文章内容

方国瑜《班洪风土记》（上卷）[94]、《班洪风土记》（下卷）[95]包括地理、世系、物产、风俗诸事100条。李生庄《自腾冲去缅甸》[96]记述了腾冲—干崖坝—咕哩卡——缅境——小田坝——八募沿途的所见。马松龄《四川边地行纪》[97]记述了由宜宾抵屏山，再至雷波途中的见闻,考察和叙述了露水衣、安鳌像、安鳌墓、屏山绥江之罗夷子孙、马湖知府安鳌的故事、雷波释名及边政困难杂感、边疆汉夷交恶之心理分析、雷波杨土司之世系、功绩及其没落、雷波之汉化罗夷等。徐益棠《西康行纪》[98](上)以时间为线索,记录了作者1929 年 8 月 9 日至 9 月 4 日参与金陵大学调查西康社会情形的行程与见闻。《西康行纪(下)》[99]记述了 9 月 9 日至 10 月 23 日的经历与见闻。方国瑜《卡瓦山闻见记》[100]、《卡瓦山闻见记(续)》[101]记述了卡瓦山的地理、部落、路程、山寨、生活、宗教、公明山、边疆与边界问题、甘塞等情况。陶云逵《俅江纪程》[102]、《俅江纪程(续第十二期)》[103]、《俅江纪程(续完)》[104]以时间为线索,一一披露了其1935 年 8 月 27 日至 11 月 7 日自叶枝往西,走北路渡澜沧江,越碧落山、怒江、高黎贡山至独龙河,然后走南路向东渡越同名的山江之南段而达小维西,每日在沿途及调查点的各种见闻与调查情况,及行程中的情形等。方国瑜《裸黑山旅行记(一)》[105]、《倮黑山旅行记(二)》[106]包括弁言、走到安全境界、绝大威权之洋教堂、缺乏蔬菜、裸黑山极边之汉人势力、湖南老人、梯田大观、镇边十八土司、募乃石玉清、募乃老银厂、老厂矿区、募乃古碑、募乃新厂等条。刘恩兰《雪龙包探水晶记》[107]记述了赴雪龙包查探水晶的原因、经过及结果。李式金《自阿墩子至大理(上)》[108]记录了 1940 年 8 月24 日至 9 月 4 日由阿墩子至武路湾的见闻。

三 "边讯"栏目所载文章内容

彭桂萼《西南极边六县局概况》[109]分别介绍了云南缅宁、双江、澜沧、镇康四县及耿马土司地,沧源设治局六处的历史沿革、地理环境、区划与人口、民族、物产、教育文化、治安等。单镜泉《镇越之物产与交通》[110]对镇越的动物、植物、矿物、道路、邮电、运输作了介绍。震声《云南西南缅宁》[111]介绍了缅宁的农业生产、手工制造和商业。彭桂萼《顺镇沿边的濮曼人》[112]记述了散居在顺镇沿边,即缅宁的腊托、细搏、濮曼村南板、双江的公龙、邦丙弄、南直、蛮印、邦协、赛罕、耿马的蛮翁、东老、沧源等地的濮曼人,包括来源、族类、村落、公墓、房舍、资质、容貌、衣着、装饰、物质生活、婚姻家庭关系、婚姻生活、宗教信仰、教育、政治组织等。卢振明《盘溪回教访问记》[113]分回教入盘溪与忽马二姓、回民人口与"丙辰之役"、清真寺教与派、真光小学协会与回文师范、回民的生活与职业五个部分,对盘溪回教进行介绍与论述。徐益棠《覆蒙藏委员会李茂郁先生函》[114]对 Lao 与 Laos 是否为两个民族,及 Noah,Lawng,Nawang 等族的译名作了详细答复。《覆雷波合作指导室李元福先生函》[115]对李元福关于研究倮倮文字及其租佃、金融、历史的相关问题作了详细答复。

四　"书评"栏目所载文章内容

(一)对歌谣的评论。华雨对于道泉编注《仓洋嘉错情歌》(加有汉英译文,赵元任记音,1930 年中央研究院历史语言研究所单刊)和刘家驹译《西藏情歌》(新亚细亚月刊社发行 1932 年 7 月)作了评介。徐益棠认为陈国钧著《贵州苗夷歌谣》(苗夷研究丛刊之一,大夏大学社会研究部出版,贵阳文通书局发行 1942 年 4 月)和陈志良著《广西特种部族歌谣集》(说文月刊丛书之一,中央银行经济研究处发行 1942 年 11 月)为 1942 年度另一方面的新出版物,其用意及方法大致相同,唯其区域及对象略异。

(二)对考察报告的评论。"落"对庄学本《羌戎考察记》(良友图书公司发行 1937 年 3 月)作了评论。袁著对杨仲华编著《西康纪要》(商务印书馆 1937 年 1 月初版)一书的作者、内容作了介绍,认为该书十章"将西康全貌,尽情发挥,披阅一过,即可对于西康得一具体正确之概念,且附列表格极多,材料来源,均有说明,文笔流畅,结构紧密,非若一般空谈者残章断简,慢无依据者,所可比拟"[116]。徐益棠对庄学本《西康夷族调查报告》(西康省政府发行1941 年 5 月)作出肯定的同时,提了 15 条详细修改意见。爱素对四川省政府边区施教团编辑《雷马屏峨纪略》(四川省政府教育厅发行,1941 年 7 月出版)批评较多。第十六期,徐益棠选了三篇关于木里的文章,即傅述尧著《木里记》(《边事研究》第七卷五、六期,第八卷四至六期,九卷一期,1938 年至 1939 年)、郑象铣著《西康之木里土司》(《地理》第一卷第一期 67 页至 73 页,1941 年)和杨衔晋著《西康东陲木里纪行》(《旅行杂志》第十四卷第十一号,1940 年),详细介绍其内容并予以评价。徐益棠还对粤北边疆施教区编纂,胡耐安著《粤北之山排住民》(1940 年 9 月出版,广东莲山县太保墟施教区本部发行)作了评介。

(三)外国民族学著作评介。胡鉴民介绍了《原始民族的社会状况》(*Paul Deschampa ——Etat social des peupes sauvages*, Payot, Paris,1930)的作者岱香的师承、研究方法、作者在民族学与人类学上的贡献、是书的观点、价值等[117]。闻宥对 *A Handbook of Rawang Dialect of the Nung Language* By J. T. O. Baranard(1934 年出版)作了评论。胡鉴民介绍了法国 Strasbourg 大学教授 Causse 著《从民族的集团到宗教的集团》一书的观点,认为"这部犹太古代综合史的尝试,在史学界还是空前的。"[118]胡鉴民对格里格林杰(Richard Kreglinger)著《人类宗教之进化》的内容与观点作了叙述,指出"本书对于各派宗教,虽只有简略的论列,但是非常清醒可喜的是大家手笔,与已负盛名的雷那氏 S. Reinach 所著的'Orpheurs'比较亦无愧色。"[119]对克瑞韦基著《初民社会及其生命统计》(伦敦1934年)一书,徐益棠先指出数字研究在初民社会研究中的重要和难度。然后认为克瑞韦基教授 Prof Krzywick 此书比此前的相关著作"更为客观,更为科学。"[120]

(四)对研究机构及杂志的评论。署名"才"者介绍了华西边疆研究学会和华西边疆研究学会杂志,并将该杂志第八卷中重要者之标题列出,然后一一评论,指出"此志之作,虽未能尽以严格的学术眼光考量之,而在大体上固足以供吾人之参考也。"[121]徐益棠对《科学世界》第十卷第五期《川康建设特辑》(1941年10月15日)的十篇论文作了介绍和评论。

(五)对东南亚研究专著的评论。对《中缅之交》(*Where China meets Burma*, *Life and travel in the Burma – China borderlands* 1935 by Mrs. Beatrey Metford,伍况甫译,商务印书馆上等新闻纸印)一书,徐益棠认为,书"末附中英文对照表,凡重要地名,□□,在表内一检即得,颇觉便利"。在介绍该书内容后,徐益棠对作者个人评价甚高,并叙述作者面对精神之压迫,物质之艰窘,生命危险之种种体会,及其他种种活动如捕蛇、旱季旅行、伊洛瓦底江上之旅行、腾越四郊之游等。又称作者关于民族考察,亦颇多科学的方法,植物学资料散见各章。最后指出,此书亦有数种缺点。对张正藩著《缅甸鸟瞰》(中书局出版1936年初版)一书,徐益棠认为,"欲就国人著作中,略窥缅甸全貌者,则此书或可作为唯一的参考书,书虽不甚合于□□,然在通俗方面言之,亦当值得一读"。然后就各章内容略作介绍与评析。最后指出"本书大体尚在水准以上,除第三章较为薄弱,应予补充外,(至少应将社会组织,如等级制度,农村等,经济组织如土地制度,近数十年来社会经济史略等,)其他勉可应付需要,其地图及照片多帧,大都取自史坦普(Stamp)氏书中,均清楚可言"。徐益棠介绍了《缅甸社会经济史纲要》

（J. S. Farnivall 原著,王泰译述,商务印书馆出版）的作者、本书来历及价值,指出该书为佛氏在仰光大学经济系教书时所编的讲义,可以作为《缅甸鸟瞰》的补充读物。该书虽专叙述社会经济的史实,但处处与自然地理环境相关连,故亦可作为缅甸经济地理来读。书尾附以各种统计图表,均选自最近出版的刊物,相当可靠。在介绍各章内容时又略作评论。最后并指出译本的数点不足。

此外还有地理类。袁著介绍了胡焕庸编著《四川地理》(正中书局 1938 年 12 月初版)的作者、内容,认为此书具有"图文并茂"和"简洁扼要"的特色。

五　"附录"栏目所载文章内容

袁著《四川研究资料简目》[122] 系根据胡焕庸教授讲授《四川地理》课程所搜书目之重要者的目录。王兴瑞《西康文物展览会》[123] 介绍了西康翁腾环先生主办的"西康文物展览会"的情况,最后希望昆明的相关学术机关和研究人员也能举办类似的展览会。《中国民族学会章程》[124]（1941 年 12 月第二次刊布）,徐益棠《七年来之中国民族学会》[125] 叙述了中国民族学会自 1934 年成立以来 7 年的发展状况。

六　"译述"栏目所载文章内容

译述仅有一篇,即英人戴维斯著,张履鉴译《滇缅铁路》[126]（译自 Davies H. R. *Yun – Nan. The Between India and Yang – tze. Ch.* 3）。编者在标题下注明:戴氏章首,有子目若干条,颇病凌乱,爰为分析五段,每段加以小标题,以便读者。这五部分分别为:由滚弄至扬子江岸之全线;法人之竞争线;滇缅铁路第一段——滚弄至云州;八莫至腾越之计划线;结论——精明之工程师与诚实之理财家。

第二节　边疆治理问题

　　《西南边疆》所载文章对边疆治理的调查研究，以某地某族或某地某几族为议论中心的多，综合性讨论的少，具体的记述与研究主要集中在云南和四川。

　　徐益棠对云南边疆的治理有专门论述。他将云南边疆分为西北区和西南区分别探讨。认为较强悍而较易发生事变者：

> 为西北区之麽些，力些，古宗等系，故边政之推进较难，而建设亦复不易。但此并非民族之习性使然，实自然环境之经济因素或社会环境之宗教的或政治的背景有以致之。其最根本的原因，不在此而在彼。故云南北部边区之建设，牵连之方面较多，须待中央对于边政有整个的具体计划，对于有关的各方面，有一合理的调整，方可着手。

指出边政推行的难易并非取决于民族习性，更重要的是自然环境的经济因素或社会环境的宗教的或政治的背景，强调中央对边政须有统一的计划，再根据各地情况作合理调整，这在边疆施政中具有重要意义。如李景汉即指出：

> 摆夷人与汉人均以山头人为野蛮可怕。因其有时劫掠行人。实际彼等性情爽直，甚诚实勇敢，且服从性及冒险性均甚强。统治缅甸之英人即善能利用其优点。已训练若干山头之男子为兵士，训练若干之女子为护士或其他社会服务者，均已成效昭著。[127]

至于云南西南的边民，徐先生认为，除卡瓦与喀钦外，则大都较柔和而忠顺，其主要系属为摆夷、苗瑶与民家。"其习性颇与西北部分之边民相反。然因过于柔顺,大权往往操诸于土司或粮目(头人,土目)",而土司阶层又走两个极端,"年青而有新思想者,则留学邻邦,酷慕西化。年老而有旧风度者,则贪婪无已"。两者"对于边政之推进,均不能有显明之效果"。地方官吏中,即使"贤明干练者,亦未闻有解倒悬登衽席之具体方案。或且为地方财政之关系更加重赋税之项目"。于是,因对土司、官吏的巨额供养、中间经手人的舞弊中饱、赋税繁重等难以忍受,边民遂"相率越境,租田另种"。此外,更有汉商"以酆都冥币欺骗边民",汉族高利贷者盘剥边民。以上种种,对云南西南边民心理伤害较大,尽管欺压、剥削边民者只是汉族或政府中的一部分,不足以代表汉族及政府,但他们的行为还是使边民对汉人、政府均丧失信心。因此徐先生提出:

边政推进,不必急急于标新立异,多立机构,浪费经费,首当扫除一切妨害边政推进之障碍物,即解除边民精神上之痛苦,树立边民对于政府之信任,务使彼等了解政府(官吏、军队)以及普通汉人之一举一动,对于彼等生活无丝毫损害,压榨之恶意。

而对云南边民,"消极言之,努力减少彼等畏惧之态度;在积极言之,养成彼等敬爱之情感"。徐先生并以英人经营片马为例,指出其取消奴隶制度,取消畜牧税及营业税,禁酒、赌博、鸦片、□斗,厉行农贷,广设学校医院,修筑或拓宽桥梁道路,审判公正,反对贿赂等各项措施在取得边民信任中的重要作用。因此,徐先生认为云南"边政推动之第一要义,是在立信"。[128]

江应樑也根据其对云南摆夷的调查研究,对云南边疆问题有所揭露。江先生认为边区摆夷受着三种经济的压榨:土司的剥削、汉官的敲搕和汉人的欺凌。这与前述徐先生所述云南西南边地的情况基本一致。其中"汉人的欺凌"颇值一叙：

> 寄居摆夷区中的汉人，除官吏外，便是小商贩，和亦官亦商非官非商的特殊阶级，前者虽不免有高利诈欺，导人为恶之类事件的演出，但多数对该地货物的供应流通上，实有很大的功劳在着，且这类人多是小本血汗营生，肩挑背负，冒风霜雨瘴，行数千里长途，用性命去博取利润，所以纵虽取利稍厚，也是应有的酬劳；惟后一类人物，则所作所为便不如此简单，他们因为久居该地，熟识夷情，甚且通晓夷语，于是有的勾结官吏，包庇种烟，有的甘为虎伥，吸民膏旨，有的与土司上下其手，为之生方想法，以搕索人民；这类人在摆夷心理上所留下的恶感实不亚于委员官史，而对边地所种下的恶果，恐远较贪官污吏为甚。[129]

"边地的摆夷，对汉官表面恭顺，背地恨之入骨，把汉官看作嚼骨头的野狗，吸血的豹子"。而汉商等人所造成的恶劣影响较此为甚，汉人在摆夷人民心中留下的印象之坏，也就不言而喻了。鉴于摆夷区域都处于国境的沿边地带，为国防的第一线，且系跨界民族，与国防安全关系甚大，然而：

> 在双方对比的情形下，讲武力，我们无一兵一卒之设，一关一隘之阻；讲政治，人家是吏治清明，民生安定，我们是贪官污吏，民不聊生；讲国界，这一带与缅甸、越南接壤，与暹罗一走廊之隔，虽然界址都已确定了，但国界之划定，不依山脉河流，不准经度纬度，只凭几个可以移动的界柱，来确定国家的疆界，且若干地方，犬牙相错，飞来插花互见，边地盛传的界桩内移事件，不能全视作流言；讲民族，国界内与国界外所居住

的,同是摆夷,他们语言相通,生活习性相同,且互为亲眷,在他们的脑中,并无国家意识,却有摆汉之别,如果有一个外力向他们招手,他们岂不乐于脱离贪官的压窄？暹罗的"泛泰族主义",已足令我们深省了。[130]

因此,江先生向国人敲响了警钟：

> 倘若任由上述诸种事实(按:即三种经济压榨)继续存在,则不久的将来,此肥沃千里,出产富饶,民情淳朴,生活康乐的摆夷地区,势必走上两条路,一条路是人民对政府由怨望而生离心,由离心而对内地人民仇视,于是使边疆与内域永远隔绝,边民与内民永难合一；另一条路那就更坏,边民因对内离心而转向于外,倘遇邻境国家有所企图或野心,则我边疆之锦绣山河,恐将不保。[131]

对云南边疆问题有所记述、思考和建议的还有方国瑜先生。方先生叙述说：

> 野卡作战最猛,及其败,则头目牵牛至,携刀枪为礼,叩头曰:降服大汉也；命作降书,指押,赐盐布衣帽而遣之。后行经其寨,土人蹲道旁而观；野卡愚,直,一意孤行,不计后事,余等过其境,先派人送礼物假道,不受,晓以大义且不听,不获已以兵火相见,及其败而后服,其愚亦可悯也。或谓:元明之世,摆夷叛乱,屡经大兵平定,后不复反,及今为驯良之民；清嘉道以迄光绪,黑裸作乱,亦数出兵平之,及今亦为驯服之民；土人敬威而不敬德,非加之武力不足以服其心,此言良是。[132]

方先生以其亲身经历,证实了野卡的民族习性。并据此及历史上之事实,指出治理云南西南部边民如摆夷、黑裸及野卡等如何利用威德的问题。"野卡作战最猛",也与徐益棠所言云南"西南部分之边民,除卡瓦与喀钦外,则大都较柔和而忠顺"相符。

方先生还记述了汉人在裸黑山与教会势力博弈的情况。木嘎所属多倮黑,懦弱不敢战,而西界粗暴的野卡瓦,时来抢杀,倮黑无可奈何。自后始有汉人,守边驻兵于此,成化镇壮丁皆隶军籍,无事力田,有警则出兵。时任队长者田君,颇知兵法,卡瓦众亦畏之,数年无战事。

> 惟基督教四出宣传,谓既入洋教,即为洋百姓,不能受中国官吏之管辖,所谓不管辖者,诉讼案件不告汉官,税课不纳,调遣不理。然在此区,为领袖之汉人,能以大义开导,屡出死力制服卡瓦,所收倮黑寨之税课亦甚轻微,以此等事实,胜过基督教之怂恿,故得倮黑民众之信服。附近农田累累,多汉人所开垦者,设街集市,数十里外山民多来贸。汉人亦多以经商谋什一之利,汉人居此,家家足食,当无苛派倮黑民众之事。

据此,边地汉人若能真为边民着想,尽力保护其身家性命,不仅不欺压、剥削他们,而且也不允许其他人欺压、剥削他们,则不但能使边民信服,而且可抵挡外国教会的诸般引诱。只是这些汉人"多为谋衣食,无远大眼光,且无才智过人者",不足以"为边民扶植文化,助长生产",而且"教堂别有阴谋,蛊惑边民,图可任意指挥,煽动脱离中国,助长匪类",所以"若为边民造福,非政府以充分之人力财力谋之不为功"。其中,方先生又认为:"官吏之选择为第一",因当时"委至边地者,多夤缘奔走之徒,无材干之辈"[133]。对云南摆夷民族有调查经历的李景汉先生对此似有同感。他指出,因种种原因,边官"能孚本地人望者,殊不多见。更不足以言改进边地之情形。如何慎选边官,为目下边地之首要问题"[134]。

　　方先生还赴巴比寨访湖南老人。得知该寨"寨民多穷,土司不许买卖田地,借款不许行息,亦保护穷民之一术也。寨中无教堂,亦尚无信教者"。针对西方传教士欺骗、诱惑当地民众"从西方教,……要信上帝,不信鬼,不祀祖"的宣传,老人根据"倮黑崇敬先祖心甚切"的心理,告诉"寨民灭祖弃宗人伦大逆",使宣教师的努力毫无结果[135]。由此,外国教堂的阴谋未能得逞,除与湖南老人的劝告、倮黑的敬祖之心等有较大关系外,土司保护穷苦边民当是重要原因。前述江先生指出土司压榨、剥削边民,是摆夷人民的第一种痛苦。巴比寨寨民既无此种痛苦,对于其向心力的培养与强化当作用不小。

　　徐益棠在深入调查四川小凉山倮族的基础上,对"治夷"方略也有阐发。他在综合时人各种主张之后总结说:

　　　　所谓"治夷"之道,极难言也,虽有多端,……综历来主张,不外文治与武治,最近渐有主张经济势力,垦殖方法,逐渐推进者。护其所持见地,亦颇有充分之理由,……惟一问题之解决,必须有多方面之考量,文治亦须赖有武力之辅助,武力亦须有文治为之善后,经济势力,固为文化发展,人口增加,政治推动最有效的因子,如不善为利用,指导,亦足以发生流弊。

"文治"当中,徐先生又特别重视交通建设的意义,认为开发边疆文化,首重交通。

　　　　交通便利至少可以增加贸易,旅行及垦殖之人数,货物之往来,语言之沟通,信仰与行为之演变,风尚俗习之更迭,皆由于此,能打破种族间之隔阂,而互相通婚,则同化之问题可谓完全解决,但此决非政治和军力所能强迫之也。至于正式军队之推进,教育之普及,政治之深入,非交通莫办,交通为文化之先驱,政治之初步也。[136]

马长寿具体介绍了在雷波城推行边政的困难,他指出:

> 今雷城居民,半为汉人,半为汉化罗夷。汉官之政治势力
> 则殊为微弱。……四川边县约以此县最号难治。……边政之
> 道宽猛相济,古有明训。而治雷波则有宽不得猛不得之感。
> 四川边吏,平时无边政训练。上级以为在通市大邑可作县长
> 者,在边区亦可作县长。……唯边地汉绅类多主张"有汉无
> 夷,有夷无汉"之论。县守主宽,第一即不此辈所谅解。……
> 严则以为仇,宽则以为懦。

显然,边政与内政不同,边吏无边政训练,本就难以胜任,再加上雷
波汉人数量众多,汉绅势力强大,而且他们对夷汉问题持其固有谬
见,使得传统的治边经验在这里难以生效。此外,马先生还据其在
雷波的观感与思考,就现代边政提出对策。他认为:

> 边政之道,政有专术,学有专科,与普通县政不能混为一
> 谈。普通边吏学不必专长,而一般民族学之原则,民族主义之
> 观点,与夫边疆之普通知识,则不可不知。其最重要者为治
> 术。凡此皆须设立专科,聘请专门人才指导之。又边疆军事
> 与政治不能划分过严。即划分,亦必有息息相关之能,以臂使
> 指之效。推行边政不能无军备;然亦不能恃武力。边政以教
> 化为第一。军备所以行政化,武力所以辅文治也。作者在雷
> 波居住一月,目击心感,以为治边唯以此术为最当。[137]

可见,边政在治术与人才知识素养方面均有特别要求,需要经过专
门学习和训练。同时,传统边政的经验——"宽猛相济",也即政
治与军事的相辅相成,也并未过时,不能放弃。马先生还就罗夷视

"侵略雷波为收复失地"的危险观念指出:

> 当今民国共和,民族平等;土地公有,共生共荣。当再不
> 有民族之争,与夫原始时代之民族割据思想。而边地汉人亦
> 当体"国内民族一律平等"之旨,思如何引渡,或同化此种浅
> 化同胞,共谋团结,共济时艰。盖我中国文化之伟大,在于能
> 熔合四裔文化之特长,而锻炼,成为有计划的异式之配制异色
> 之调整,以及异族文明之并行并育,不相悖害。此种理想,愿
> 内地人民与边民共图策之。[138]

主张发挥和发扬中国文化熔合四裔文化的特长,在融合上多下
功夫。

徐先生所强调的文治与武治的结合,与马先生所看重的军事
与政治兼备,不仅精神实质一致,而且是针对相同的对象——倮夷
得出的结论。尽管如此,他们关于边政的建议,不但适合于四川边
地的倮夷,还具有一定的普遍意义。

对边疆治理作宏观探讨的仅有陶云逵,陶先生指出:

> 我们的边疆政策,弊病在于单边的,仅顾政府一方面意旨
> 而未从边民意旨与生活实况着想。因此政制一切原封未动的
> 搬到边地,而凡是不合于中原标准的习俗便取消。

就是说边官分不清边政与内政的区别,只知在边地照搬内地的做
法,这种情况是确实存在的,前述马先生提出"政有专术,学有专
科"就是针对这种情况而言的。不过,边政问题并非如此简单,以
上所述仅代表陶先生所见而已。陶先生最后就开化边民的必要性
和基本原则作了总结,认为:

> 开化边民,为政府之责,政府开化边民就是说政府去指导

文化变迁或管理文化交替。首须顾到边民原文化的整合,整合与否,关系其社会之安危,生活之泰否。这样,必先对其文化有彻底了解,认识其文化各方面,对全社会整合上的功能关系。文化中任何方面,既对其社会整合均有功能关系,故禁止或取缔任何方面均非良策,益足以促其整合解体,因而社会纷乱也。故必觅适当他体以替代之,即以不同方式,以满足其同样的社会需要,亦即以不同之形式,发挥同样的功能,但此仅为一些基本原则,至其详细方策,则须根据各边民社群,详细调查,分别设计。[139]

前述徐益棠提到英人在片马的"表现",以凸显国人在边地的功夫远远不够。腾冲耆宿尹子建也以英人在野人山的治理为例,说明边政并非毫无办法,民族习性不是障碍,关键在于国家法治教导的好坏。他说:

> 野人山为我孟养司及茶山里麻两长官司属土,虽前代称为藩屏,以嶂岭险恶,林箐无垠,遂使人裹足不前,谈之色变,自英国据缅,蚕食我疆围,当日人迹罕到之地,皆已开成康衢大路,车马络绎往来,野人感化,读书奉教,脱除蛮性,各寻生业,劫掠之风大戢,行路之人,亦不以野人山为艰险地,稍生戒心;所谓天下无不可化之人,要在国家治法教导良窳如何耳。[140]

以上虽然都讨论的是边疆治理,但是对不同的地区,不同的民族,不可一概而论。1937年云南腾龙沿边十土司曾联合递呈政府呈文一张,内称:

> 司地人种,特殊复杂,难以枚举,然而各有个性,非久居斯地者,不能因势利导,譬如百夷,性流动,最易迁徙,利之在安;

汉人性矫强,最喜取胜,利之在和;山头性顽悍,最喜斗狠,往往一事之微,有累世而报复者,利之在抚。

正如江先生所说:"此种情形,虽所言出之土司,但确实是边地通常事象"[141]。所以,边疆政策必须因时、因地、因民族制宜,不仅是学界的看法,也是土司的识见。当然,中央对边政有整个的计划是必须的。边政的优劣与民族习性无关,边疆问题的产生有"自然环境之经济因素或社会环境之宗教的或政治的背景",边政与内政有一致之处,也有不可忽视的区别,边官必须经过一定的教育或训练,对施政对象有一定的了解和认识。

第三节　民族问题

《西南边疆》所刊文章主要涉及云南和四川的民族问题,具体体现在以下几个方面。

一、汉商、放高利贷之汉人、汉官与云南边地民族问题

汉人在边地的较少,主要有汉商、放高利贷之汉人、汉官三类,他们基本上是边地民族与汉族之间了解与交流的桥梁,尤其是汉商最为活跃。边地民族对汉族的印象主要来源于在与这三类汉人打交道的过程中形成的印象。因此,边地民族与汉族之间的关系在相当大程度上取决于这三类汉人的作为。关于这一点,《西南边疆》所刊文章多有叙述,从中不难看到各类汉人在边地的行为及其对夷汉关系的影响。

江应樑在《云南西部僰夷民族之经济社会》一文中分析指出,僰夷民族中没有商人阶级,不仅如此,就是在各土司地中,江先生

所见到的有买卖形式的小商店,也全都是汉人所经营。根据江先生的研究,大抵在夏季夷方烟瘴极厉的时候,除久住夷方者外,汉人通常是不敢轻易到夷区去做买卖的。过了秋天,从霜降到清明这一时期,沿边各地的汉人,才成群结队、肩挑背负地到夷方去经营小买卖,此谓之"走夷方者"。这种走夷方者,不仅供应了夷人生活上的需用物品,在汉夷尚未打成一片的过去和现在,两方消息的互相沟通,赖此种人传达之力不小。还有一种久住夷方经营买卖,已经习惯夷地的环境,深切了解夷民内情的汉人,更是隐约地握着夷方商业的大权。照理说,这种汉人对于边地民族的开化及治理上,应当发出强大的力量,但实际上此类汉人在汉夷关系上所发生的影响却是害多于利,原因是他们把私人的功利看得过于重了,于是便以较开化民族复杂的头脑,做出许多诈伪的、非法的和不道德的事来[142]。

可见,汉商中无论是走夷方做小买卖的行商,还是常住夷方的坐商,在汉夷之间均扮演着交流、沟通的角色,尤其是深谙边地夷民内情的坐商。但因其私利心过重,不惜欺骗、欺负夷民,导致夷民对其印象不佳,影响所及,夷民对汉族印象亦坏。汉夷关系因此而受到不良影响。该文指明是以居住于云南西部腾越、龙陵边外之梁河、莲山、盈江、陇川、瑞丽、潞西诸设治局所属各土司地内的僰夷民族为立论的对象。所以以上江先生所揭露的汉商的胡作非为,主要限于这些地区。

陶云逵在调查中也遇到相似的情况。1935 年 9 月 27 日,陶先生在调查日记中记述,俅子族杂居近藏康,但六种畜种,他们只有鸡、豕、犬,而无马、牛、羊。但又极嗜牛肉。每有大事故,便集资往怒子江汉人处购牛。汉人利用此弱点,大抬牛价,索大量药品皮货以为交换。一时凑不齐则规定若干时日后偿清。故交易以皮货,甚至以族中弱女易牛[143]。1935 年 10 月 6 日,陶先生又记道:俅子嗜酒,其所种少数麦子,择其良者,以之酿酒,每有集会,必大量痛饮。于是至秋冬之交,豆类荞麦不敷食时,便向汉人、藏人贷谷。此时,则为诸族营利之好机会。此外俅子所需之铁、盐、饰物及牛,均仰外方输入。俅子需要外助如是之多,势必有土产以为交易。土产即俅江一带所产之药品,如贝母、黄莲、麝香及皮货、黄腊等。各物均是野生,为毫不加人工培植之天产。但皮货、麝香,乃可遇不可求者,故俅子所赖,卒惟药材。然贝母、黄莲年年采取,亦渐变为人多物少现象。势必往人烟稀少的更少的深山大菁中去找。此各药材在汉地,价钱甚昂。汉商之所以不避险阻而来俅地者,图厚利也,每以少许之针、线、盐、米,易其大量之药材。一个铁锅,易贝每至二三十斤,致使其人全家终年去挖贝母而不敷。一条牛之价则集数家全年之挖找力量,方能偿还,则利上加利。所谓利上加利,即是需更多量之药品。如是一年不能偿清,必至数年一世不能偿还,则连及后代,于是一蹶不振,万劫不复。汉商复以政治武力等威赫之[144]。

陶先生的调查范围在滇西北独龙江[145]流域,其所记反映了汉商在独龙江流域利用俅子的嗜好或对生活必需品的需求,对俅子施行压迫与剥削,致使俅子往往为一头牛或一口铁锅而不得不付出数家全年或一家终年的劳动代价。如一年不能偿清,牛或生活必需品的价钱就直接转为高利贷,利滚利,年年翻,更使俅子多年甚至多代不得翻身。这对于汉俅关系不仅有害,而且危害甚深。

汉商对边民的欺压、剥削方式还不止此。前述徐先生指出,在云南边地,“商人有以酆都冥币欺骗边民”,这对边民伤害极大,甚至间接地影响到边民对政府的信任。“当边民发现其手中所持之纸币而为一不能交换其生活所需要物品之废纸,其心理上之惨痛为何如耶"？徐先生还指出："生产方面之品质改善与价值减低，亦颇能控制边民之心理，鼓励边民之信仰。如盐、茶、布等边民生活上之主要必需品，大可作一说明之例子。"[146]然而，商品的品质改善与价格降低，仍有赖于汉商，只要彼等在边地唯利是图的恶习没有根本改变，这种信任便难以重新建立。

汉人在边地影响夷汉关系较大者，除汉商外，还有放高利贷者，这其中甚至包括驻边地的士兵。徐先生指出：

> 在边民经济制度上无所谓借贷，更无所谓利益。无则贷之于其亲友，迫其有而归之。赖债固属可耻，取利更为人所不耻。而边境汉人，往往利用机会，俟边民家庭经济情况艰窘之际，贷以微款；而于若干时日之后，责以价值数倍之山货（贝母、黄莲、羊毛、牛皮之类）相偿。边民碌碌经年，而不能偿清全部之债务。当菖蒲桶被治之时，毒龙河一带，有中国士兵在村间向□人放一种所谓棉纱债者，一两棉纱，半年后责以黄莲十六斤（？）。柔顺之边民于饥寒交迫之余，宛转哀鸣于此种重利盘剥之下，以至于死。[147]

江先生也提到放高利贷者。他说：

> 更有一种专在夷地放高利债的人，每当春耕播种夷人需用现款时，即尽量供给借与，订明于收获时以新谷作偿，而新谷之价，则预先言定，大略总比市价要低三之一或半数，夷人因急于用款，不顾其后，结果辛苦一年，只替汉人之放高利债者作了牛马[148]。

徐先生和江先生所叙述的两种高利贷者的具体情况虽有差异，但两者在乘人之危、落井下石、严重剥削边地民族方面是完全一致的。因此，徐先生担心，对于汉族高利贷者的这种严重盘剥，

"如一旦有人肆其如簧之舌,挑拨离间,谁不揭竿而起,挺身而斗耶"?[149]而江先生也进一步指出这种盘剥的面之广和危害之深:"这种情形,在夷地中逐处皆是。亦可见汉人操纵夷地商业大权,隐然地侵蚀到夷人的经济生活了。"[150]

除了汉商、放高利贷之汉人外,地方官吏对边地民族也寻机盘剥,主要方式为以权谋私。据陶先生记述:

> 现在仍归中国管辖之俅子,约近千户,……亦间有纳税者。盖眷念夏瑚氏之宣慰。惜迩来我国官吏假借政令,对俅民诸般剥削,心渐向英。[151]

因"眷念夏瑚氏之宣慰"而"间有纳税者",与俅民因"迩来我国官吏""诸般剥削,心渐向英",形成鲜明对比,因果关系一目了然。这在帝国主义触角已伸入我国边地之时代,后果更是不堪设想。

除了汉人压迫与剥削边地民族外,云南边地民族之间也不乏压迫与被压迫、剥削与被剥削的情况存在。陶先生对此也有记述:

> 除汉商,汉官剥盘外,尚有所谓察瓦龙土司之苛勒,栗粟族之尸骨钱粮,俅子于是乎真个变成受尽压迫的弱小民族。……今栗粟势力已弱,唯察蛮仍蛮,汉人仍苛也。[152]

可见,除了汉人,俅子还面临着察瓦龙土司、栗粟族头人的双重盘剥与压迫。

由上所述可知,汉商、放高利贷之汉人是云南边地的主要剥削者和压迫者,他们甚至在实际上控制着边地的商业大权,汉商每以高得离谱的价格向边地民众出售生活所需品,使其全家终年甚至数年为自己卖命。而高利贷者则是利用边民经济困难或农忙时节急需现款而又别无他法的时节,以放贷实现重利盘剥。驻边地士兵也有参与放高利贷者。边民既毫无选择余地,加上知识简陋,只能忍受。同时,边地官吏借政令实施盘剥的情事也时有发生。以上种种危害甚大,不仅使边地民族生活困难,而且对边汉关系、边地民族与政府的关系等造成极其恶劣的影响,受剥削压迫之边地民众很容易将对汉商等的不良印象扩展为对整个汉族的印象。同时,因边官代表政府,他们也很容易从对边吏的反感与失望发展为对政府的反感与失望。当帝国主义势力进入边地后,为了达到其阴险目的,以种种方式向边民示好,并给与各种小恩小惠,势必加重边民的离心倾向,严重者甚至危及国家主权及国防安全。汉人在边地唯利是图,是边疆民族问题产生的主要因素。汉官在边地的以权谋私,是导致边民对政府失去信任的根本原因。就云南来说,边疆民族问题的产生固然还有边地强势少数民族对其他民族的欺压,但这种现象似不多见,造成的影响也较小。

二 汉番、汉夷(倮㑩)关系中的汉人与倮民

李有义指出,四川西北部番汉杂处之杂古脑每日都有一个市场,作为汉茶零星交易的场所。

> 在这市场上价格的高低,常是操纵在几个中人手中,这些中人都是汉人,有几分像流氓地痞,他们和本地的士绅大都有相当关系,和各大商号亦有相当往来,因此他们可以肆无忌惮,操纵市价,压迫汉番商人,这些零星汉番商人都非他们的敌手,自然只能任他们剥削,这种中人在杂古脑市场上约有五六名。
>
> 成都灌县一带来的小商人,大半在这种市场上搜购他们所要购买的货物,他们和中人勾结,故意压低市价,使番民吃亏,俗谓之"耍蛮子"。[153]

这里,又与上述云南边地的情况颇不相同,遭压迫、剥削的不再只是边地民族,还包括做正当生意的汉族商人,压迫、剥削者不再以汉商为主,而是以互相勾结的劣绅和汉族中人为主。当然,灌县汉商压迫、剥削番民,则与上述云南边地的情况类似。

据马长寿所记:

> 城厢汉人对罗夷之态度行动,亦殊恶劣。罗夷妇女入城购物,滑商流氓之徒喜乘间调戏之。猥亵之状,汉女受之,行人裂眦;而施于罗妇,则睹以为快。奸商交易:罗夷售毛,鬃皮,药,以大秤大斗入;买布盐,则以小尺小秤出。罗受此屈,纵太息流涕,官府亦不之直。若纠众来索,必相互动武,邻舍行人且助奸商而亏罗夷。故此城厢滋事,罗夷未有不失败者也。……又夷人入市,嗜酒流涎,囊囊虽空,亦必赊账取乐。边区之酒有价,隔二三日而一变,罗夷不知也。异日来还账,酒价增高,罗夷以为汉欺己,又纠众动武。附近富夷终年在汉商处赊布盐者,至年结账,往往尽田产抵之,汉商遂乘而落籍焉。此种落户罗夷,恨□入骨,夷转迁凉山,依黑夷为奴。终生与汉人为敌,而不知己过在不能量入为出也。汉哈于此遂又增一种仇恨。[154]

四川边地汉人与罗夷关系之恶劣,于此可见一斑。而汉商依然扮演了重要角色,其剥削、压迫罗夷之伎俩与前述云南边地之汉商如出一辙。但前述所不及的是,官府对罗夷与汉商交易吃亏的申诉"亦不之直",滑商流氓调戏罗夷妇女竟然得到汉人称赞。这种恶劣关系的形成,与罗夷关系甚大。

与云南边民常常处于弱势相比,四川边地的罗夷势力甚强,汉人多成为其掳掠对象,这成为汉人对罗夷的态度及心理陷入病态的根源。如徐益棠所描述：

> 土著汉人，因其亲戚朋友常被掳劫，土地财产常被侵凌，常不满于倮民，觅机侮之，此种不幸之事，偶一发生，则街坊邻里，群起哗笑，以为快意。

> 箐口附近一二里内，收割包谷及砍伐森林者，每带有枪枝自卫。垦社常于夜间与倮民发生械斗。午后三四时，路上哨兵撤退后，即有贩盐之背子，常为倮民掳去。故若过早过迟，单独旅行于倮民势力区域内，实甚危险。[155]

马长寿也记述：

> 过青松背，芭蕉滩，沙湾等处，居民每村仅二三家。询之，因连年凉山罗夷常到此掳劫，故富者徙去，贫者贡布纳粟，求凉山罗夷之保护，如佃客之于主人也。

> 过马湖至海脑坝，坝在湖南端，今仅有居民二十家，连属村亦仅百家而已。当地居民言：民国六年时所属汉民有千余家。七年凉山罗夷攻入，掠去数千人；此后数有掳夺，今故仅百家耳。罗夷掳夺汉民之残，此为一例。[156]

与前述汉人压迫、剥削边地民族为主截然相反，四川小凉山地区是罗夷掳掠汉人去当娃子，对之极尽压迫、剥削之能事，被掠之汉人过着奴隶的生活，凄惨无比。

作为一个现代国家，以上现状决不容许持续下去，挽救之法，须从政府、汉商及边民三方面着手。政府方面，正如徐益棠所建议："边政推动之第一要义，是在立信"。[157]前述尹子健介绍了英帝国主义在野人山的经营经验及其成效，指出"天下无不可化之人，要在国家法治教导良瘝如何耳"。都是针对云南的情况而言的。对凉山罗夷,对策又必然有所不同。如徐益棠主张文武结合,他说:"问题之解决,必须有多方面之考量,文治亦须赖有武力之辅助,武力亦须有文治之善后"[158]。马长寿则认为:"边政之道宽猛相济,古有明训。"首先要慎选边吏,"普通边吏学不必专长,而一般民族学之原则,民族主义之观点,与夫边疆之普通知识,则不可不知"。其次要文武兼备,"推行边政不能无军备;然亦不能恃武力。边政以教化为第一。军备所以行政化,武力所以辅文治也"。[159]徐先生和马先生均有实地调查的基础,又都参考历史上的治边方略,所提对策不谋而合,应该说具有较强的针对性。以上是从政府的角度出发。

对于边民的遭遇来说,边民自身也有原因,因此也需要在他们身上下功夫。正如陶先生所指出:"所不争气者,倮子虽借款不利,交易吃亏,然绝不思有以改进其生产方法,譬如牛,以贝母、黄莲辛苦易来,但畜牛并非难事,然而不为也。汉商且屡劝导之,终不听。"[160]徐先生也指出:"市上多酒肆,其酒较醇于㑩民所自制者,少饮辄醉,则常蹀躞于街头,每易酿成祸端。"[161]马先生亦指出:"罗夷入市则纵酒,酒酣则挥拳骂座无所忌。"[162]所以陶先生意味深长地指出:

> 一方面我们固然要和他们表同情,但他方面,生物社会无处不受淘汰选择竞争的公律所管辖。倮子要不受压迫,除非自己努力,一改昔时生活样法,努力生产。否则倮族终必遭淘汰的。同情心是感情作用,是一时的,自己的努力是理智的,比较永久的。[163]

第四节 边疆教育问题

近代边疆教育在我国教育现代转型、近代国家构建、中央—地方互动[164]各方面均扮演了重要角色。著名历史学家、曾任国民政府国立编译馆专任编译兼人文组主任的郑鹤声指出,在 20 世纪30 年代国际国内大背景下,边疆教育实际上是国人在心理上的国防建设[165]。随着全面抗战的爆发,边疆地区成为抗战建国的根据地,边疆民族在抗战中的重要地位得到国人的一致赞同,边疆教育的薄弱甚至缺乏引起国人的普遍正视,对过去边疆教育进行回顾与检讨,对当时边疆教育予以检视与反思,对现行边疆教育政策及设施等加以改进和完善,成为国人高度关注的议题,相关研究层出不穷。

一 推行边疆教育的必要性和紧迫性

1932 年,日寇在我国东北地区制造伪"满洲国"得逞后,"敌人谋我边疆愈急,盖欲断我四肢,使无抵抗而自屈服,故挑拨离间、造谣、分化、威逼、利诱种种卑劣手段,无所不用其极"。[166]全面抗战爆发后,西部边疆在我国国防上的重要性空前提高,日寇遂加紧对我国西部边疆民族的阴谋分化。西南边疆作为陪都所在地,国防地位更是无与伦比。但因种种关系,西南边疆民族教育落后,知识简陋,如何唤醒和团结他们,使其消极方面不致于倒向敌人,积极方面贡献其人力物力,就显得尤为重要。

凌纯声和马毅讨论了在西南边疆地区实行边疆教育的必要性和紧迫性。凌氏指出:

> 建设西南边地,发展交通,开发资源固为首要。然对于文

化的建设亦应重视。在过去因西南交通不便,边地教育,本已
不甚发达。且其中有许多非汉民族,多数无教育之可言。彼
等既乏国家观念,又无民族意识。散处边地,易受外人诱惑,
今日为中国人,明日亦可为外国人。朝秦暮楚,不知国家为何
物。对于国防上及安定后方生活危险殊甚。……在此长期抗
战中,国家须尽量发挥其国力,对此千万的西南民族,应从速
施以训练,加紧民族团结,统一民族意志,增强民族抗战力量。
且开发边地资源,亦须与边民取得密切联络,消除民族偏见,
互相合作。……唯有普及边民教育,可以促进全民族休戚相
关精神与生活协作。[167]

全面抗战要求中华民族不分畛域,共同努力,以完成民族解放的伟
大使命,但西南边疆民族国家观念与中华民族意识淡薄甚至缺乏,
不仅危急国防安全,而且不利于组训民众、开发资源。惟有普及边
民教育才能收到积极的效果。马毅探讨了西南苗夷民族的教育问
题。他认为,苗夷历史悠久,分布地域广大,人口众多,在抗战建国
中具有重要地位[168],然而,"他们的每个脑海是纯洁无色体",所以
民族学家大声疾呼:"如果我们不急急替他们染上'青天白日满地
红'的颜色,那敌人便会替他们染上将薄巇巇的'红日'颜色的,这
是多么危险","所以我们要巩固这座堡垒,……然后敌人才不能
攻破,这是国防大事。"[169]正如马先生指出:"外侮日亟谋我方法正
多,……因之推行与改善苗夷同胞之教育,确定目标,订定方案,一
点一滴,切实做去,以教育提高其智识,……实已不容再缓。""苗
夷"在当时为概称,几乎包括所有西南少数民族。

　　可见,民族危机对边疆民族提出了要求,以教育手段培养或强
化边疆民族的国家、民族意识,激发其抗战意志,引导其自动贡献
力量,以完成抗战使命,成为当时要务。

二 边疆教育的目的

前述面对敌人在我国边疆地区的阴谋分化,西南边疆民族却国家、民族意识淡薄或缺乏,容易被敌人迷惑甚至利用。边疆教育的最低目标,即是避免这种惨剧的上演。刘国钧认为,边疆教育的原则之一,是"须确定今后边民教育之目的在唤起边疆民众对于其自身在中华民族中地位之自觉,而能完成其中华民族中之使命,以助国家之发展"。并具体阐述说:

> 中华民国既为境内各民族所共同组成。各民族在中华民国统治之下有平等之权利与义务。则凡境内诸民族均宜互助互信,以靳建设一完美之民国。此诸民族允宜交换其文化,统一其意志而完成一大中华民族,然后方能生存于今后之世界。此当为今后教育之目的,无俟于言者也。然则今后之边疆教育当为扶助各边疆民族自身能力发展之教育。使其生活能渐合于现代之趋势,其经济能合于现代化之机构,其政治能适于现代之竞争。……故于各民族之语言风俗,在教育中不妨保存之,其光荣之历史不妨发挥之,其原有之美德尤宜光大之;使人人自觉其族之可贵;而尤要者在使之觉悟其自身乃中华民族之一员;使之深切感觉其自身之与中华民族休戚相同;使之亲切体会中华民族之可亲可爱;而油然生爱护之心。[170]

刘先生从近代中华民族国家建设的角度,论述了各民族对国家建设与发展的责任与义务,主张通过边疆教育培养边疆民族的中华民族意识,提高边疆民族的自身能力,对具体措施也有所涉及。

马毅则通过对苗夷教育的检讨,认为苗夷教育的目标有以下三个:(1)苗夷朴厚无文,只知有土司,地方官吏,而不知有省府国府,更加边吏贪污残苛,反增怨恨,宜用教育力量,使知国家之组织,宣扬政府德威,诚心拥护领袖,信仰□□[171]主义,启发国家观念,民族精神,养成公忠爱国之德性。(2)纠正古史传说,祛除民族隔阂。教学首应阐解汉族乃黄河流域之土著,非来自帕米尔高原;古之三苗非今之苗族,南方边地之同胞称苗自宋始,黄帝与蚩尤战之三苗,已窜往甘肃北部,诸族名称字之部首皆从犬,从虫、从羊,绝非侮辱,皆系古代氏族部落之图腾标志,自称汉族,乃因汉水,称华因华山以定名,亦非□矜。且"现今之中华民族,自始本非一族,实由多数民族混合而成。"(梁启超《历史上中国民族之观察》)故汉族已成各族混合之国族,所谓民族融合,非强迫同化于汉族。此等传说不阐正清楚,教育愈普遍,引起仇恨愈大。(3)讲解民族主义为国内一切种族之唯一救星,其理论之正确,绝非任何主义口号所能企及[172]。在马先生看来,培养国家观念与民族意识,祛除民族隔阂,加强民族融合,信仰□□□□才是苗夷教育的目标。苗夷教育是中国边疆教育的重要组成部分,而且在缺乏国家、民族意识这一点上,苗夷民族的情况与其他边疆民族相似,所以苗夷教育的目标,在较大程度上也可视为中国边疆教育的目标。

三　边疆教育的现状

　　边疆教育的现状是当时国人关注的焦点,因为只有搞清楚现状,才能谋进一步的改进和完善。对当时整个边疆教育的绩效,马毅认为,"提倡甚缓,目标未定,实施不力,而成效甚少"。对于苗夷教育,他更认为"国家推行苗夷教育已十有余年,仍无任何成功"[173]。吴宗济则以其在云南边地的调查经历指出,与外国教会势力在我国边疆的教育成绩相比,"反观我们的教育边民情形,真是相形见绌"。但吴先生指出:"云南省的实施边地教育,……成绩皆有可观"[174]。

关于边疆教育的现状,时人多有记述和介绍。如吴宗济"以广西和云南为例",认为我国边疆教育与外国教会相比是"学校少,学生少,条件差"[175]。陶云逵也指出:

> 近年来各省教厅对于边民教育均拟有详细计划,广设学校,招来边民子弟,免费入学。但是学校虽多,而学生寥寥,于是学校规定,凡缺课者处以罚金,由学生家长负责。结果边民竟雇请汉人或贫儿代表上课。[176]

陶先生还记录了打拉边疆民族学校的情况:

> 打拉居民只廿余家,其中以怒子为多,古宗次之,汉人则只三家。都姓杨。……此学校系民国廿二年新建,贡山全境,除教堂外,以此学校之建筑为最宏大,……学生现有廿七人。主任教员一人,而历任设治局长均兼点课程。程度为初小至高小。经费由县筹,但地方绅士(实即杨姓等数家),亦多捐助,学生住校,宿食书籍均由学校供给。虽如此待遇而土人仍不愿来读书。

而在怒江,"有些土户,因为政府屡催,为搪塞起见,竟花钱雇人顶替上学。"[177]马毅也指出苗夷教育的某些具体现象,如"苗夷同胞以读书为畏途,视为徭役,常雇人代读"。[178]岑家梧对云南嵩明县的花苗进行调查后记述:嵩明县核桃地之短期小学,只有教师1人,为张明仁君。彼亦系花苗,曾肄业武定县师范学校。在武定洒普山教堂服务多年。小学的经费每年由教会补助50元。学生每年纳学费4元。花苗小学的课程,已完全依照教育部所规定,厉行汉化教育。课本采用商务的小学教科书,教师讲授时,先读汉音,然后用花苗语讲解。然收效并不显著[179]。李景汉对芒市、遮放、猛卯、陇川边地学校的教育情况有非常详细的介绍,如芒市,自有设治局以来,小学逐渐设立,用汉文课本。芒市所辖区内,已有小学十五处。城内有两级小学,成立于民国二十二年。现校长为四老爷方善之先生。夷人教员5个,汉人3组,每日任课2至6小时。学生百余人,内女子十余人,皆在10岁以下。学生不交学费。全年学校经费为国币千元。书籍多为商务复兴课本,如社会,自然,史地等。初小学生之不道汉语者,则由夷人教员用夷语解释。全坝子内之学生共计近500人。其余各地在入学性质与教科书使用方面与芒市基本相同。如遮放城内有夷人小学1处,全校4班,共80人。城内学生50余人。来自外寨者20余人,均为雇来读书性质。每年须给其家中150笸谷,方来就学。书籍亦多为商务复兴课本。经费年约千元。其来源为屠宰税、酒税和染税。若有不足,由土司贴补。猛卯坝子内只有学校两处。一在城内,教员为二夷人,4班学生共15人,均系雇来入学。每年送其家属80笸谷。用书亦多为商务课本。在弄岛地方有省立瑞丽两级小学一处。经费之一部分来自中英庚款。但据调查,恐学生不到10人。但校舍之竹屋甚佳,惜办理不善,致学生人数日少。陇川城内有省立陇川两级小学一处。每年经费2000余元。教员4人。内一为夷人,专教初小之不通汉语者。通汉语者由汉人教之。学生内夷人稍多于汉人。夷人之来读书者,亦多被雇性质[180]。正如同样调查过摆夷民族的江应樑1949年所指出:边区教育,以摆夷活泼的天性,聪颖的资质,较之他种边民实易于接受文化,然而30余年的边地教育,到今天依然无甚成效可言,这确是一个值得研究的问题[181]。梁瓯第根据在川康区对倮㑩的调查,记述了夷生入校的现象:被迫入校,来而复去——凡征调受教之学生,属于此类;朝学暮辍,一曝十寒——凡就地设校之学生,属于此类,学校设于夷村,夷人子弟,虽人数倍多,唯格于民族习俗,不以教育为重;教而不习,每学辄忘——设校于夷人住宅,为教育送上门去之良好办法[182]。

云南德钦地区边疆学校的主要问题是招生困难和经费不足。据和永惠所述:德钦于 1936 年设有省立小学一校,可惜所招的学生几全系街区子弟,外三区的康族子弟,未能收入 1 人,而地方教育经费,年仅有滇币百余元,且曩年街区设有公立小学一校,亦已于 1936 年归并省小。又于 1937 年因得教厅补助义教费滇币 600 元,乃就各区开设短小共 4 校,招收康民就学,然因经费无继,并值匪乱,又归停办。维西第五区则更无教育之可言,初维西省立小学校址,原指定于奔子栏,继因交通不便而他迁。中甸县教育经费,年有青稞 200 石,照地方市价,约值滇币 2000 元,但仅足作教育局及城区县立小学一校之经费,其余地方小学虽办有 20 余校,然皆在江边一境之内,前此康民从未受过教育亦于 1936 年创设省立小学,竭力招收大中甸、小中甸、泥西等境之康民子弟各数十人[183]。

由上所述可知,与外国教会势力对边地民族的教育相比,我国近代边疆教育的总体情况是"学校少,学生少,条件差"。就国内状况而言,较为普遍的现象是,即使是完全免费,对学生仍无吸引力。如用行政命令强迫入校,则多雇人代读。在遮放、猛卯等地,学校甚至还要给家长谷子。即使有少数民族师资,但无乡土教材而使用内地学校课本的话,效果仍然不好。

关于边疆教育失败或成效不大的原因,时人多有分析。刘国钧认为:

> 过去数十年中未尝无注意于边民之教育者,……川省政府于猓猓戎羌各区亦设有专校。中央则自设蒙藏教育司后,耗资数十百万。然而至今日未能收实效者,固由于教育之效力非短期所能见,要亦由于办理之未得其道也。

又说:"往昔之教育不惟以内地之制度行之边民,且以用京沪居民生活为背景之教科书用于羌戎康倮;安得而不失败哉。"[184] 陶云逵也认为,各省边疆教育"学校虽多,学生寥寥"的原因:

> 并非当事人员之不负责,也非教育经费之不充裕,其最大缺点,在所授各课,不能适合当地边民之实际需要。我们只把我们自己的教育制度搬到边地,而未能因地制宜,致遭边民漠视。[185]

吴宗济在承认云南省边地教育"成绩皆有可观"的同时,也认为该省"对于教本的选择,却是个严重问题"。因为"这些民族的语言生活都各不相同,要使他们削足适履的都读商务的复兴教科书,或中华的新课程标准适用教科书,(云南省立小学所用)究竟还有很多的隔阂"。[186] 马毅则就苗夷教育的失败指出:"当局非不提倡,办法非不完善,特无适当之人努力以赴之耳。"[187] 他认为苗夷教育的失败是人才原因,或师资问题。梁瓯第根据在川康区对倮㑩的调查,记述了教师所感觉的几个困难:语言困难、教材困难、生活太苦、人事应付困难[188]。前述嵩明县以苗族教师,采用内地学校所用课本,效果尚且不好,川康区倮㑩教育以不懂倮语的教师,采用内地学校所用课本,加上教师生活困难,且有麻烦的人事应付,其效果自然可想而知。这几个困难都是导致倮㑩教育成绩不好的主要原因。

由上可知,各族的具体情况不仅各不相同,而且都与内地汉族存在较大的差异,搞一刀切,在边地学校使用内地学校所用教本,脱离边地民族生活实际,合格师资缺乏,是造成边疆教育效果不好的普遍原因,也是主要原因,改变的方法是大量培养通习土文土语的师资,迅速编写土文土语的教材。但这一工作难度颇大。云南省教育当局曾顾到这种困难,也主张过以民族语言授课,不过因为"缺乏通习土文土语之教师,及缺乏土文土语之教本,致成效极少",于是以前曾请教育部转函中央研究院要求"派遣民族学语言学专家多人组织考察团,前往滇省作各民族语言文字之调查及研究;及编定汉藏,汉缅,汉苗,汉夷合璧之教科书……"可见特种教科书之编定,多少已为当局所注意。[189]可是,这种工作难度较大,如吴先生指出,"在编定之先,又非详细调查语言不可"。[190]

从边民自身来看,又有诸多原因。

(1)夷人不愿入学的原因。据梁瓯第的调查,川康保偏区夷人子弟不愿入学,故峨边、盐源、屏山诸校,招生困难,发生"汉生多,夷生少"的现象,其原因有下述六项:夷人不愿远出就学,更不愿至汉地受学;夷人生聚有其传统之生活习惯,不感觉教育之必要;夷人子弟在家可协助生产及劳役,出外须照顾其衣食,且生活失一得力帮手;夷汉之间,具有深厚之历史的仇恨心理;夷人对于学校的新习惯,如洗浴以时,使用桌椅,便溺有所等,感觉不惯;夷人接受教育之后,学成归去,英雄无用武之地,且被目为特种人物,有亲汉的嫌疑[191]。概言之,即不愿远出就学、生活无此需要、丧失劳动力、仇汉心理、所学与其生活需要不相适应六大因素使得夷人不愿入学。此外,夷族学生家长对于教育的恶意、怀疑、牟利等态度对夷人学生不愿入学也有较大的消极影响[192]。这是川康区夷人的情况。

(2)经济困难。如马学良、傅玉声在宣威河东营的调查表明,家庭经济困难也是重要原因。他们指出:谈到教育,他们真没有享受的福分。他们是无力进校的,假如他家里有个小孩子的话,他宁可让他去拾狗粪,抓把草,要劝他读书将来的利益是如何如何,那等于空谈。他也未始没有想到这些,不过,生计是根本的问题,饿着肚子去读书,确实办不到。况且,读书还要交学费,书籍文具等等,更是不敢妄想的[193]。

(3)担心要替公家当兵的猜疑心理。如赵晚屏就芒市摆夷的情况指出:"摆夷人民也有不愿意学汉文的,他们怕懂了汉文以后不免便要替公家当兵。因此,在摆夷对于教育的愚昧的反抗以外,还加上了那么一种猜疑的心理。"[194]

(4)没有读书观念。据陶先生在怒江的调查,怒江办学始于清光绪末年夏瑚到贡任事,至陶先生去调查时,已有三十余年,其间自然有中断,或因办事不力,但主要原因还是土人根本没有读书这个观念,苦口劝导,始终不信[195]。

四　边疆教育应有的内容

那么,边疆教育应该包含哪些内容,应以哪些内容为主,才能吸引边地学生,才能满足边地民族的需要呢? 刘国钧认为,边疆教育的内容,应注意:

> 须使教育与边民之生活,尤其经济生活,发生密切之联系,教育须成为生活,本为现代教育之一基本原理。而在边民教育中尤为重要。盖边民生活于艰苦之环境中。其最感迫切者,厥惟如何维持其极单纯之生活,其知识既低,欲望亦少。文化之吸收力,因而亦与物质生活有关者为切易。故欲期望边疆教育之成功,必使边民感觉其所受之教育切实有利于生活之改进。能增进其安乐,减除其痛苦。其所感觉缺乏之物品能制造之。其所希冀之安乐,能满足之。其所畏惧之疾病能祛除之。于是边民乃知受一分教育即得一分实际的利益,自不至视教育为空文,而敷衍以了事也。[196]

陶云逵也说：

> 我们需要一种实验的边疆教育，就地取材，在当地社会日常生活中随时教授，参以新见解，新的生活方法，于不知觉中，逐渐推进，将原来的淘汰，用现代的代替。[197]

边疆教育的内容与边地民族生活相适合的重要性，在成功实施和推行边疆教育中的积极意义，李士逵有更为简明扼要的阐述。他说：

> 教育即生活，亦即需要，故教育之实施，必须适合人民生活之需要。苟其无需，强之不可；苟有所需，禁之不能。[198]

可见，边疆教育的内容必须适合各族生活实际在当时学术界已达成某种共识。而这一共识的具体化，就是教科书问题了。前述刘国钧认为，"边疆学校所用之教材，宜因当地情形，重行编制，各族可以不同。不宜使用内地所编之教科书"。马毅对苗夷教育的建议中也有"编制适合环境之教科书"[199]一项。

以上意见归结为一条，就是培养合格师资，采用土文土语，编写乡土教材，是扭转边疆教育完全失败或成效不大的唯一出路。但要实现这一条并不容易，如陶云逵就明确表示："关于详细办法，边民各社会，应个别设计"[200]。李士逵也表明："执边政者，当痛下决心，慎重将事，深切研究其生活习惯，民性风尚，就其实际，因势利导，锐意图进，方能提高边疆文化，改善边民生活，以尽教育之能事也。"[201]

第五节 跨国移民问题

《西南边疆》所刊文章对云南跨国移民的数量、迁移原因及影响等均有涉及。

一　移民数量

赵晚屏指出,云南边地的跨国移民包括两种类型,一种是个人的和暂时的移民,一种是家庭的和永久的移民。据称芒市的摆夷男子年在 20 岁以上者农事以后便去缅甸,其中十分之四不再归乡。一家有 5 个儿子的,总是留 2 个在家务农,其他 3 个去缅做工。芒市的人民无法谋生的时候便去缅甸,每年去的占总人口的十分之三[202]。这当为平时的情况,至于抗战时期,因国内征兵征工等原因,情况定有所不同。另据周绍模对滇西边地农业人口迁移情况的调查:遮放原有人口约 1300 户,农业者占九成以上,至其调查时已减至 900 户。换言之,遮放农业人口数年之间已逃亡30.75%。陇川为四土司(即潞西之芒市、遮放、瑞丽之猛卯及陇川之陇川土司)区域中农田荒芜成数较大之一区,其农业人口之逃亡,一如潞西之遮放。据总局长常声华君面述该区原有人口有2600 户,至周先生调查时迁居缅甸者达 400 户。陇川居民中的农业者所占比例也在 95% 以上,因此上述居民的迁出,即为农业人口之逃亡,一年之内,其逃亡率达 15.39%。此文系作者 1938 年11 月 5 日至 12 月 20 日参加中央振济委员会滇西边地考察团考察农作物及虫害部分见闻所得之记录,[203] 所以以上人口逃亡数量的统计截止于这段时间。又据张印堂所述:滇西外移之人口,为数颇多,每年结得当出滚弄一路至缅甸之工作人数,约在万人以上。他们多来自祥云、镇南、牟定、保山、昌宁、顺宁等县,皆系霜降后去,清明前归,颇似东北开垦之初期,冀鲁农民春去冬返的季节性移民之情形。前往之人,多到班海充矿工,或任伐木修路及建筑等土木工作[204]。1941 年 10 月,李根源也说:"前岁根源归自西北,与边境人士相接,知边民弃庐舍、背丘墓、襁负其子而往缅越者十人之中已占其四。"[205]

二 迁徙原因

赵晚屏指出,摆夷民族乐于迁徙,是因为摆夷的耕地都是土司衙门所有,他们自己没有土地所有权,所以没有汉人对于土地的重视和安土重迁的观念。而且他们的房屋建筑也比较容易。因此,举家迁移的事在芒市的摆夷人民中并不少见。至于他们为何选择去缅甸而不是去内地,赵先生也有详细的解释:

> 缅甸北境所住的是和芒市摆夷属于同一民族和言语系统的人民。他们有能通的言语,有共同的信仰,有相似的社会关系。在今日缅甸北境的摆夷民族之中,有不少是芒市摆夷的亲族和同乡,他们迁移时不会太孤独没有人照拂。这种优良的条件是他们去汉人内地时所享受不到的。缅甸的统治者最近为谋发展北境的经济,对于开垦的人常给予优惠的待遇,如免费送耕牛一头,免租谷三年。同时,缅甸境内的工人需要大,工资也高。反之,在汉人的境内正满闹着人浮于事的问题,摆夷人民的竞争力量又不如汉人,他们要去汉地一定是失败的。因此,芒市摆夷的移民流都是一面流的而不是交杂的,这是在移民历史上很少见的现象。[206]

可知,血缘、地缘、族缘,加上缅政府的优惠政策,及就业机会多、工资高等,是芒市摆夷人民选择以缅甸为迁徙目的地的主要原因。

前述徐益棠认为,云南西南部分之边民,除卡瓦与喀钦外,则大都较柔和而忠顺。因过于柔顺,大权往往操诸于土司或粮目

（头人、土目）。

> 土司之年青而有新思想者，则留学邻邦，酷慕西化。年老而有旧风度者，则贪婪无已；而地方官吏之贤明干练者，亦未闻有解倒悬登衽席之具体方案。

地方官吏且往往为地方财政关系而加重赋税项目。所有赋税均摊派给平民。

> 不但次数之多，足以扰乱平民平静之生活，而土司与地方官吏两方面之供养，更足使平民终年胼胝，困难绝望。而中间经手人之舞弊中饱，尤在意中。故凡政府有所作为，不论其为设学校、办卫生事业，甚至学术上之普遍调查，询以家庭状况以及经济上之收入与支出，总觉其目的在增加赋税，怀疑百端，莫能安枕。于是相率越境，租田另种，如新店老卡平民之遁入猛康，花龙（均安南境），江城、镇越、平民之逃入猛岛，乌得（均安南境）。[207]

与赵晚屏所述不同，滇南民众迁徙的原因主要是政府赋税繁重，目的地则是邻近的越南。

张印堂所记之滇缅沿边民工则或因抗建时期施行征调与实行征兵，"人民之知识水准过低，故多相率潜逃，缅甸近在咫尺，出境又无限制，人工多一去不返"；或因政府厉行禁烟，滇西"邻近沿边之一般愚民，以大利所在，不肯放弃，多相率迁移，有移至沿边半自治之土司地者，有移往滇缅边地者，继续种植，以收厚利"。[208]

三　影响

赵晚屏就芒市摆夷移民缅甸的情况指出：

移民去得愈多的地方,和本地的关系也愈密切,将来移民所在地的摆夷和本地的摆夷之间有共同的血统,有关切的感情,有相同的文化,而他们中间却隔着一条人为的国界的障碍,这种现象是很危险的。这危险不在摆夷民族自身,因为在两处他们都是被征服者,危险所在的地方是缅甸统治者的野心和汉人边政的办理不善。[209]

实际上,不必等到"将来",如前所述,云南边地的摆夷民族与缅甸北部的居民本为同族,而且还多为亲戚、同乡。这样,两者的关系愈来愈密切倒是必然的。因此,赵先生的担忧并不多余。就赵先生所担忧的"缅甸统治者的野心"来说,正如江应樑所指出的:

讲民族,国界内与国界外所居住的,同是摆夷,他们语言相通,生活习性相同,且互为亲眷,在他们的脑中,并无国家意识,却有摆汉之别,如果有一个外力向他们招手,他们岂不乐于脱离贪官的压窄?暹罗的"泛泰族主义",已足令我们深省了。

再就"汉人边政的办理不善"来看,也如江先生所忧虑的,若任由种种压迫摆夷人民之事实继续存在,则不久的将来,摆夷民族可能走上一条更坏的路,即"边民因对内离心而转向于外,倘遇邻境国家有所企图或野心,则我边疆之锦绣山河,恐将不保。"

周绍模是农业专家,考虑的主要是滇西地区农业人口所占比例较高,农业人口的减少,必然影响农业生产的发展。因此他指出:农业人口的逃亡,"诚影响遮放农业现状之一大因子也"。[210]遮放如此,其他滇西地区亦多难幸免。张印堂则指出,滇缅沿边人工潜逃缅甸:

致过去有利之人工移动,反而变为国家重大之损失,因此滇西路工及一切其他之经济建设事业,人工缺乏,颇难迅速进行。按平时各县,均为田多人少之地;一般农户,尚属富庶;自抗战以来,因抽调壮丁,征募工夫的影响,各地农户皆感不敷分配……

并以禄丰县为例予以具体说明。至于为种烟而迁徙者,其不良影响亦大:

> 在初时沿边夷方,因地旷人稀,欢迎外人移入,极尽提倡之能事,始则须全家移入,方得领地种烟,继则非全寨户口移入,不准入境;然不多时,夷方土司官及缅境土司地,忽感外来之人口若多,不但不能增加生产,且对土人生计有所威胁;乃一变以往之态度,而禁止入境,但终因边陲交错,防不胜防,加以我方征兵征工之繁重,故相率潜逃前往种烟者,仍有加无已。结果边民冲突时起,盗匪丛生,滇缅双方因此而引起之政治纠纷日多,此与我国沿边之一切政治设施及经济建设亦不无影响。[211]

由上所述,云南边地各种移民虽无详细统计,但总数不少。究其原因,有纯粹出于生计的,有因抗战期中逃避征工、征兵的,也有不堪繁重赋税的,还有为种植鸦片谋巨利的。而其影响,可以肯定地说,都是消极的。不是对国防或领土、主权等造成潜在威胁,就是不利于战时国内农业生产,不是导致国内路工及其他经济建设事业之人工缺乏,就是引起政治纠纷,增加沿边政治设施与经济建设等困难。

第六节　边地货币问题

货币是人们日常生活中必不可少的交换物,《西南边疆》所刊文章多系根据调查整理而成,其中也有不少关于当地民众使用货币情况的记载。

一　边民使用货币概况

江应樑指出:清末以来,云南西部诸爨夷区域中通行的货币,除接近内地诸区仍可通用中国货币外,近缅诸地,便完全使用英政府所铸,专使用于南洋印缅的钱币,其单位名曰卢比(Rupee)。江先生并列表介绍了当时腾龙沿边 10 土司境内货币的使用情形,其中,以卢比为主体货币,以滇铸半开银元[212]为附用货币的有遮放、猛板、猛卯、陇川、户撒、腊撒、干崖 7 土司地,以滇铸半开银元为主体货币,以卢比为附用货币的有芒市、盏达和南甸 3 土司地。然后得出"今日流通于爨夷区域中之货币,实在是以英国货币为主体,中国货币除少数地方外,几全不能通行"[213]的结论。江先生考察云南西部爨夷民族地区的时间是在 1937 年和 1938 年冬季[214]。其所说的也自然是这一段时期或此前的情况。张印堂指出:

> 沿边各地,⋯⋯市面上行使之货币,极为复杂。如得党境及顺宁境之耿马地,尚用半开银币,呼曰"花钱"。孟定,户板一带,花钱及卢比混合使用,及至户板以南,则全用卢比。[215]

可知,滇南的情况是越往南,滇铸半开银币的影响越小,在户板以南几近于无,而卢比的影响则反之。据徐益棠所记:"数年以前,滇西使用缅币,滇南使用越币,而拒绝富滇银行以及中央各银行之法币,不独边区之土人如此,即汉人亦复如是。"[216]徐先生所述"数年以前"滇西、滇南使用货币的情况在区域上与前述江先生、张先生记载的基本一致,但指出边区汉人也如此则值得注意。另据李景汉记述:摆夷"土司境内通用之货币为印度缅甸所用银制之'卢比'(Rupee),在芒市亦兼用滇铸半开银元,谓之'现金';与四方孔之铜制钱。国币现亦开始使用。"[217]"通用"表明卢比为主体货币,这与江先生的记述一致。不过据李先生所记,芒市似乎不是以滇铸半开银币为主体货币,且芒市的货币使用情况较为复杂,种类繁多。李先生曾参加 1938 年的"滇西边地考察团",负责社会调查。考察团沿着第一次开通的滇缅公路,从大理下关,经漾濞、永平,过太平埔和黄连埔,过澜沧江功果桥,下保山坝,然后又下怒江桥,翻越高黎贡山到芒市、遮放、猛卯(瑞丽)这三个以傣族和景颇族为主的地区[218]。所以,李先生所述也是考察所得,而且时间与江先生的间隔不久,但仍有不相吻合之处。不过,据赵晚屏记载,"一年以来国币在芒市已经推行得有相当的成效,摆夷的小贩都能听从别人的劝告而接受纸币。以后中央机关去芒市的人员一定增加,他们所带去的国币也一定增加起来,国币在芒市的地位一定日隆"。[219]赵氏此文完成于 1939 年,"一年来国币在芒市已经推行得⋯⋯"说明李景汉所述其 1938 年调查时"国币现亦开始使用"符合实情。赵氏所述还反映了国币在芒市的推行成效。但据江先生所言,最后的效果并不理想。1949 年初,江先生在《摆夷的经济文化生活》一书中指出:

> 十余年来,政府虽多方在边区中推行纸币,但结果纸币仍不能流通于边区,其原因由于摆夷不识汉字,对票面价值不能辨认,往往易受欺骗,奸轨之徒,甚至可用一张肥皂商标来充纸币骗边民使用的;更重要的一个原因是纸币在近十年来每

天在剧烈的贬值,使边地人民不敢轻易的把纸币握在手里。[220]

同样是少数民族地区,四川小凉山的情况与云南边地的又大不相同。据徐益棠调查:"市面辅币极少,……法币信用甚佳。凉山中倮民使用银子,但来雷城交易之倮民,其原住村落已可通行法币。"[221]原因当是云南与英属殖民地接壤,受侵略势力渗透。

二 边民使用外币的原因与危害

关于边民使用外币的原因,以上论者各有分析。江先生根据调查及文献记载,考察了历史以来滇西摆夷民族的货币使用情况,指出:

> 僰夷社会之以海贝为货币,完全是受到邻邦民族的影响,大概在元明以前,僰夷民族与中国的经济关系,不如与南部各民族之复杂密切,故即以南部诸民族间通用的货币为货币,元明而后,中国政治势力直接统治其地,两民族间经济的关系日渐密切,于是,中国的货币——银两及铜钱,乃取海贝之地位而通用于僰夷社会间;清末国家多故,对边地多不暇兼顾……

加上帝国主义势力渗透,僰夷民族又才以外币为主体。

> 僰夷社会上的交易,已知用货币作媒介,这是显示着僰夷民族的社会经济,已离开原始的物物交易阶段而走进货币的商业时期;另方面僰夷社会中通行的货币,都非其本族所有而是借用邻近诸族者,这是显示着僰夷社会的自身,尚不能自成一独立的经济机构;大概看一地方所通用的是某一个邻邦的货币,可以知道这一地方和这一邻邦,经济上必发生着深切的关系。[222]

江先生的分析表明,使用外币还是使用国币,客观上反映着滇西摆夷民族与缅甸及内地经济密切程度关系的消长。

对滇边民族使用外币现象,徐益棠指出:

> 文化低落之民族社会,其货币仅为一种交换需用品之价值标准,其本地生产流行最广之自然物,亦往往可作货币。其观念并不如近代文明国家之复杂。此种缅币与越币之输入与流行,完全发生于彼等生活需要之心理状态上,换言之,即发生于"信仰"之感觉。盖彼等感觉本身生活之依赖于缅越者甚于云南之内地[223]。

也就是说,边地民族对货币的选择是出于生活需要,滇边民众使用外币表明其在生活上对缅越的依赖程度超过云南内地,这一分析与江先生所见略同。

张印堂则将滇边货币的复杂归因于"政治上之紊乱,及管理上之不统一"。[224]

关于边民使用外币的危害或消极影响,江先生认为:"就国家政治的观点上言,是一种耻辱,也是一种危机。"[225]所谓"耻辱",是指国家货币的不统一,因为货币统一是国家统一的突出标志。而所谓"危机",则是僰夷与缅甸经济联系的密切程度超过内地,加上民族因素的作用,很可能会造成国防及主权方面的危机。徐益棠则认为:"昔日言边区问题者,往往谓此种情形,由于帝国主义之经济的侵略。"实则货币的选择主要是基于生活的需要。这表明,徐先生认为边民使用外币与帝国主义侵略无关,自然也不会产生值得担忧的政治后果。张印堂则从经贸往来与经济建设的角度来作出判断,他认为:云南沿边各族使用外币"交易不便,折合困难,此货币不统一之现象,实为沿边贸易上之一大障碍,于沿边之经济建设上,影响亦巨,此亦为沿边应注意重要问题之一"。[226]

《西南边疆》关于边民使用外币的记载主要是关于云南边地的,在区域上集中在滇西与滇南等与英属缅印接壤的地区,虽然使用外币客观上反映的是云南边地民族与邻邦经济联系的密切,但这种以外币为主体货币的使用者为无国家意识或国家意识淡薄的跨界民族,加上野心国家的觊觎,国人对某些消极政治后果的担忧并不多余。

> 边疆尚无统一的币制,且多受外币的操纵,国民经济的损失,每年不知多少。至于杂居西南西北各省边疆各小族,尚多泥守,以货易货的旧规,间或也有使用硬币的,因为缺乏现代货币的知识,每与内地商人交换,吃亏不知多少。所以应如何统一而改良边疆的货币,使国家人民,均受其利,这也是边疆经济问题中的重要问题。[227]

第七节　罂粟种植问题

鸦片在近代中国影响巨大,鸦片问题成为对近代中国危害最大的问题之一。西南边疆是近代时期主要的产烟区。红军长征后,中央势力进入西南各省,开始在西南诸省推行禁政。但是由于种种原因,始终未能根绝。根据《西南边疆》,抗战时期云南、四川、西康等省仍然有种植罂粟,生产鸦片的现象。

周绍模根据在滇西地区的调查指出:鸦片原在禁种之例,惟当局以边地环境特殊,划为缓禁区域,故各司仍多栽植,其栽于平原水田者,以芒市较多,约占2%,遮放次之,约占1% –2%。唯栽于山地者,则各司普遍,其面积不明,但就市上出售者观之,似多来自山地,可知其面积当不亚于平原[228]。马长寿赴四川边地调查后也指出:四川屏山县与云南绥江县隔江想望,县治相距90里。

> 近年屏山禁种鸦片,而各处烟馆则林立。隔江绥江县遍地花,无五谷种。盖鸦片之利,倍蓰五谷。川政禁种不禁吸,云南遂居为奇货矣。又闻近年雷波屏山内部罗夷种烟者亦少。推其原因:罗夷种烟,自吸者少,全为货殖。汉地无烟,夷烟始得居奇,以易粮布。今绥江永善皆种烟,夷烟之价,仅敌五谷(因凉山土不如滇土)。罗夷遂逐渐少种矣。故烟禁弛,夷地种烟少;烟禁紧,夷地种烟多。[229]

这一段话揭示的信息极多,且颇能反映实质问题。川政禁种不禁吸,有市场无货源,雷屏等地罗夷种而不吸,市场靠汉地烟民支持,正好互补。而禁政只能行之于汉地,罗夷遂扩大种罂粟规模。云南绥江等县邻近四川屏山,以种罂粟有暴利可图,遂种烟以供应屏山。"云土"远胜川土,致使雷屏罗夷种罂粟无大利可获,自动缩减,从而达到产烟区的调整。因政府势力在边地民族地区深入不够,禁政无法推行,遂形成"烟禁弛,夷地种烟少;烟禁弛,夷地种烟多"的现象。马先生表示:"愿边政有司注意及之。"[230]确实极有必要。

另外,民众利用各省之间政策的不同,钻政策的空子,也值得注意。李有义在四川西北番地的调查指出,"凡政府势力达不到之地区,鸦片均普遍播种,番民嗜鸦片者甚少。故所有产物尽流入内地。""政府禁烟早成国策。然目前在政府势力未能直达之边区,仍有番民种烟"[231]。所述四川西北番地种烟情形与马先生所述相似,但番民种而不吸,所种鸦片遂流入内地。不过其交易方式之特别,又与前者完全不同。""此种非法贸易完全由地方秘密社会组织所垄断,据说番民之种鸦片亦系由此种人物把持之。因其有严密之组织,并有相当之武力护卫,地方政府对之竟莫之如何,甚或与彼辈合作以求分润。番区因法币不能流通,现银又不易得,贩运其他货物亦甚不便,乃以枪械为鸦片之主要交易品,因而枪械军火源源流入番地。"此种鸦片还在市场上公开贩卖,成为四川西北汉番杂处区杂古脑输出的四大重要货物之一,在贸易数额上占有很大的份量[232]。

西康宁属的情况与四川番地基本相同。孙明经经调查指出:鸦片烟是宁属最大的问题之一,"倮夷多种鸦片以售之汉人,汉人则运枪械以为交换,如是相沿成习。"[233]由此可见,宁属倮夷也是只种不吸的,其供应对象为汉人,交换物为枪械,说明政府势力鞭长莫及、"法币不能流通,现银又不易得,贩运其他货物亦甚不便"的情形,想必也与番区大同小异,只是不知其过程是否也为黑社会所控制。

以上罂粟的种植和鸦片的生产、销售产生了极其恶劣的影响,这种影响不仅在于它破坏国家的禁烟政策的施行,而且更在于它造成治安混乱,开发无门,人力、财力、耕田等的大量浪费。孙先生指出:宁属鸦片区"治安遂日趋破坏,烟民有增无已,故宁属虽人口甚多,倮夷盖成治安之障碍,昭觉全县甚至沦陷。……何谈开发"[234]。李先生则指出:"政府既不能控制此等区域,而任军械源源流入,其潜伏之隐忧□不堪设想,而因此种非法贸易之扩展,正当之贸易反形衰落,……其影响不仅为经济的,对军事与国防亦均有密切之关系也。"李先生还指出:边区种烟之显著影响有三,第一是吸收人力,鸦片烟之种植为集约农作,所需之人工甚多,均因种鸦片收入较多,故弃其正业,而受雇于鸦片之种植,正当货物的生产遂日益减少,第二是吸收资金,因鸦片烟之价值甚高,遂将一部份作正当贸易之资金吸收于此种非法之贸易中,第三是因鸦片烟之种植占去一大部耕田面积,粮食之生产减少,普通番民粮食更感不足,治安也因之不易维持[235]。

综上所述,云南、四川、西康等地种植罂粟者有缓禁区,但多为政府无法控制之番区或倮夷区,他们共同的特点是种而不吸,市场需到汉人区开拓,这与汉人区政府禁种不禁吸的政策刚好互补。尤其是在政府无法控制的区域,这种互补又形成了"烟禁弛,夷地种烟少;烟禁紧,夷地种烟多"的现象。由于地域及鸦片质量的关系,种烟区能实现自动调整。又由于政府权力尚未深入某些少数民族地区,"法币不能流通,现银又不易得,贩运其他货物亦甚不便",以枪械为交易物,遂更加重了问题的严重性。

第八节　边地瘴疟问题

近年来,瘴疟在学术界受到越来越多的关注。然而,对民国时期的瘴疟研究,学术界却知之较少。《西南边疆》所刊关于瘴疟的文章主要讨论了以下几个问题。

一　瘴疟[236]是什么?

瘴疟是什么? 这是所有研究者必须首先搞清楚或试图搞清楚的问题。凌纯声说:"瘴疟,医学上谓之恶性疟疾。"[237]这就是说,从医学上来看,瘴疟就是疟疾,只是属于疟疾中比较严重的一种。熊秉信则指出,通常所谓的"瘴气"不过一统括之名词,实指以下诸种现象而言:(1)谷中升起之五色气体——即虹,(2)打摆子——即疟疾,(3)上吐下泻或腹中作剧痛——即霍乱症或其他肠胃病,(4)晕倒——即中暑。熊氏还对以上现象一一作出分析:

"虹为一种自然之现象,为吾人所习知者。疟疾为蚊虫传染之一种疾病,……中暑亦为习见之病。"[238]熊氏的概括来源于在金河上游的实地调查,当能反映当地的实际。医学出身、又懂得昆虫学、细菌学、生物学,且有长期实地调查经验的后晋修认为:"烟瘴为一种不科学名词,盖普通一般称呼,凡属一种地方病如流行死亡过多,大概皆名之曰烟瘴,……故思茅所谓之烟瘴,即系科学医所称之疟疾及少数之黑水热也。"[239]后氏对一般意义上的烟瘴的认识与熊氏相似,而其烟瘴的概念虽据思茅一地所概括,但仍与凌氏的基本相同。张印堂则指出:"瘴气不过是一种恶性疟疾。"[240]对瘴气的认识与凌氏一致。

由上所述可知,"瘴疟"、"瘴气"、"烟瘴"所指相同,三者可以互换,它们都是边地民众对造成死亡过多的流行的地方病的指称。这些地方病包括熊氏据金河上游调查所总结的疟疾、肠胃病、中暑(按:"虹"为自然现象,可以不论),及后氏就思茅一地所见到的疟疾、黑水热等等的统称或一般称呼。由于边地民众对这些病的实质并不清楚,这三个名词当然谈不上科学。以当时的医学水平来看,它实际上就是疟疾,只不过比一般疟疾更为严重,属于恶性疟疾。

二　瘴疟的成因

那么,导致瘴疟的原因有哪些呢?孙宕越根据 1936 年 3 月巴黎出版的《地理》杂志所载 Maurice Le Lannon 氏著之《疟疾与地理》一文大意,及其他书史所载有关诸说,并补以己见后指出:瘴疟导源于人类或兽类血中的疟菌,传布疟菌者为疟蚊。然疟蚊之滋生,受种种自然条件之限制。最要者,为温度。在摄氏表 14°,疟蚊绝无发生之可能。唯自 16° 以上,乃能蕃育,24° 后最盛,然至

30°后复衰减。是故疟疾能在赤道南北最热月为摄氏 16°之二等温线内见之。另外,雨量影响于疟蚊之发育,亦甚巨。因疟蚊多生于沼泽低洼地。雨量丰,积水地必增加。热带夏季洪雨,与雨后高温,为害尤烈。故夏雨特多之年,疟祸特彰。还有,积水为蚊虫之渊薮,而一区排水之良苦,视该区地形与土性而不同。低洼地,与不透水土层区,积潦不易排泄故受害最深。植物虽宜于吸收积水,有时又不尽然。盖林去而积水沼增也。然在热带区,率林密而叶茂,叶间积水,反利于疟蚊之滋生。总之,在热带地区或副热带地区,新土之占领与拓殖,森林之砍伐,公路铁道之建筑,常足引起瘴祸,农事最进步区,亦必为疟区[241]。

　　凌纯声也认为:疟疾导源于人类或兽类血中的疟菌,传布疟菌者为疟蚊。疟蚊的滋生与温度最有关系。其次,雨量影响于疟蚊之发育亦甚巨。复次,地形对于瘴疟亦有关系。再次,一地之成为瘴区亦与土壤有关。黏土上层亦生瘴疠,如在火山榕岩上则否。又冲积平原,常多疟祸。此外植物对于瘴疟亦颇有影响,林下湿地多为疟蚊栖息之所,又在热带或亚热带之区,林茂叶密,叶间积水,常利于疟蚊的滋生。最后在结论中指出:"一地之成为瘴区,地形与气候为其主要的原因。"[242]

　　不难发现,前引孙宕越文所述已被凌纯声全盘接受,凌氏《孟定——滇边一个瘴区的地理研究》一文对瘴疟形成原因的认识与上引孙文相同处甚多,不同处也几乎仅在于对孙氏层次不清、观点不够鲜明的论述作了提炼和概括。凌氏《云南民族之地理分布》与孙宕越《疟疾与地理》同时发表在《地理学报》第三卷第三期[243],而且凌文就在孙文之前,证明凌氏见过孙氏此文。孙宕越文还影响到张印堂。张氏指出:瘴气之由来,与地势气候等均有密切之关系,因疟蚊之滋生,与温度关系最大,在摄氏 14°以下,疟蚊决无滋生之可能,须在 16°以上,方能蕃殖,以 24°以上为最盛,然至 30°以上则又渐衰减[244]。1933 年中国地理学会成立,张印堂为理事之一。1934 年 9 月该会创办《地理学报》。张印堂曾在该刊发表论文[245]。所以张先生对《地理学报》应有关注,当见过孙宕越文。其关于温度的具体论述,与前引孙宕越文所述,连字词标点都几乎完全相同,可证明它来源于孙宕越文。

熊秉信也认为,"疟疾为蚊虫传染之一种疾病"[246]。而后晋修所述疟疾的传染方法,实即疟疾形成的原因。他说:

> 按疟疾之传染方法,系由疟蚊吸吮疟疾患者之血,血内之疟原虫之雌雄生殖体,偕蚊身内受精发育分裂,终至蚊之口涎内亦均含有之。当蚊吸血时,先将口涎吐出使局部充血及防血凝固易于吸取,故在该蚊第二次吸吮其他健康人之血时,其口涎内之疟原虫即传给此健康人而得疟疾矣。[247]

很明显,后氏所述实即疟疾系疟蚊所传的详细说明。

由上所述,疟疾系疟蚊传染疟菌所致。而疟蚊的滋生与发育与一地的温度、雨量、地形、土性、植物等自然因素密切相关。也即是说,从地理学的观点来看,疟疾的形成与以上自然因素关系紧密。至于疟蚊传染疟菌,详细过程是这样的:疟蚊吸吮疟疾患者的血后,所吸血内的疟原虫之雌雄生殖体在蚊身内受精发育分裂,结果使疟蚊口涎内也含有疟原虫。因疟蚊吸血时,总是先将口涎吐出以使局部充血及防血凝固易于吸取,所以当吸吮过患者之血的疟蚊再吸吮其他健康人的血时,其先吐出的口涎内所含之疟原虫即传给此健康人,使之得疟疾。

三 瘴疟的消除办法

由于地理环境的关系,瘴疟既难以避免,那么,探求消除办法就成了必然的选择。孙氏指出：

> 疟疾根源之肃清，一再研思，知今日尚非其时。然根据既往种种经验，吾人更瞭然疟疾与人事一切相互关系，诚非简单。人与自然间之原有关系，稍或更改，皆足以造成疟祸传播之良机。人绩之废弛；与中辍，其害弥彰。人绩愈周愈继续，则害递减。

孙氏还进一步说：

> 人之利用自然，在其初也，每足以引起严重之疟患。然苟行之不懈，人与自然，日趋调洽，而疟祸胥消于无形。故其症结处，在谋人与自然之关系，早臻稳定。[248]

作者从人与自然关系的角度，指出在开发与利用自然中总会引起或遇到瘴疟问题，但如有周密计划，做到周密防范，并能持之以恒，使人与自然的关系逐渐臻于稳定的话，则消除瘴疟不是问题。

凌纯声则认为，瘴疟的形成原因既为地理因素，如人工能改造地理环境，即可消除瘴疟而变烟瘴之地为繁盛区域。但在开发瘴疠之初，如计划未能周详，或反能引起更厉的瘴疟。又瘴疟已经绝迹之区，或因防疟工作之疏懈，或因天灾人祸之流行，瘴疟又能重新发生。唯人工对于一地之气温与雨量，殊无改造之能力。人力所能做的工作，如改良排水系统，干涸沼泽，砍伐林木，开垦荒芜之地，变成田园，均可使疟蚊无滋生的渊薮。但有时野外之沼泽虽尽涸竭，而疟蚊常能转移尾舍沟渠之中，以藏其蕃息的种类。故开发瘴区，须有整个的清洁运动，郊野与村落同时并进，方能得根本解决。又牲畜常能传播瘴疟，因畜群日间放牧于低洼沼泽之区，晚则满载疟蚊而归农村，如人畜同居则疟祸传播甚速。故在瘴区之中，尤须扩充村舍，使人居上，与畜栏各不相属，亦可避免疟祸。以上所述,多为消灭瘴疠的根本要图,再加以近代之医药设备,或事前预防,常服金鸡纳霜。疟病如一旦发生,立即疗治,不使其蔓延传染。行之既久,瘴疟自能消灭。然又须注意瘴疟虽已绝迹之地,而瘴区之地理环境仍旧存在,预防工作不可稍懈。否则,疟祸立即复现[249]。

后晋修认为:"疟疾之危害并非不可防治者。""如一面治疗减少病源,一面灭蚊断绝媒介,同时再促进卫生教育,改善环境卫生,则无有不收效。"最后又分治标与治本两方面详细介绍抗疟方法[250]。张印堂认为,滇缅沿边的瘴疟问题"可藉助于砍伐森林,开垦荒芜,疏通水管薮泽,广施医药,改良饮食起居,添增卫生设备等,而渐以消除"。[251]

以上建议,孙氏的较为宏观,凌纯声、后晋修的较为具体。总的来说,就是靠人力就足以消除瘴疟。

四 云南边地瘴疟产生的具体原因

与中原人士一向视云南为蛮荒之地,望而生畏一样,滇中人士也视边地瘴区为"夷方",或"烟瘴区","视之为死窟,畏之若水火。"[252]但详情如何呢,有必要介绍一下当时的研究。

凌纯声的研究以孟定为中心,他分析了孟定的地形、气候、人文等因素,指出孟定的这三种自然条件均适合疟蚊的滋生与发育。地形方面,"孟定在本流域之中,地势最低,故烟瘴尤烈"。气候方面:

> 气温在二十四度以上者,一年中有四五六七八九六个月,最适宜于疟蚊之蕃殖。其余六个月,亦均在十六度以上,疟蚊多能生存,且全年各月最高气温,多在三十度左右,……故孟定气候,终年多利于疟蚊之滋生与蕃育,不过夏秋雨季瘴疟更

甚,冬春干季稍衰而已。

人文方面:

> 村寨四周林木阴森□草茂密,沟渠不修,积潦污浊,多为
> 瘴毒藏区之处。……旱摆夷多居平房,住屋连接畜栏。人畜
> 同居。均易于传染瘴疟。因摆夷多畜牛群,日间放牧野外,夜
> 晚如带有疟蚊归来,即传染于人。……公共卫生太不讲究,村
> 中牛粪满地。……又村中无厕所,男女在宅后寨边,随处便
> 溺;骤雨之后,如继以高温,则秽气蒸腾,易使人病。摆夷无论
> 冬夏,多饮冷水,好吃生果。……二者之中,多有疟原虫寄生。
> 又摆夷虽为从事于农业的民族,然尚未进至高级农业。……
> 不知凿渠灌溉,排水系统不良。积水的沼泽泥塘甚多,蚊蚴生
> 聚其中。南汀河又无一定河道,每遇雨水较多,两岸尽成泽
> 国,氾滥之地,任其荒芜。坝中道路亦不修筑。干季路线或在
> 河岸或行河底。一至雨天,泥塘深陷,路断人稀。所以在夏秋
> 雨季,疟蚊到处可以繁殖,疟祸更烈。[253]

至于思茅地区瘴疟的形成,后晋修总结如下:(1)思茅属于热带,地理上接近缅越等疟疾区域,其天然之地形环境又适于安那斐雷蚊滋生,若有适当机会极易引起疟疾流行。(2)思茅人民之生活习惯,生活环境,使安那斐雷蚊易与人类接触,传播疟疾之机会颇多。(3)思茅数次兵役,及商旅之来往集中,为促成疟疾流行之原因[254]。张凤岐提到,车里疟疾的流行"完全因为土地未利用,人工未开发,一切均尚保存着天然的原始的形态。就在那原始的森林中,存在着热带性的疟蚊种子。最可注意的是病瘴的传播与土著民族的习性大有关系"。张先生并提到其做过社会调查的元江县属的白合族居住的坝哈寨"论地势不为低,但村中太不讲卫生,

牛溲马渤,遍屋皆是,无一间房屋可以终宵度宿者。人亦任意便溺。因此疟蚊发生"。[255]对滇缅沿边瘴疟的形成,张印堂指出主要是温度和卫生所致。他说:"滇缅沿边温度不幸常在十六度以上,故宜于疟蚊之生长,且因地势低下,气候湿热,水道不畅,故蚊虫特多;人民又无卫生设备,故常罹恶性之疟疾。"[256]后晋修所谓的"生活习惯"、"生活环境",及张印堂所谓的"土族民族的习性"、"卫生"等,均可归属于凌纯声说的人文因素。可见,他们所述关于地区瘴疟成因的总结,基本上未超出凌纯声概括的气候、地形、人文三个方面。

五　瘴疟对云南边地的危害

瘴疟对云南边地的危害由来已久,但在较长一段历史时期内似乎都未见到有真切、客观的揭示,抗战时期因为大批学者的到来及其深入调查的展开,情况才有较大的改变。关于瘴疟对云南边地的危害,最直接也是最大的危害是造成人口的大量死亡。后晋修说:"即以云南思茅而言,流行十数年,居民死亡在三分之二以上,多数村落及区段,竟成为灭种之境。其死亡之惨烈骇人听闻。"[257]张凤岐又指出:元江县城"居民百分之七十的血液中染有疟疾细菌。元江人口较诸十年前是减少百分之四十。""思普顺云的病疫是异常猛烈的。它吞吃了每县人口几乎三分之一。"1935年,"普洱城内死者七百余人。四邻二千余人。最近两年,病势蔓延如故"。1937年春:

> 作者参加中英勘界归途中,顺宁县和云县已经是瘴疟肆虐的中心地点。云县的人口死亡尤其可惊。每天城内平均约死三十人到四十人,四乡亦然。本年七月二十五日至九月六日的四十天中,罹疟疫而死的是五百零六人。

为此,张氏发出了"瘴疟是云南人口的最大敌人"、"要开发先要救人命"[258]等呼吁。张印堂则通告:云县以南之河谷低坝:如蒙撒坝、孟定坝、户板坝、孟底坝、孟黑坝、镇康坝、遮放坝、芒市坝等滇缅沿边地区常患恶性疟疾,"死亡日增,人咸畏之"。"云县原有十五万人口,在近五年内,因疟瘟而死亡者,在三分之一以上,城内在二十七年有四千人,当年因疟瘟而死者,即在一千五百人以上,城东二十公里之孟浪村(现名茂兰)对内有三百户",1938年"死绝之人家,竟达七十户以上"。1940年,作者到云县城时:

> 见人烟甚稀少,远不如昆明附近之村镇之繁荣,且市面人民均面黄肌瘦,十之八九,穿白带孝,户户均帖蓝白丧联,景象至为凄惨,偶有少数结婚红联,据闻系恐子嗣断绝而提前结婚者。由此可见恶性疟疾为害之烈,确有过于洪水猛兽。滇缅间之贸易,一向限于冬季,大约均系霜降后去,清明前归,每至雨季,无人往来![259]

据张凤岐所述,思茅"田园荒芜。鸦乌不居,……以迆南商务,政治,文化中心地的思茅,昔日全县人口约两万户,连年惨遭时疫,今竟仅留其十分之一! 这不仅是思茅一县的浩劫,而直是整个滇南的大不幸"。"而最不幸者:是瘴疟之为边民患,并不限于滇南的大墟镇如思普元江;而是蔓延到整个的内地"。[260]

综上所述,《西南边疆》杂志所载论文对近代瘴疟及其在云南的情况作了比较深入的调查研究。前述孙宕越《疟疾与地理》一文对凌纯声、张印堂、张凤岐等均有影响,因孙文所引文献全是外文,较大程度上是对外国学者研究成果与观点的介绍。凌纯声等吸收他们的观点与结论,用以指导对云南瘴疟的研究,表明《西南边疆》关于瘴疟及其在云南的情况的研究具有国际性的价值。不足在于,未能根据云南的具体情况对所引入的研究作出修正,基本上限于在引入框架内进行探讨。另外,就是未能对瘴气、瘴疟、烟瘴等基本概念作出清楚的区分。不过,考虑到在此后的较长时期内,学术界对这三个概念仍常混淆使用,直到21世纪初周琼教授才对之作出清晰的界定和区分[261],对前人也就不能过于苛求了。

鲜为人知的是,《西南边疆》关于瘴疟的研究为张凤岐后来撰写《云南史地辑要》[262]第四篇《云南边务》第九章"云南之疟瘴"奠定了基础,该章分"云南疟区"、"病因"、"疟蚊产生之条件"、"病状及治疗"四个部分,所述受以上研究的影响甚为明显。

第九节 边地外国教会势力问题

鸦片战争以后,西方势力东进,各资本主义国家开始在我国边疆各地兴风作浪。其中,危害西南最早、最深、最久的都是英、法列强。两国教会势力在其中又扮演着重要角色。英法教会势力在西南边疆的活动既由来已久,其引起时人注意也就在所难免。《西南边疆》所刊文章记载的主要是他们在云南边地的活动情况,包括所建学校、教堂、福音宣讲所、信教人数、教民信教原因、教会传教方式、礼拜仪式、教会在当地教民中的威信等。

吴宗济调查记述了卡瓦山和罗黑山的学校和福音宣讲所及教民的数量:就西南一隅而论,在云南的澜沧,车里等地,以及滇越铁路的沿线,英法教士早已做了几十年的文化侵略工作。在卡瓦山一带,就有学校17所,福音宣讲所90处。在罗黑山一带有学校14所,福音宣讲所136处。这几处的教民至少都有三四万人,他们不但使工作人员的生活安定,而且还供给学生的衣服书籍文具[263]。

芮逸夫也在调查中目睹了传教势力在云南边地的教育状况。他在 1935 年冬及 1936 年春旅行云南西南边地的时候,曾在澜沧、双江诸县属及猛角董、耿马诸土司地的深山村寨中,目击范义田所述的教会教育的实况。而所见用罗马字拼音的夷文书籍,则除摆夷文及罗黑文外,尚有卡侵、卡瓦及栗粟等等。芮先生不得不惊叹西洋教士传教之得法[264]。

1935 年 8 月 29 日,陶云逵在调查日记中提到古宗村的情况:

> 此村居民有四十家,……此间有一天主教堂,非常壮丽,……初建于一八八九,渐次扩充,材料人工多自剑川县运去。本村信教者有三分之二,因信教,政府官吏不敢来向他们取税,有此优点,信教的渐多起来。

9 月 10 日,陶先生抵达从德,又见一"建筑宏状之天主教堂"。陶先生颇为吃惊:"不意在此边荒,竟有如是壮丽之建筑,不但土人目之为奇迹,吾亦钦佩教士精力之伟大。"又介绍了其建筑情况及布局、陈设、教民数量等:

> 建筑费时三年,恰好今天刚刚完成,工人是由剑川请来。全个教堂,成为方形,大四合院,两旁住楼,礼拜堂居中,甚高大,自底到塔峰尖端约有七八丈高。礼拜堂可容五百人。主龛陈设异常辉煌眩目。……可惜各大教堂,且已开办三十年,至今教友只十余人。[265]

关于教会的传教方式,方国瑜在倮黑山调查时曾赴巴比寨往访湖南老人,问及"传教师劝诱倮黑入教有何法术",老人回答:

> 传教师称洋人与倮黑原是一家,洋人为舅父之子,倮黑为姑妈之子,同居西方。后倮黑始迁来东方,与汉人本无关系,

辟土耕种,亦非中国之地;若不忘祖宗,则不能从汉教,应从西
方教,西方人要信上帝,不信鬼,不祀祖,今尚有倮黑住在西
方者。

不过,这一套并非总是有奏效。

关于信教的好处及教会在地方上的威权,方先生也有记述。
在倮黑山之大拉巴寨,寨中有教堂,村中男妇老幼都入教,唯头目
不信教。方先生询问"信教何益?"妇人回答说:"不信教则信鬼,
有疾病死亡则跳鬼说咒,酒肉之费不赀,教堂中礼拜则清高甚;且
入教则不饮酒,不赌博,不吸鸦片,不作其他坏事。此入教之益
也。"方先生又向土人验证,"询土人云:寨中有嗜酒者否? 曰:无
之。有吸食鸦片者否? 曰:无之。且谓我寨无种鸦片者,问何故。
曰教堂所不许也。近年鸦片价昂,种之可牟大利。然非教堂所许,
不敢为也。"不仅土人的回答证明教民所言不假,而且方先生途程
所见,亦确实如此。"倮黑山以鸦片著称,余等适春间行经其境,
山谷中一片嫩绿,虽高山危岩之巅,亦有辟者,每年思茅普洱商人
数百成群而至,固厚利之所在。而基督教徒所不为;后过倮黑寨,
审附近种鸦片否,即知寨中有无教堂"。方先生因此而深有感触,
感叹"教会之支配土人者若此,其势力诚不可诬也"。[266]

方先生还记述了木戛倮黑民众不信外教的原因。在木戛,所
属多倮黑,懦弱不敢战,而西界则粗暴之野卡瓦,时来抢杀,倮黑莫
可谁何,自后始有汉人,以守边驻兵于此,成化镇壮丁皆隶军籍,无
事力田,有警则出兵,倮黑山西防重镇也。时任队长者田君,颇知
兵法,卡瓦众亦畏之,数年无战事。尽管基督教四出宣传,谓既入
洋教,即为洋百姓,不能受中国官吏之管辖,所谓不管辖者,诉讼案
件不告汉官,税课不纳,调遣不理。然在此区,为领袖之汉人,能以
大义开导,屡出死力制服卡瓦,所收倮黑寨之税课亦甚轻微,以此

等事实,胜过基督教之怂恿,故得倮黑民众之信服[267]。

陶云逵在从德天主教堂见过法国传教士的礼拜仪式,发现其跟喇嘛教类似:

> 每日晨夕作礼拜两次,作礼拜时,司铎披白缎镶金丝花边之礼服并高冠。举止庄严,礼节繁重。颇带些神秘性。天主教仪式本甚繁琐,而一日两礼拜,则未之见。此盖啦嘛教之习惯。诸种行动,颇类我在中甸,丽江时,啦嘛寺中所见。

陶先生因此推测,"此或许是康滇天主教因地制宜的意思,特别模仿喇嘛以诱信佛之土人入教"。但经营三十年,教友仍不多。原因当在于喇嘛教的关系。前述在古宗村,虽然信天主教有诸多"优点",该村居民四十家有三分之二入教,"但因有喇嘛教的努力,所以还有一部分不信"。[268]据此,有无宗教信仰对基督教的态度是大不一样的。

可见,尽管英法传教士在云南边地经营已久,经验丰富,但其目的并非总能达到,不同地区、不同民族、是否敬祖、有无宗教信仰、汉夷关系如何等等,都是重要的影响因子。

注　　释

1　见《西南边疆》创刊号底封里页左下角。

2　15　16　39　42　60　94　121　载《西南边疆》创刊号,1938 年 10 月。

3　18　19　54　95　载《西南边疆》第二期,1938 年 11 月。

4　20　37　47　66　93　112　载《西南边疆》第七期,1939 年 10 月。

5　13　33　34　38　97　99　载《西南边疆》第九期,1940 年 4 月。

6　48　86　90　102　113　载《西南边疆》第十二期,1941 年 5 月 30 日。

7　8　22　35　63　105　119　125　22　104　105　119　125　载《西南边疆》第十五期,1942 年 5 月。

9 36 65 68 70 96 载《西南边疆》第六期,1939 年 5 月。

10 12 52 62 91 101 载《西南边疆》第十一期,1940 年 9 月。

11 14 30 75 106 120 载《西南边疆》第十六期,1942 年 12 月。

17 23 26 40 41 69 载《西南边疆》第三期,1938 年 12 月。

21 45 74 76 79 114 115 117 载《西南边疆》第十三期,1941 年 9 月。

24 55 84 89 122 载《西南边疆》第四期,1939 年 1 月。

25 46 64 77 111 123 载《西南边疆》第五期,1939 年 3 月。

27 44 56 57 100 载《西南边疆》第十期,1940 年 7 月。

28 29 87 103 118 124 126 载《西南边疆》第十四期,1942 年 1 月。

31 78 载《西南边疆》第十八期,1944 年 6 月。

32 53 71 72 73 81 85 98 载《西南边疆》第八期,1940 年 3 月。

43 载《西南边疆》第二期,1938 年 11 月。按:原文为"何瑭",应为"何塘"。

58 载《西南边疆》第四期,1939 年 1 月。按:丘氏另有《云南灌溉问题》刊于《云南建设》第一期(1945 年)。后有专著《云南水利问题》出版。

59 载《西南边疆》第五期,1939 年 3 月。

61 88 载《西南边疆》第二期,1938 年 11 月。

67 载《西南边疆》第十二期,1941 年 5 月 30 日。按:胡先生另有《粤北山排住民的宗教观》刊于《新建设》第 1 卷第 11 期(1940 年),《粤北山排住民(瑶)之谈论》刊于《建设研究》第四卷第一期(1940 年)。

80 153 载《西南边疆》第十五期,1942 年 5 月。按:李先生另有《杂古脑喇嘛寺的经济教育组织》一文发表于《边政公论》第一卷第九、十期合刊,1942 年 5 月 10 日。

82 载《西南边疆》第十二期,1941 年 5 月 30 日。

83 载《西南边疆》第十四期,1942 年 1 月。

92 116 载《西南边疆》第六期,1939 年 5 月。

101 载《西南边疆》第十一期,1940 年 9 月。

107 载《西南边疆》第十七期,1943 年 6 月。

108 载《西南边疆》第十八期,1944 年 6 月。按:李先生另有《云南阿墩子——一个汉藏贸易要地》,载《东方杂志》第四十卷第十六号,1944 年 8 月 30 日。

109 载《西南边疆》第三期,1938 年 12 月。

110 载《西南边疆》第四期,1939 年 1 月。

127　134　李景汉:《摆夷人民之生活程度与社会组织》,载《西南边疆》第十一期,1940年9月。

128　146　147　149　207　216　223　徐益棠:《立信——云南边区建设之初步》,载《西南边疆》第十八期,1944年6月。

129　130　131　141　江应樑著:《摆夷的经济文化生活》,云南人民出版社2009年7月版,第260、260—261、260、259、259页。

132　方国瑜:《卡瓦山闻见记》,载《西南边疆》第十期,1940年7月。

133　135　方国瑜:《裸黑山旅行记(一)》,载《西南边疆》第十五期,1942年5月。

136　徐益棠:《雷波小凉山倮族调查》,载《西南边疆》第十三期,1941年9月。

137　138　154　156　马松龄:《四川边地行纪》,载《西南边疆》第九期,1940年4月。

139　陶云逵:《开化边民问题》,载《西南边疆》第十期,1940年7月。

140　尹子建:《滇西野人山纪实》,载《西南边疆》第十六期,1942年12月。

142　江应樑:《云南西部僰夷民族之经济社会》,载《西南边疆》创刊号,1938年10月。

143　144　152　160　163　陶云逵:《俅江纪程(续第十二期)》,载《西南边疆》第十四期,1942年1月。

145　按:原文为"毒龙江",今改。

148　150　江应樑:《云南西部僰夷民族之经济社会》,载《西南边疆》创刊号,1938年10月。同样赴滇西摆夷地区调查的李景汉先生明确指出:向汉人借钱时,每月利息多按三分计算。在春季青黄不接,经济窘迫时,亦有借贷者,出借者多为汉人。多于春季借钱而秋季还谷,利息颇重,有多至一倍者。亦有向亲属借米谷者,多无利息。参见李景汉《摆夷人民之生活程度与社会组织》,载《西南边疆》第十一期,1940年9月。

151　177　195　265　268　陶云逵:《俅江纪程》,载《西南边疆》第十二期,1942年5月30日。

153　231　232　235　李有义:《杂古脑的汉番贸易》,载《西南边疆》第十五期,1942年5月。

155　158　161　徐益棠:《雷波小凉山倮族调查》,载《西南边疆》第十三期,1941年9月。

164　田正平先生等主张从"教育现代转型中的边疆教育"、"近代国家构建情景中的边疆教育"和"中央—地方互动中的边疆教育"三个维度来考察近代边疆教育,力求体现近代教育内部的逻辑发展、时代主题、近代中国特殊的政治环境对边疆教育的影响(田正平 张建中:《对近代边疆教育研究的思考》,载《西北师大学报(社会科学版)》2009 年第 3 期,第 71 页)。笔者完全赞同田先生等的看法,同时,笔者以为,反过来说同样不无道理。

165 郑鹤声:《我国边疆教育之计划与设施(上)》,《教育杂志》第二十六卷第五期,1936 年。

166 王兴瑞:《中国国民党国内民族政策研究》,载《民族文化》创刊号,1938 年 8 月 1 日。

167 凌民复:《建设西南边疆的重要》,载《西南边疆》第二期,1938 年 11 月。

168 172 173 178 187 199 马毅:《苗夷教育之检讨与建议》,载《西南边疆》第七期,1939 年 10 月。

169 吴修勤:《怎样训练苗夷的干部》,载《社会研究》第三十五期,1941 年 8 月 18 日。

170 184 196 刘国钧:《今后边疆教育应取之方针》,载《西南边疆》第十三期,1941 年 9 月。

171 按:史料中字迹模糊而无法辨认者,一律以□代替,下同。

174 175 189 190 吴宗济:《调查西南民族语言管见》,载《西南边疆》创刊号,1938 年 10 月。

176 185 186 197 200 陶云逵:《开化边民问题》,载《西南边疆》第十期,1940 年 7 月。

179 岑家梧:《云南嵩明县之花苗》,载《西南边疆》第八期,1940 年 3 月。

180 李景汉:《摆夷人民之生活程度与社会组织》,载《西南边疆》第十一期,1940 年 9 月。

181 江应樑著:《摆夷的经济文化生活》,云南人民出版社 2009 年 7 月版,第 251 页。

182 188 191 192 梁瓯第:《川康区保倮之教育》,载《西南边疆》第十五期,1942 年 5 月。

183 和永惠:《云南西北之康族》,载《西南边疆》第八期,1940 年 3 月。

193 马绍房 傅玉声:《宣威河东营调查记》,载《西南边疆》第八期,1940 年 3 月。

194 202 206 209 赵晓屏:《芒市摆夷的汉化程度(续)》,载《西南边疆》第七期,1939 年 10 月。

198 201 李士逵:《大凉山边民教育之改进》,载《边疆服务》第十一期,1946 年 9 月。

203 210 周绍模:《滇西边地农业现状及其发展的可能》,载《西南边疆》第十期,1940年7月。

204 208 211 张印堂:《滇缅沿边问题》,载《西南边疆》第十二期,1941年5月30日。

205 李根源:《上将委员长请筹设西南边疆文化研究机关书》,《永昌府文征·文录》卷三十民十二,云南美术出版社2001年版,第3077页。

212 民初,白银废用,滇铸的半开银币(即两枚银币价值一元),乃成为边地的主要货币。参见江应樑著:《摆夷的经济文化生活》,云南人民出版社2009年7月版,第169页。

213 222 江应樑:《云南西部㑩夷民族之经济社会》,载《西南边疆》创刊号,1938年10月。

214 江应樑著:《摆夷的经济文化生活·序》,云南人民出版社2009年7月版,第1页。

215 240 244 251 252 256 259 张印堂:《滇缅沿边问题》,载《西南边疆》第十二期,1941年5月30日。

217 李景汉:《摆夷人民之生活程度与社会组织》,载《西南边疆》第十一期,1940年9月。

218 吴征镒:《国家十分重视基础科学的研究》,本书编委会编:《科技兴邦:中国著名科学家访谈录》,中国大百科全书出版社2008年版,第144页。

219 赵晚屏:《芒市摆夷的汉化程度(续)》,载《西南边疆》第七期,1939年10月。

220 江应樑著:《摆夷的经济文化生活》,云南人民出版社2009年7月版,第169页。

221 徐益棠:《雷波小凉山倮族调查》,载《西南边疆》第十三期,1941年9月。

224 张印堂:《滇缅沿边问题》,载《西南边疆》第十二期,1941年5月30日。

225 江应樑:《云南西部㑩夷民族之经济社会》,载《西南边疆》创刊号,1938年10月。

226 张印堂:《滇缅沿边问题》,载《西南边疆》第十二期,1941年5月30日。

227 袁同畴:《边疆问题之认识与检讨》,载《青年中国季刊》第一卷第二期,1940年1月。

228 周绍模:《滇西边地农业现状及其发展的可能》,载《西南边疆》第十期,1940年7月。

229 230 马松龄:《四川边地行纪》,载《西南边疆》第九期,1940年4月。

233 234 孙明经:《开发西康之意义及其途径》,载《西南边疆》第十四期,1942年1月。

236 按："瘴疟"在当时也即"烟瘴"或"瘴气"。

237 242 249 253 凌纯声：《孟定——滇边一个瘴区的地理研究》，载《西南边疆》
    创刊号，1938 年 10 月。

238 247 熊秉信：《云南金河上游之地文与人文》，载《西南边疆》创刊号，1938 年
    10 月。

239 247 250 254 257 后晋修：《思茅之疟疾及其流行之初步研究》，载《西南边
    疆》第三期，1938 年 12 月。

241 248 孙宕越：《疟疾与地理》，载《地理学报》第三卷第三期，1936 年 9 月。

243 1936 年 9 月。

245 沈文冲：《中国地理学会编辑印行〈地理学报〉》，沈文冲著：《民国书刊鉴藏录》，
    上海远东出版社 2007 年版，第 50 页。

255 258 260 张凤岐：《瘴疟与云南人口》，载《西南边疆》第三期，1938 年 12 月。

261 参见周琼著：《清代云南瘴气与生态变迁研究》，中国社会科学文献出版社 2007
    年版。

262 云南省立昆华民众教育馆编：《云南史地辑要》上册，云南省立昆华民众教育馆
    1949 年版。

262 吴宗济：《调查西南民族语言管见》，载《西南边疆》创刊号，1938 年 10 月。

264 芮逸夫：《西南民族语文教育刍议》，载《西南边疆》第二期，1938 年 11 月。

266 267 方国瑜：《裸黑山旅行记(一)》，载《西南边疆》第十五期，1942 年 5 月。

第 四 章

《西南边疆》的特点与价值

　　《西南边疆》的办刊旨趣既为"在以学术研究的立场,把西南边疆的一切介绍于国人,期于抗战建国政策的推行上有所贡献,"在文献稀少的情况下,为完成认识西南边疆,了解西南边疆,研究西南边疆,向国人介绍西南边疆,为政府开发、建设西南边疆献计献策的任务,在途径上必然要通过实地调查。这一工作既是为实现抗战胜利,建国成功的伟大目标,那么它的开展就是爱国和救国的体现。《西南边疆》刊登的大量调查研究文章,在内容上涉及西南边疆的各个方面,具有重要的学术价值和现实意义,尤其是部分文章驳斥意在分裂中华民族的"大泰族主义",响应"中华民族是一个"主张,为抗战提供学理支持,纠正错误的民族观,有利于中华民族的团结与凝聚,具有重大的政治现实意义。

第一节 《西南边疆》的特点

一 注重社会调查

　　"介绍"的前提是了解,而了解的途径是调查。该刊"征稿范围"对此说得更为明确:内容包括西南边疆各项之调查与研究。显然,办刊者对于调查非常重视。

(一)注重社会调查的原因

该刊所刊文章之所以注重调查,与我国由传统王朝国家向近代国家转型及当时国内的学术状况密切相关。鸦片战争以后,中国被迫卷入西方国家主导的国际体系。传统王朝国家不得不步履维艰地向近代国家转型。人民、主权、领土等近代国家要素逐渐被国人认识。了解本国的各项国家要素,从而完成近代国家建设成为近代国人必须担上双肩的重任。然而,尽管近代时期我国危机不断,各种救国思潮此起彼伏,可惜都未能收到力挽狂澜的效果。残酷的现实激起了智慧务实的中国先进的深入反思。他们冥思苦想的结果之一,是通过调查了解国情,根据国情制定方案。

李景汉可以视为这方面的代表。1932 年,李先生就注意到调查对于挽救国难,复兴民族的重要性,他分析国人寻求救国之道多不奏效的原因,批评其方法不当,认为未能以科学的调查手段了解我国国情并对症下药,以致常常事与愿违。李先生说:

> 近数十年来我国拼命的模仿西洋,甚至于东洋,冀收转弱为强,转贫为富之效。……民国成立以来,国耻有增无已。时至今日,国事益不堪问。……推原其故,皆因平日未尝以冷静之态度,科学之头脑,精密准确的彻底研究,了解中国社会自身之性质,寻出真正病根。
>
> ……
>
> ……一言以蔽之,若要找出一条民族自救的出路,建设国家的办法,必先根本了解中国国家本身的内容。可是若要根本了解我国社会的内容,非先从社会调查入手不可。这种调查必须为科学的,有秩序的,有系统的。……社会调查能促进

产生国家建设之适当办法,能帮助寻出民族自救之出路。

李先生并以形成一个国家的基本条件:人民、土地、政事为例,说明国人对我国的这三项皆不清楚。因此,我国连最低限度的近代国家资格也不具备。李先生认为:

> 真正科学方法的调查不但可以使吾国达到合格国家之程度加速,且为谋求救国根本大计万不可缺少之第一步工作……
>
> 不特此也,社会调查最能助吾人正确的认识中国民族社会之特点。……
>
> ……
>
> 总之,社会调查是以有系统的方法从根本上来革命……

是"真正的革命","社会调查是要实现以科学的程序改造未来的社会,是为建设新中国的一个重要工具,是为中国民族找出路的前部先锋。"[1]然而,由于种种原因,现状仍然改变不大。

与国人的漠然相反,帝国主义者对我国边疆各地却表现出越来越浓厚的兴趣,而且"成果"显著。这种巨大反差引起了一些有识之士的强烈愤慨。1931年4月18日,邹韬奋毫不隐晦地表达了他对这种落后的不满。他写道:

> 欲明考察之重要,请先略述虎视眈眈处心积虑以窥伺我国者所下之考察工夫,友人仰耷君近作东北之游,参观日人在大连所办之'满蒙资源馆,见其汇集宏富,研究精详,几将满蒙富源之所在,一览无余,闻完全由调查与研究两大工作而来,满铁会社每年用于调查之经费即达四十万金圆之巨。

又述及英人在西康省发现煤油矿及英人企图赴新调查该省富源,

"总之谩藏海盗,我们坐拥富源而不自开辟,甚乃不自知道,一任他人之巧取豪夺而已!"因此,邹先生不仅对国民政府组织的西陲学术考察团期望甚高,而且"希望国内所谓最高学府的教授们亦注意领导学生注重国内实况之调查研究,勿专谈美国怎样,英国怎样,法国又怎样!"[2]1933 年,张凤岐指出:

> 国内研究边疆问题的学者们,嘴里引古证今,谈得天花乱坠,其实也很少到过云南实地考察。他们的边疆知识,因此也不大可靠。至于滇省同胞,也是大梦沉沉,很少对云南现况作一番研究功夫,做一点"知己知彼的"工作。[3]

1936 年 5 月 4 日,云南双江简师校长彭桂萼在对学生讲话中说:

> 中国人开口闭口讲爱国,其实对自己的国情倒反非常隔膜,远不如外洋老知道的透彻。大家对班洪问题喊得震天价响,但喊此问题的人,可以说有一部分是连班洪在那儿也莫名其妙的!处在内地而不知边情还可以原谅,若身处边疆还不明白边地情况,可以说是耻辱万分!……希望大家于课余以外,应把研究边疆的责任置上双肩……[4]

正是因为对边疆的调查了解较少,面对日益严重的边疆危机,国人出于爱国义愤,发为文章者不少,但空疏之论多,切实之言少。对此,《西南边疆》的创办者凌纯声、方国瑜等都是有深切体会的。1935 年,凌纯声根据自己的调查,对南京、上海、北平、天津地区以文献为唯一依据的边疆研究提出批评:

> 现在中国的边疆,无论东南西北那一方向,无论是在海岸和内陆,都是正在多事之秋。国内一般有志之士,目击边患日急,群起而注意边疆,研究边疆!你看在南京一地出版研究边

疆的刊物,有如雨后春笋。……经过几次的实地考察,发现许多关于边疆文章所载的事实,与现在边地的状况大相径庭。可见没有亲身到过边疆,住在京、沪、平、津一带,根据中西的典籍来研究边疆,而所发表的文字,大半是欺人之谈,如此的研究边疆,于边疆何益。

……我并不是反对不要研究边疆的历史,要知道中国历史中边裔材料,当初作者已是根据道听途说的。我们取材的时候,应该非常审慎。[5]

方先生也有类似感受。因关心边事,方先生也曾依据文献撰文讨论边疆问题,但直至1935年参与中英会勘滇缅南段未定界务得以亲赴边地后,他才发现此前单纯依靠文献所得的知识与做出的研究,与事实出入甚大。方先生追述这段经历说:

瑜经年专心于云南史地之学,略知边事,民国二十四年四月九日,我外交部与驻华英吉利国公使,签换照会,重勘悬案三十余年之滇缅南段界务,闻之亦喜亦忧,草成《葫芦王地之今昔》一文载《新亚细亚》月刊九卷五期,《滇缅南段未定界之孟仑》一文载《边事研究》二卷一期,《条约上滇缅南段未定界之地名》一文载《民族杂志》三卷八期,颇多建议,而限于书籍知识也。腾冲李先生告瑜:曷不亲历其境以广知识,适尹泽新先生奉命为中国委员,邀瑜同往;及至边区,始知前所知识,率多谬误,研究边疆问题之难如此。[6]

经过实地考察对书本知识的冲击,促进了方先生认识上的根本转变。自此,实地调查在研究边疆中的重要意义也引起了方先生的高度重视。"不尚空谈",反对"高揭标语,空呼口号"的徐益棠,在20世纪30年代初就在西南少数民族地区进行过实地调查,对此也定有体会[7]。

而在全面抗战的时代背景下,对作为抗战建国根据地的西南边疆地区的实地调查更是被赋予了非比寻常的意义。因此,《西南边疆》所刊文章多系根据调查整理而成。

(二)注重社会调查的表现

研究瘴疟类论文,如凌纯声《孟定——滇边一个瘴区的地理研究》、后晋修《思茅之疟疾及其流行之初步研究》,研究地质、地理类论文,如《云南金河上游之地文与人文》、何塘《澜沧孟连公鸡厂铅银矿产》、赵丰《个旧锡业之概况》,研究民族语言、民俗、宗教类论文,如马学良《湘黔夷语掇拾》、《云南土民的神话》(十二期)、《云南保族(白夷)之神话》(十五期)、《云南㑩民(白夷)的神话(续完)》(十七期)、《宣威㑩族白夷的丧葬制度》、岑家梧《海南岛土戏研究》、杨力行《湘西苗民的信仰》、江应樑《诸葛亮与云南西部边民》、白寿彝《柳州伊斯兰与马雄》,研究民族源流类论文,如王兴瑞《海南岛苗人的来源》、《海南岛黎人来源试探》,研究少数民族社会经济类论文,如江应樑《云南西部㑩夷民族之经济社会》、岑家梧《云南嵩明县之花苗》、胡良珍《小凉山保保之社会组织》,研究土司政治类论文,如《西康木里宣慰司政教概况》、密贤璋《瓦寺土司政治调查》,研究边疆开发与建设类论文,如孙明经《开发西康之意义及其途径》,研究农林类论文,如张凤岐《一个原始农业生产的边区——车里》、徐季吾《云南之小麦与面粉》、周绍模《滇西边地农业现状及其发展的可能》、徐永椿《四川沙坪森林之分布与现时采运情形》,研究动物学类论文,如陆鼎恒《洱海的工鱼》、《发展邓川乳扇业建议》、《滇西边区牧畜事业现状与希望》,都是在大量调查的基础上完成。

其他如尹子建《滇西野人山纪实》、庄学本《"俄洛"初步介绍》、李希泌《腾冲琐记二则》、梁瓯第《川康区倮㑩之教育》、徐益棠《雷波小凉山倮族调查》也都有调查基础。

需要特别说明的是,彭桂萼《双江的茶叶》、庄学本《西康丹巴调查》、赵晚屏《芒市摆夷的汉化程度》、《芒市摆夷的汉化程度(续)》、马绍房、傅玉声《宣威河东营调查记》、陶云逵《开化边民问题》、李景汉《摆夷人民之生活程度与社会组织》、震声《耿马土司概况》、张印堂《滇缅沿边问题》、刘恩兰《理番的地理概况》、李有义《杂古脑的汉番贸易》、陈万顺《松潘之畜牧环境》、任乃强《喇嘛教之圣城——拉萨》、李式金《大理地理志略》等文,虽然未在文中说明系调查而来,但以上作者或因工作关系、或是出于研究需要,对自己所描述或探讨的对象都有较为深入的调查了解。如彭桂萼长期在双江工作,陈万顺任职于松潘县,李有义则是出于研究需要。再如赵晚屏《芒市摆夷的汉化程度》及陶云逵《开化边民问题》等文,虽然探讨的是较为宏观的问题,但其依据的基础仍然是实地调查。"行纪"栏目中的各篇,更是无不如此。

二 救国意识鲜明

刘峰、范继忠研究认为,民国(1919—1936)时期我国学术期刊的特点之一是"办刊者具有鲜明的救国意识"[8]。其实,抗战期间所诞生的各种学术期刊无不具有这一特点,而且与此前的相关期刊相比,均有过之而无不及。《西南边疆》杂志作为民族抗战的产儿,这一特点更是"与生俱来"。《西南边疆》《发刊辞》已将创办者的"救国意识"表露无遗,那就是对付敌人的文化破坏,加强对西南边疆的调查研究与介绍,增进国人对西南边疆的认识与兴趣,促进西南边疆的建设与开发,以为抗战建国贡献力量。"救国意识"是爱国主义的必然结果和重要表现。全面抗战是中华民族有史以来遭遇的第一次全民族的现代的反侵略战争,爱国主义因此被激发到前所未有的程度,国人的"救国意识"也随之水涨船高。因此,不仅《西南边疆》的创办者具有强烈的"救国意识",该刊的撰稿者也都怀着高度的救国热情。马大正认为:"爱国主义是指导中国边疆研究的基本思想。"[9]《西南边疆》就是一个具体的例证。

如彭桂萼《顺镇沿边的濮曼人》、李希泌《腾冲琐记二则》、岑家梧《云南嵩明县之花苗》、马毅《苗夷教育之检讨与建议》希望政府正确认识边地民族,组训边地少数民族民众,充实抗战人力。凌纯声《孟定——滇边一个瘴区的地理研究》、熊秉信《云南金河上游之地文与人文》、张印堂《滇缅沿边问题》、张凤岐《瘴疟与云南人口》、后晋修《思茅之疟疾及其流行之初步研究》研究瘴疠,消除国人恐惧,目的是为利于边疆开发。何塘《澜沧孟连公鸡厂铅银矿产》、陈祖稣《云南煤铁问题》、陈祖稣《四川省矿业概况》、刘恩兰《雪龙包探水晶记》、赵丰《个旧锡业之概况》介绍、研究矿产,是为加强抗战国防。邹序儒《战时边疆移垦事业》、张凤岐《一个原始农业生产的边区——车里》、周绍模《滇西边地农业现状及其发展的可能》、丘勤宝《云南水利问题》、《云南水利问题(续)》、徐季吾、陆钦范《云南之小麦与面粉》、擎天《云贵两省租佃制度之研究》研究农林水利,希望增加农业生产,充实抗战资源。凌纯声《建设西南边疆的重要》、芮逸夫《西南民族语文教育刍议》、吴宗济《调查西南民族语言管见》、马毅《苗夷教育之检讨与建议》、刘国钧《今后边疆教育应取之方针》,希望以教育开化边民,增强抗战实力。胡焕庸《交通革命中之云南》、周光倬《云南铁道建设问题的商榷》、茅荣林《滇缅叙昆二铁路之轨距问题》为发展西南交通献计,希望巩固西南国防。张其昀《今后抗战之西南经济基础》、彭桂萼《双江的茶叶》、震声《云南西南缅宁》关注后方经济，希望增加战时财富。徐益棠《〈科学世界·川康建设特辑〉》、密贤璋《瓦寺土司政治调查》、孙明经《开发西康之意义及其途径》，希望推进开发建设，以固邦本。

此外，揭露边疆问题之严重，以唤起国人注意，促进问题之解决的，有张印堂《滇缅沿边问题》。从国防意义上介绍四川概况，阐述建设西南边疆的重要性的有胡焕庸《国防后方的四川》和凌纯声《建设西南边疆的重要》。

第二节　《西南边疆》的价值

《西南边疆》自创刊起一直备受学术界关注，至今仍然受到国内外学者的普遍赞誉和高度肯定。

中国现代地理学家、气象学家、卓越的科学家和教育家竺可桢先生抗战时期的日记中，多次出现阅读该刊的记录[10]。常任侠的日记中也留下了阅读该刊的记录[11]。1939 年 3 月，《图书季刊》第一卷第一期对该刊的办刊目的、宗旨及前三期的内容做了详细介绍。1940 年 3 月，《图书季刊》第二卷第一期又对该刊第四、五、六期做了简要介绍。该刊移蓉编印后，《边疆研究通讯》第一卷第一号以"西南边疆月刊移蓉编印"为题向学术界作了通报，并说明该刊"文稿大都系专家及各大学教授所撰著，颇受各方欢迎"。[12]因此，该刊"改由金大文学院承办，对提升金大边疆问题研究水平及学术地位有重要意义"。[13]该刊第十六期出版时，《边疆研究通讯》为之作了通告[14]。罗致平在《战时中国人类学》中说"最可注意"的刊物中就有《西南边疆》[15]。

1979 年，台湾中央研究院历史语言研究所编的《亚洲民族考古丛刊》[16]第四辑将该刊影印出版。1981年江应樑评论说:"《西南边疆》是专业性质的大型杂志,登载有关民族学论著和民族调查资料,不仅在国内学术界享有声誉,并引起国际上的重视,至今国外学者还不时有人引用《西南边疆》的材料。"该刊"在云南学术界历史上,是空前的,影响之深远难以估计"。[17]李生菾说,该刊"很多文章是作者亲临边疆考察调查的总结,报道和搜集的资料,而且有照片图表,图文并茂,是研究西南边疆问题的有价值的刊物,撰稿人多数是边疆问题专家、知名学者"。[18]1993年,张善尧认为该刊"具有较高参考研究价值",并从"政治、经济"、"交通、矿业"、"农林、水利"、"教育、卫生"、"边疆民族问题"等方面作了简要评介。张氏对"关于边疆民族问题"的文章的价值尤其称道,称"关于边疆民族问题的内容是十分广泛的,几乎无所不包。可以毫不夸张地说,真像是一套西南边疆地区少数民族人文地理、历史文化的'百科全书'。"[19]今天,该刊被中国近代史学界誉为"是抗战时期关于西南边疆历史文化研究方面最有名的刊物之一"。[20]李列认为它"留下了许多难得的历史性资料,在今天仍有较高的参考和研究价值"。[21]日本学者上野稔弘称它"是一份以云南省为研究对象的学术杂志,主要发表民族学家对当时边疆社会状况的详细调查记录,以及对开发边疆的建议,反映了知识分子对边疆政策的关心,是一种很有意义的资料"。[22]除对研究区域的认识过于狭隘以外,上野稔弘的看法基本上是符合实际的。丁守和等在《抗战时期期刊介绍·序》中说:

　　战争使文化事业扩大了发展空间,同时也使文化事业在火热的斗争生活中获得了丰富的滋养,取得了令人瞩目的成绩,造就了继五四新文化运动之后第二个辉煌时期,成为中国人民坚持抗战的精神动力。这些期刊既满足了当时人们的文化生活,也为我们今天研究这段充满魅力的历史提供了丰厚的资源。[23]

作为这一辉煌时期的重要刊物,《西南边疆》不仅可视为西南边疆的资料库,具有重要的史料价值和研究价值,而且还刊登了较多讨论社会现实的文章,具有较为重要的现实意义。

一　学术价值

季羡林指出:学术同宇宙间万事万物一样,都不能一成不变,而是要随时变动的。变动的原因多种多样,但最重要的不外两项,一是新材料的发现,一是新观点、新方法的萌生[24]。《西南边疆》所刊文章多系撰稿者根据实地调查与文献分析相结合所完成,这在根本上改变了此前研究边疆基本上局限于古籍甚至某些道听途说的信息的弊端,不仅极大地填补了西南边疆研究中的史料空白,而且在方法上也为后人的西南边疆研究树立了典范。

如方国瑜自述:"瑜经年专心于云南史地之学,略知边事",但此前虽"颇多建议,而限于书籍知识也"。"及至边区,始知前所知识,率多谬误,研究边疆问题之难如此"。同行之人虽多,但发文者少,"则瑜所知虽陋,供诸世人,亦有可取。"[25]方先生在《裸黑山旅行记》"弁言"中陈述:

> 余此次所行经,仅裸黑山之一隅,每有可述,辄笔录之,然于地理历史,有未博访周咨者,此时执笔整理旧稿,以未曾详细调查为恨事也。……前岁县署被禄,档册尽焚,所成志稿,亦遭此劫也。又今所见已刊行之倮黑纪录,多杂识文字,尚无完整著作也。[26]

再如陶云逵《俅江纪程》是其1934年至1936年在云南调查人种时

的日记的一部分。陶先生自述：

> 自三四至三六两年之间，我走了不少的路。单先把这段日记发表，是因为：自叶枝往西，走北路渡澜沧江越碧罗雪山，怒江，高黎贡山至毒龙河，然后走南路向东渡越同名的山江之南段而达小维西这条路线，及其所包括的区域，很少有人到过。而到过俅子地（就是毒龙河流域）的，尤其少。先我而至其地，发表过零星记载的，只有四人，即夏瑚，Princele Oreans，杨斌全，王继文。因此社会上对于此一带的情形很隔膜。我把这段日记写出来，也许有点实际的用处，就是给预备到那区域的人，一个途纹上的参考。[27]

该刊所刊文章调查内容之丰富，涉及区域之宽广，在西南边疆研究中无疑是空前的，这必然对加深西南边疆的认识，推动西南边疆的研究产生前所未有的影响。通过《西南边疆》，可以了解20世纪三四十年代西南边疆各方面的情况，如前述边疆治理问题、民族问题、边疆教育问题、跨国移民问题、边地货币问题、罂粟种植问题、边地瘴疟问题、边地外国教会势力问题等，对于我们今天认识和研究西南边疆的历史具有重要的史料价值。

（一）在边疆地区社会史、政治史、民族史研究方面，江应樑《云南西部僰夷民族之经济社会》、《僰夷民族之家族组织与婚姻制度》、李景汉《摆夷人民之生活程度与社会组织》、李有义《杂古脑的汉番贸易》、胡良珍《小凉山倮倮之社会组织》、刘历荣《西康木里宣慰司政教概况》、震声《耿马土司地概况》等均具有重要的史料价值和研究价值。方国瑜《班洪风土记》（上下卷）、陶云逵《俅江纪程》、赵晚屏《芒市摆夷的汉化程度（续）》提供了研究边疆民族的国家认同意识的宝贵资料。张雷所举抗战时期昆明"对西南各少数民族的历史沿革、迁徙路线、生活变迁等问题进行了详尽考证,不仅为外界了解西南少数民族提供了便利,更丰富了民族史研究内容"的学术文章,就有岑家梧《云南嵩明县之花苗》与和永惠《云南西北之康族》及江应樑关于滇西民族的文章。他认为昆明报刊民族史研究在学术上的重大意义,是推动了中国民族史学的发展。这又首先表现在民族调查工作给民族史研究提供了大量丰富的资料[28]。

　　(二)提供了大量民俗学、民族学、人类学、社会学资料。杨堃后来提到抗战时期国统区民俗学与民族学调查研究出版的刊物时,即举了《西南边疆》[29]。江应樑则强调该刊在民族学史上的地位及价值。神话、传说、崇拜等都是重要的口述资料,它们在边地少数民族中保存得尤其完整,关于它们在边疆民族研究中的价值,马学良有极为精辟的论述。他说:

　　　　神话是信仰的产物,而信仰又是经验的产物;人类的经验不能到处一样,而他们所见的地形与气候也不能到处一律,……可见地形和气候确能影响神话的色彩,要想了解一个民族的思想和生活的渊源,研究他们的神话,是最直捷的材料,神话是原始人民的生活状况和心理情态的表现……

　　　　要想从神话中知道原始生活的奥秘,必须由尚在活着的神话中去寻丰富的材料;……神话在他们生活里是强有力的支配着他们的道德与社会行为,所以在那里很容易找到质朴珍贵的资料。[30]

因此,楚图南《中国西南民族神话的研究》、《中国西南民族神话的研究(续)》、《中国西南民族神话之研究(三)》、《中国西南民族神话之研究（四）》、马学良《云南土民的神话》、《云南俅族（白夷）之神话》、《云南俅族（白夷）之神话（续十五期）》、江应樑《诸葛亮与云南西部边民》、杨力行《湘西苗民的信仰》等，在人类学、民族学、社会学、民俗学研究中都具有明显的学术价值。

"纪行"中也多有不少关于边地民族风尚习俗等的记载，其在人类学、民族学、社会学、民俗学中的价值是不言而喻的。如陶云逵在《俅江纪程》中详细记录了新蕊俅民的"宴会仪式"[31]。陶先生未碰上俅民举行这一仪式，但为了观感并留下记录，陶先生花钱买猪，请村长约集巫师，订下时日，专门举行。陶先生用心之良苦，及此记录之难得，于此可见。其价值也就可想而知了。

此外，庄学本《西康丹巴调查》、岑家梧《云南嵩明县之花苗》、马绍房、傅玉声《宣威河东营调查记》、和永惠《云南西北之康族》、岑家梧《海南岛土戏研究》、徐益棠《雷波小凉山倮族调查》、庄学本《"俄洛"初步介绍》、尹子建《滇西野人山纪实》、马学良《宣威倮族白夷的丧葬制度》等文，在人类学、民族学、社会学、民俗学研究中的资料价值也十分值得引起注意。

张雷认为战时昆明报刊的民族史研究将田野调查与历史研究相结合的治学方法在西南民族史研究领域起到了典范作用。所举者即有楚图南、方国瑜、江应樑、白寿彝等，所列文章也多在《西南边疆》发表[32]。这一总结，扩大到西南边疆研究也是恰当的。

二 现实意义

《西南边疆》所刊文章中有不少是讨论政治、经济、交通、教育、农林水利、移民垦殖、矿产开发等现实问题的，对于当时社会有重要的现实意义，有些在今天来看也不乏参考价值。如吴宗济《拼音文字与西南边民教育》、芮逸夫《西南民族语文教育刍议》、马毅《苗夷教育之检讨与建议》、刘国钧《今后边疆教育应取之方针》、梁瓯第《川康区倮㑩之教育》等均讨论到当时的边疆教育,指出存在的问题,分析产生问题的原因,提出应对、解决原则和措施等;胡焕庸《交通革命中之云南》、周光倬《云南铁道建设问题的商榷》、茅荣林《滇缅叙昆二铁路之轨距问题》等分别对云南的战时交通的发展趋势、滇缅铁路的路线问题、滇缅叙昆铁路的轨距问题等提出了中肯的意见;陆鼎恒《洱海的工鱼》、《滇西边区牧畜事业现状与希望》、《发展邓川乳扇业建议》、陈万聪《松潘之畜牧环境》等对相关产业的现状与发展均有所思考;丘勤宝《云南水利问题》、《云南水利问题(续)》对云南当时的水利开发等问题的考察和研究;凌纯声《孟定——滇边一个瘴区的地理研究》、后晋修《思茅之疟疾及其流行之初步研究》、张凤岐《瘴疟与云南人口》、熊秉信《云南金河上游之地文与人文》讨论到瘴疟的性质、瘴疟形成的原因、解决的方法等;何塘《澜沧孟连公鸡厂铅银矿产》、赵丰《个旧锡业之概况》、陈祖稣辑《四川省矿业概况》对矿产开发提出具体建议;张凤岐《一个原始农业生产的边区——车里》、邹序儒《战时边疆移垦事业》、徐季吾、陆钦范《云南之小麦与面粉》、周绍模《滇西边地农业现状及其发展的可能》、徐永椿《四川沙坪森林之分布与现时采运情形》分别对战时移民垦殖、小麦与面粉生产的现状及改进、滇西边地农业现状及其发展、四川沙坪森林之分布与现时采运情形等所做的讨论。

　　该刊在当时还具有重要的政治现实意义,即驳斥"大泰族主义",响应"中华民族是一个"主张,为抗战提供学理支持。

　　"大泰族主义"的理论来源于西方学术界的"南诏泰族王国说"[33]。暹罗学术界[34]和政界对之全盘接受。尤其是以銮披汶为首的暹罗政府,更是大力宣扬"大泰唯国主义",并"以守则的形式发

布了全民必须遵守的'唯国手则 12 份'命令",竭力怂恿泰国去
"统一"所谓邻国中的"一切泰人"。其目的无非是"欲进一步鼓吹
'民族自决',实行侵略我国西南民族及边疆。"这是日寇与暹罗当
局狼狈为奸的结果,"推其故,则暹罗之新,'泰国'思想鼓励者半,
而敌国倭寇之指挥操纵者半。改国名,无非日本许诺助长暹罗分
割我西南滇桂蜀黔粤五省之企图而已"。[35] 江应樑《云南西部僰夷
民族之经济社会》一文引 J. George Scott 著 *Gazeteer of Upper Burma
and The Shan States* 一书中的话:

> 根据体质构造与语言之研究,僰夷民族与中华民族之关
> 系,似无问题,在人体形象与特质方面,较在语言方面,尤为显
> 著,又谓:暹罗掸族血统虽极复杂,然就其面型,眼形,与肤色
> 各点观之,与中国人犹不失为同一血统之民族。

认为:

> 就人种上说,僰夷与中华汉民族,在种族上有相同的渊源
> (注五),而与中国历史上所谓之百越民族,血统上似更有着
> 极深的关系(注六)。僰夷民族散居于云南境内,其历史的渊
> 源很长,在有文字的记载时,云南西部一带,已经成为僰夷民
> 族主要的集居区了。

1938 年 11 月,董作宾先生将僰夷的历法视为西南民族研究中的
一个重要问题做了考察。董先生在《僰夷历法考源》一文引言
中说:

> 西南民族的语言、文化、种族,是很复杂的,他们所行用的
> 历法,也多不相同,现在就僰夷的历法,加以研考,求他的因革
> 源流,以见他们在中国民族文化史上的关系,也可以说是研究

西南民族的一种比较重要的问题呢？

董先生研究指出：

> 僰历立正，置闰，与秦全同，这决不是一件偶合的事情。
> 当然是古代僰夷的民族与秦代有过密切的关系，然后能奉秦
> 正朔，遵守秦代置闰办法，并整个的接受了古四分法的历术。
> 不仅如此，僰历的纪元，也可以由秦代世系中找到了一个相当
> 的答案。

于是，在历法本身问题之外，董先生又分别探讨了"僰夷民族的本
原及其最初的根据地"和"僰夷原始民族和秦的关系"两个问题，
认为在汉代所谓西南夷中，已有一部分属于氐族一类。氐之南迁，
虽不可考，至少在汉代已到四川及云南西部，则氐族在西南民族
中，有二千年以上的历史，也可称资格最老的了。最后，董先生
指出：

> 就文化方面研究西南民族，只此一个小小的历法问题，便
> 可以推求出僰夷与秦的关系，也可以见西南民族历史的悠久。
> 如能一一考其源流，则二千年来，为汉人歧视的西南民族，安
> 知不是二千年前，吾中华民族之支裔流派，同沐吾先民文化的
> 一家人？[36]

当时"暹罗当局所指之'中国泰族'，即滇语所谓之'摆夷'。摆夷
分布于云南西部及西南部。"[37]所以江、董两先生以上所述，显然都
与"大泰族主义"有关。

李式金《大理地理志略》也讨论到闵家人（即民家人）是否泰
族的问题。李氏认为：

> 闵家人是本地的土人，他们的风俗习惯与汉人差不

多,……其他衣食住行上也没有很大的不同,所不同的:就是言语,此外男女间比较自由而已。

有些外国人,如德国的 Credner,因为闵家人的言语,和汉人不同,便主张他们是泰族的一支,其实这恐怕有错误的,闵家究竟来自何处,现在不易回答,我曾为了这件事,打听了不少闵家人,有的说是南京迁来的,有的说从江西迁来的,有的说来自四川,有的说这是他们掩饰之词,但从历史上庄蹻略地,李宓西征,黄炎苗裔,未尝不可留此,最近张印堂先生对他们的体格曾作了一些测量的工作,据说,从形体上看,似来自川康,或西北高原区的,则他们原是汉人而非泰族,又得一个证明的,也许他们所居的地方近于夷番,受着很大影响,而改变语言,这也很有可能。

也就是说,李氏通过对闵家人的访谈调查,及根据张印堂的体质研究,认为闵家人是夷化或土著化后的汉人,与泰族无关,更不可能与之为同一个民族。

面对日寇对我国边疆民族的分化和挑拨(在西北是以"民族自决"为幌子,阴谋策动回族上层成立所谓"回回国",在西南则是宣称我国桂、滇等省为泰族故居,怂恿暹罗"收复失地")。傅斯年义愤填膺,于1939年初给顾颉刚写信,劝其谨慎讨论"边疆"、"民族"问题,"尽力发挥'中华民族是一个'之大义,证明夷汉之为一家",并表示"弟甚愿兄之俯顺卑见,于国家实有利也"。[38]顾先生读到来信,"顿然起了极大的共鸣和同情",于是抱病撰写了《中华民族是一个》。主张:

凡是中国人都是中华民族——在中华民族之内我们绝不该再析出什么民族——从今以后大家应当留神使用这"民

族"二字![39]

费孝通有不同意见,遂撰写《关于民族问题的讨论》[40]一文反驳顾先生,从而"引起热烈的讨论"[41]。

1939年4月,张廷休发表《苗夷汉同源论》,阐发苗夷汉同源思想[42]。由于此论受到苗人鲁格夫尔的反对[43],张先生颇为反感和愤怒,于是又于1939年5月在《西南边疆》发表《再论夷汉同源》,继续阐发夷汉同源思想。文章开篇即严厉批评部分学人将苗夷视为汉族以外的民族是根本错误的,要加以纠正。认为夷汉是一家,是同源的民族,并根据语言、传说、历史、体质等各方面的事实加以论证。文章还批评说:

> 许多研究此类问题的文字,常喜滥用"民族"二字,什么苗瑶民族,摆夷民族,甚至最近有一部分人好立新名正在提倡研究什么云南民族,中华民族是一个,现在的云南人无论夷汉都是中华民族的一部份,决没有什么云南民族。如若拿这个新名词去问云南人,他一定不知道什么叫做云南民族,而且以为你是侮辱他,有意说他不是中华民族的一份子了。如此滥用"民族"二字,随便说夷汉是两个民族,中华民族之中又分什么云南民族,这不但忽视了历史,而且在目下对于抗战的影响实在太坏了。听说现在日寇正在勾结暹罗,宣传滇桂为掸族故居而鼓动其收复失地。我们再正叫着云南民族,这是在替敌人做宣传工作了。

文章希望:

> 以后关于苗夷文字慎重使用"民族"二字,……如再任意的传播似是而非的议论,将为敌人利用而自召分裂,对于国家民族的前途有莫大的危险,这是我们应该大家注意的。[44]

反对"滥用'民族'二字"、主张"慎重使用'民族'二字",即是对傅斯年与顾颉刚的声援与响应。

接着,参政员马毅在《苗夷教育之检讨与建议》中提出:

> 所谓苗夷,概括湘桂黔滇边地各种部族而言。西南各部族同胞,大部分非尽土著,亦有经历代变乱,逃避隐居,终以地处偏僻,散居深山□野,保持其固有之风俗言语习惯,遂亦目为"异族"。然无论种族本源如何,而中国境内各民族以历史的演进,已融合而成为整个的民族矣,故不称曰少数民族,特种民族,寡小民族,一类歧视藐视之名辞,而称曰边民,兹为易引注意起见,号曰苗夷同胞,亦尤以地域相称,无复他意。[45]

这无疑也是对"慎重使用'民族'二字"、"留神使用这'民族'二字"之呼吁的具体遵行。其目的自然也是避免"为敌人利用而自召分裂"或"滥用'民族'二字以召分裂之祸"。马先生还说:"外侮日亟,谋我方法正多",其中之一即是"倭寇在暹罗宣传滇桂为掸(泰)族故居,亦鼓励其收复失地。"

马学良在《云南土民的神话》中写道,"关于边民的名称问题,也要附带讨论一下",并为该文所用"夷胞"名称作出说明。他说:对于边民的称呼,向无定名,过去的称呼,多是带有侮蔑的意义。以夷边而言,普通称他们为"罗罗",这是最伤感情的称呼。并称常留心他们的名称而得到种种不同的说法,其中之一为"夷边":

> 这个名称,顾名可思义,说文"夷东方之人也",盖谓非我族类,意为边远之人,非华夏之民也。但这个名称比较客气点,他们也叫汉人为兹普,意为新来之民族,或称沙普,即文化才智较高之民族,盖夷人以土著自居,谓汉人为后来之民族,故常称汉人为客家。但中华民族既是一个,这个名称,总带点

互相歧视的意味,仍觉不大适宜,我采用这个名称,在未正名
之前,也只是差强人意。

又指出:

> 一个民族的名称,确有他们的重要意义,常感到应当探索
> 其适当的名称,……常见汉夷为了称呼的失当,以至发生冲
> 突,……所以维系民族间的感情,"正名"是迫切需要解决的
> 问题。

这也是受了顾先生《中华民族是一个》的影响,对于"民族"二字不
敢"滥用"。徐益棠在评介胡耐安著《粤北之山排住民》(1940 年
出版)时也说:

> 此书中所称之"山排住民",意即指"猺"民而言。胡先生
> 所以不愿采用此一名辞,以及其他如"特种民族","土著民
> 族"等名称者,其原因亦在于政治的关系。

张雷指出,昆明报刊的西南民族史研究给抗战大业的胜利完成提
供了学理支持。昆明报刊的民族史研究戳穿了帝国主义文化侵略
中国的阴谋[46]。从《西南边疆》载文来看,确实如此。

《西南边疆》载文还纠正了当时的一些错误民族观,为提升中
华民族的凝聚力作出了贡献。"咸同滇乱"是近代云南发生的一
件影响深远的事件。由于传统的中原正统观念,这次回民起义被
定性为动乱。白寿彝通过对历史资料的收集,对"咸同滇乱"问题
给予了客观评价。他说,探究"咸同滇乱"的责任,"曲不在汉,也
不在回,而要在官",统治阶级的腐败才是这次运动的根源。同时
提出,"咸同滇乱""是民众武力反抗清政府的第一声"。回民起义
被视为当时全国人民抗清斗争的重要组成部分,具有反抗压迫的

进步意义。这种观点一定程度上有助于团结西南地区的回族人民,对提升中华民族的凝聚力有着重要意义。白寿彝的观点与抗战的时代主题是吻合的,有利于西南地区民族团结,给抗战事业的胜利完成了提供了学理的支持[47]。

注　释

1　李景汉:《社会调查在今日中国之需要》,载《清华周刊》第38卷第7、8期合刊,1932年11月21日。

2　《所望于西陲学术考察团者》,韬奋著:《小言论》第1集,生活书店1933年版,第241—243页。

3　张凤岐:《英法铁蹄下的云南外交问题》,《新亚细亚》第五卷第六期,1933年6月1日。

4　彭桂尊:《献给训练班同学的三色礼物》,1936年5月4日训练班开学日于那赛,选自《双江简师校刊》,收入王昌等编辑:《彭桂尊诗文选编:论著,杂文,歌词,儿歌》,临沧地区行署文化局1991年5月版,第61页。

5　凌纯声:《边疆归来》,载《正论》第四十三期,1935年。

6　方国瑜:《滇西边区考察记·自序》,云南大学西南文化研究室1943年7月版。

7　1935年夏,中国科学社暨中国地理学会在南宁举行年会,徐益棠赴会并参加了其后历时3个月的大藤峡瑶山考察,得民族文物标本百余件,陈列于金陵大学图书馆(徐畅:《中国民族学研究的先行者——回忆先父徐益棠的治学之路》,《中国民族报》2010年11月12日第07版《理论周刊·时空》)。自1936年起,陆续整理成篇发表者,有《广西象平间瑶民的经济生活》(《地理学报》第四卷,1937年)、《广西象平间瑶民之生死习俗》(《金陵学报》八卷二期,1938年)、《广西象平间瑶民之房屋》(《金陵学报》第十卷,1940年)、《广西象平间瑶民之法律》(《边政公论》第一卷第一期,1941年)等(徐益棠:《中国民族学之发展》,载《民族学研究集刊》第五辑,1946年)。

8　刘峰、范继忠:《民国(1919—1936)时期学术期刊研究述评》,载《北京印刷学院学报》2008年第3期,第11页。

9　马大正:《当代中国边疆研究者的历史使命》,载《中国边疆史地研究》1992年第2

期,第 10 页。

10　如 1939 年 1 月 26 日,竺先生记道:"晚阅《西南边疆》创刊号熊秉信著《云南金河上游之地文与人文》及楚图南《中国西南民族神话之研究》。谓碧鸡、神马之传说起于汉代武、宣之际,其初为苗民之传说,后遂成为佛教之神话云云。"(《竺可桢全集》第 7 卷,上海科技教育出版社 2005 年版,第 19 页。)1939 年 1 月 27 日,又记道:"晚阅《西南边疆》胡肖堂著《国防后方的四川》一文。"(同上书,第 20 页。按:原文将"边疆"误为"边防",改之。胡肖堂,即胡焕庸,《国防后方的四川》,载《西南边疆》创刊号,1938 年 10 月出版。)1939 年 2 月 18 日,有"晚[阅]新到《西南边疆》三期石晋修著《思茅疟疾与其流行之初步研究》,谓……"的记录(同上书,第 33 页。按:作者应为"后晋修")。1939 年 11 月 13 日,有如下记录:"今日接《西南边疆》杂志五、六两期。六期内有江应樑著《诸葛亮与云南西部边疆》一文,谓云南西部边民非常崇拜孔明,推其原因,是等夷族由滇东移往云。孔明五月渡泸,泸是何水,迄今尚无定论。据今日所见江应樑文,《三国志·后主传》及《武侯传》均对于南征寥寥二十余字。裴松之注印《汉晋春秋》,遂有七擒七纵孟获之说,又谓其遂至滇池。晋常璩《华阳国志》所记较详,谓武侯由越嶲、西昌渡泸进征益州,生虏孟获。故相传泸即是今怒江,谓往腾越所过之惠人桥即擒孟获之处,不可靠。《太平寰宇记》(宋乐史著):会州(今会理)汉邛都地,泸水历郡界,瘴气三、四月间发,至上伏则无,故五月渡泸云。是则泸即会理以南之金沙江无疑云云。"(同上书,第 200 页。按:标题应为《诸葛亮与云南西部边民》。)1940 年 5 月 20 日,又记道:"阅周光倬《云南铁路问题》文,在《西南边疆》杂志上。"(同上书,第 360 页。按:应为《云南铁道建设问题的商榷》,载《西南边疆》第四期,1939 年 1 月。)1940 年 11 月 19 日,记道:"晚阅《西南边疆》杂志。"(同上书,第 484 页。)1940 年 11 月 21 日,再记道:"晚阅《西南边疆》第六期,有秦仁昌著《云南三大名花》。谓昆明一带之茶花、兰花虽久著名于世,然云南在世界上所著称者尚非此也。一为杜鹃花(Rhododendron),共三百余种,高者二、三丈;二为报春花(Primula),草本;三为龙胆(Gentiana),亦草本。此三者经英国人 G·Forrest 之搜集,在爱丁堡皇家植物园蔚然成林。氏经卅年之力,费数十万金,遂使六、七月间该公园成为游人聚集之所云。六期杂志又有江应樑著《诸葛亮与云南西部边民》一文。滇人崇拜孔明,夷人较汉人为甚,边且较内地为甚云。"(同上书,第 486 页。)

11　如在 1944 年 6 月 7 日的日记中,常先生记道:"下午阅《西南边疆》杂志,六册。"常任侠著;郭淑芬、沈宁整理:《战云纪事》,海天出版社 1999 年版,第 489 页。

12 《边疆学术运动消息(十六则)》,载《边疆研究通讯》第一卷第一号,1942 年 1 月 20 日。

13 《五年来之金陵大学文学院》,1943 年 4 月,第 21 页。转引自张宪文主编:《金陵大学史》,南京大学出版社 2002 年版,第 150 页。

14 《边疆学术研究消息》,载《边疆研究通讯》第二卷第一号,1943 年 2 月 20 日。

15 罗致平:《战时中国人类学》,载《社会学讯》第一期,1946 年。

16 台湾南天书局 1979 年版。

17 江应樑:《民族学在云南》,载中国民族学研究会编:《民族学研究》第一辑,民族出版社 1981 年版,第 244 页。

18 李生菇:《云南期刊录(续)》(1906—1949 年),中国社会科学院新闻研究所《新闻研究资料》编辑室编辑:《新闻研究资料》1984 年第二十五辑,第 234 页。

19 张善尧:《云南期刊〈西南边疆〉述评》,载《云南图书馆》1993 年第 3 期。

20 丁守和、马勇、左玉河等主编:《抗战时期期刊介绍》,社会科学文献出版社 2009 版,第 871 页。

21 李列著:《民族想象与学术选择——彝族研究现代学术的建立》,人民出版社 2006 年版,第 276 页。

22 [日本]上野稔弘著;钱杭译:《关于 20 世纪上半叶中国民族问题研究的原始资料——以台湾地区的收藏状况为中心》,载《史林》2009 年第 1 期,第 183 页。

23 丁守和 马勇 左玉河等主编:《抗战时期期刊介绍·序》,社会科学文献出版社 2009 版,第 4 页。

24 季羡林著:《朗润琐言》,上海文艺出版社 1997 年 12 月版,第 1 页。

25 方国瑜著:《滇西边区考察记·自序》,国立云南大学西南文化研究室 1943 年 7 月版。

26 方国瑜著:《裸黑山旅行记(一)》,载《西南边疆》第十五期,1942 年 5 月。

27 陶云逵:《俅江纪程》,载《西南边疆》第十二期,1941 年 5 月 30 日。

28 32 46 47 张雷:《抗战期间昆明报刊的民族史研究》,载《云南社会科学》2007 年第 6 期,第 123、122、123 页。

29 杨堃:《民俗学与民族学》,第 90 页。

30 马学良:《云南土民的神话》,载《西南边疆》第十二期,1941 年 5 月 30 日。

31　陶云逵:《俅江纪程(续第十二期)》,载《西南边疆》第十四期,1942 年 1 月。

33　详见贺圣达《"南诏泰族王国说"的由来与破产》,载《中国社会科学》1990 年第 3 期。

34　岑家梧:《由仲家来源斥泰族主义的错误》,载《边政公论》第三卷第十二期,1944 年 12 月。

35　云南省立昆华民教馆编:《云南史地辑要》(上册)第四篇《云南边务》,该馆 1949 年版,第 34 页。

36　见《西南边疆》第三期,1938 年 12 月。

37　张凤岐:《暹罗改名"泰国"与中国西南泰族之前途》,载《新动向》第三卷第四期,1939 年 11 月 1 日。

38　傅斯年《致顾颉刚》,原载 1963 年 5 月 1 日台北《传记文学》第二卷第五期,引自《傅斯年全集》第七卷,第 205 页。

39　顾颉刚:《中华民族是一个》,载昆明版《益世报·边疆(周刊)》第 9 期,1939 年 2 月 13 日第四版。

40　费孝通:《关于民族问题的讨论》,载昆明版《益世报·边疆(周刊)》第 19 期,1939 年 5 月 1 日第四版。

41　翦伯赞:《论中华民族与民族主义》,载《中苏文化》第六卷第一期,1940 年 4 月 5 日。

42　张廷休:《苗夷汉同源论》,载《中央周刊》第一卷第三十三期,1939 年 4 月。

43　参见《来函两通》,昆明版《益世报·边疆(周刊)》第 21 期,1939 年 5 月 15 日第四版。

44　见《西南边疆》第六期,1939 年 5 月。前述傅斯年在致顾颉刚信中,即批评吴文藻、费孝通等人"巧立各种民族之名目",张所谓"有一部分人好立新名正在提倡研究什么云南民族",与傅所指相同。

45　见《西南边疆》第七期,1939 年 10 月。

第　五　章

国立云南大学西南文化研究室的创建

前述方国瑜的学术转向在较大程度上影响了中国西南边疆研究的历史发展,原因之二便在于其负责筹备创建国立云南大学西南文化研究室,该室成立后,又出任主任,邀约省内外知名学者加盟,拟有宏大研究计划及年度工作计划,虽限于条件,未能完全实现,但还是在极为困难的条件下编印了学报一期,出版了西南研究丛书十种。1953 年 10 月,该室图书资料移交云南省民族委员会,在学术史上划上了句号。

第一节　西南文化研究室的成立

云南大学校长熊庆来先生因为对学术研究极为重视,还未正式上任即与管理中英庚款董事会频繁联系,申请在云南大学设立讲座,派遣教授赴滇讲学。上任后更是全力罗致知名学者到云大任教,多方寻求社会、政府的资助,力求最大限度地推进云南大学的学术研究。西南文化研究室便是其努力的成绩之一。方先生晚年回忆说:"熊先生为了提高教学质量及其学术研究水平,积极支持云南大学成立西南文化研究室。"[1] 事实确实如此。

关于西南文化研究室的渊源,1948 年 5 月 15 日云南大学提交教育部呈文中有说明:

> 窃查我国西南史地,前人研究成绩率多肤浅,且见解不正确,而研究国史者,又多疏忽。本校文史系同人有鉴于此,乃于二十九年冬,组织西南文化研究会,搜集材料,逐谋加以整理。时值抗战军兴,西南为抗战建国基地,留心其史地者日众。中央党部,曾有筹设西南文化研究所之议。为加强研究工作起见,乃由本校聘请专家,于民国三十一年七月,改组该会为西南文化研究室。[2]

但似不完全可靠。另据《国立云南大学二十九年度校务行政计划进度表(节录)》"研究"部分,文史系"依部令成立史地学会,研究范围暂拟从地志方面着手搜集,以调查边省之情形,将来根据地志作进一步实际上之考察,务得一有系统、有条理之发表。"[3] 全面抗战爆发后,史学教育的作用得到普遍重视。1940 年 4 月,国民政府教育部成立史地教育委员会。所谓"依部令成立史地学会",当与此相关。可知,1940 年文史系拟成立的是史地学会,不是西南文化研究会。根据档案,1941 年 3 月底,云南大学拟设西南史地研究室,计划聘楚图南、王以中、向觉民、陶云逵、方国瑜、白寿彝、陈定民为筹备委员,组织筹委备委员会,由方国瑜召集。31 日,正式向以上各位发出聘函[4]。

与云南大学筹备西南史地研究室差不多同时,1941 年 4 月 1 日,国民党中央组织部在国民党第五届中央执行委员会第八次全体会议上提《设置边疆语文系与西北西南文化研究所培植筹边人才而利边政施行案》,建议:

> 由国民政府指定中央研究院设置西北文化研究所(分蒙

藏回(阿拉伯与缠回)三组),及西南文化研究所(分西南边区
与越南、泰国、缅甸、印度、南洋等组),其研究之对象应分为
语言、文化、地理、经济,每年将研究所得,提供有关党政及教
育机关参考。

教育组审查时修正为:

> 由国民政府指定中央研究院设置边疆文化研究所,其研
> 究对象应分为语言、文化、地理、经济,每年将研究所得,提供
> 有关党政教育机关参考。

然后予以通过,交国民政府妥筹办理[5]。

可能是受到这一提案的影响,云南大学不再设置西南史地研
究室,而改设西南文化研究室。9 月 13 日,熊先生致函方国瑜、楚
图南、费孝通,请他们任西南文化研究室筹备主任及筹备员[6]。

基于以上梳理,比较接近事实的情况应该是,成立文史学会的
计划在落实中发生了变化,先改为西南史地研究室,再改为西南文
化研究室,史地学会则似未能成立,得以成立的是文史学会[7]。

1941 年 9 月 24 日,熊先生致函兴文银行行长兼总经理张质
斋,内称:

> 日昨面聆教益,甚幸。所商承台端慨表同情,具见对于文
> 化教育之热忱,良深感佩。讲座设置办法、西南文化研究室计
> 划、政治经济研究室规程各一份,祈台端即加考虑,惠予鼎助,
> 以一二办法转陈子安厅长核夺。……西南文化研究室关系重
> 要,亦切盼早日成立,所拟预算系十一万元,倘能筹足,工作推
> 动自较便利,否则能得补助三五万元,亦可从事树立基础,先
> 作每部分之研究,故在此方面,亦希望补助。[8]

据此,9月23日,熊先生曾与张质斋商量兴文银行补助成立西南文化研究室等事宜,但仅得同情,未得到肯定答复。

以上云南大学筹设西南文化研究室久未实现,国民党五届八中全会关于设置边疆文化研究所的决议未见落实,引起了李根源的注意。1941年10月,李先生向蒋介石上书,以建设边疆之迫切,请拨款在昆明设立西南边疆文化研究机关。李先生指出:

> 云南为西南门户,与缅甸、越南壤地,相接道通,暹罗、马来、印度、锡兰诸境,关系至为重要,当昔缅越未弃之时,滇缅、滇越之间民情风尚,山川形势沆瀣为宜,无有间阻。……越沦于法,缅沦于英,维疆场攸分,而人民之往还如故,无论精神生活或经济关系,仍如血脉之相贯通,在此边裔之地,双方争竞所关,倘我政治文化之力息息推进,向所失于英法者不难因其文化之向我,渐渐加以提携扶助;反之,若我政治文化之力疲弱萎靡,不加推进,则授人以隙,隐忧可虞。今虽为我所有,殊难保人无觊觎之谋。准斯以谈,则我重视边疆,先事预谋,培民智,启富源,整军经武,招徕缅越旧民,使其倾心向我,与我联为一气,洵为刻不容缓之事实也。

然而,时人对边疆建设"空言原则,无切实设施","举凡边境一切之实况,外人所知之深,实胜于我万倍,而我则无一人能完全了解之者,我之所有,唯委官吏与土司而已"。"最近国内有识之士,皆知今日我国对缅、越、暹罗、印度之宣传有不足之感。然求深知缅越诸境情形,克任宣传工作者有几何人?""欲补以往之缺憾,备未来之设施,非有设立机关,罗致人才,长期研究,难期切实之效。前顾颉刚、吴文藻诸君尝有意于此,而未克举办[9],今春中央党部八中全会,有筹设西南文化研究所之决议,迄今尚未实行。近云南大学

筹设西南文化研究室,亦以经费无着,有愿难偿。窃维我委员长领
导全民,……倘蒙眷顾及此,……在昆明设立西南边疆文化研究机
关,招致学人,付以研究调查建议之责,使于军事、经济、文化有所
助益,藉此联络缅越诸境,增强亲切,必能收安边定员之效也。"[10]
蒋介石以"所陈关系国防文化百年大计,至甚注意,似应设法举
办"。命侍从室将条呈转给教育部及中央研究院,要求"妥商规划
办理为要"。侍从室于 11 月 24 日转交。中央研究院接到条陈后,
致呈蒋介石,称八中全会已通过设置边疆语文系及设置研究机关,
本院已遵照此项决议案,定于 1942 年 1 月先成立边疆文化研究所
筹备处进行筹备,在筹备期间,即拟着手调查与研究边疆文化之工
作。该所研究范围自当对西北边疆及西南边疆兼顾并及,期无偏
废。至该所之设置地点,因既不以研究西南边疆文化为限,故似以
西康省之雅安为宜。[11]

　　尽管熊先生 1941 年 9 月 24 日函关于西南文化研究室的资助
数额的伸缩余地较大,并未坚持固定数目,但还是没有得到张、陆
的支持。但他并未放弃,仍然继续向他们求助。1942 年 2 月 21
日,熊先生致函陆崇仁,恭维之余提出"弟因有重要而迫切之计划
二,拟请鼎助"。计划之一为设置龙氏讲座,之二为:

　　　　设立西南文化研究室,敦请校内外之著名学者对于西南
　　之语文、史地、社会、经济等问题作有计划之研究,以发扬西南
　　文化。……总计需款年均三十五万元,以二十万元为讲座经
　　费,十五万元为西南文化研究室经费。吾兄关怀桑梓,于学术
　　文化尤具热忱,兹特拟具计划书函奉台察,敬祈于兴文银行方
　　面惠赐补助,俾龙氏讲座及西南文化研究室得以早观厥成,敝
　　校因之得作进一步之发展,是不独敝校蒙受厚赐,而吾滇文化

尤沾惠无既矣。[12]

并附西南文化研究室及补助讲座计划各一份。不久,熊先生得到肯定答复。1942 年 4 月 23 日,熊先生函谢陆崇仁:

> 敝校计划设立龙氏讲座及西南文化研究室,蒙执事热忱赞助,慨允由兴文、劝业两银行捐助二十万元,至深感荷。惟以函出未接获,拟请早日赐示,以便进行。至此款敝校刻因积极筹备办理,垦台端赐予银行先行捐付,藉刊进行。

4 月 28 日,熊先生函谢云南兴文银行和劝业银行各资助 10 万元,"现因本校积极筹划办理,需款孔急,除分别函达查照外,相应函请贵行查照,惠赐将此项补助款照数核发,俾克早日计划成立"。4 月 29 日,熊先生再次函谢云南兴文银行和劝业银行,同时告知将派人持函领取补助经费,其中,兴文银行拨助 12 万元,劝业银行拨助 8 万元。5 月 7 日,熊先生将龙氏讲座及西南文化研究室设置计划呈送兴文银行和劝业银行。[13]6 月 3 日,云南大学发函聘请姜亮夫、徐梦麟、陶云逵、费孝通、楚方鹏、方衢仙、白寿彝、方国瑜为西南文化研究室研究员。研究时间自 1942 年 6 月起至 1943 年 7 月[14]。1942 年 7 月 28 日,《云南日报》报道说:

> 兴文、劝业两银行陆兼董事长子安,及行长植斋,孙经理幼章,本龙主席提倡学术促进教育之旨,由兴文劝业两行,于本年度拨款共二十万元,补助云南大学,以十万元设讲座数席,名曰龙氏讲座,……其他十万元则用以设一西南文化研究室,……大部经费将用于西南文献之搜集及刊物之印行。[15]

《方国瑜传》说,1942 年 7 月,兴文、劝业银行董事长陆崇仁等人,以云南省政府主席龙云提倡学术促进教育之旨,拨款国币 20 万元补助云南大学,其中 10 万元,商定作为研究西南史地之用。钱款有了眉目,熊先生便邀方国瑜和文史系主任楚图南共同商量成立"西南文化研究室"的有关事宜[16]。与事实有出入。

　　云南大学之所以设置该室,主要是考虑到西南民族、文化及西南与东南亚诸国关系的特点,及其因此而具有的重要研究价值,研究任务的艰巨性和设置相关研究机关的必要性,而云南大学在该研究中具有义不容辞的使命与责任。设置旨趣对此有明确说明。关于该室的设置旨趣,有三份材料涉及,即 1942 年 5 月 7 日熊庆来函送兴文银行和劝业银行的西南文化研究室设置计划(《国立云南大学西南文化研究室计划书》[17],注释中简称 1942 年版)、1944 年 3 月 18 日熊庆来呈送兴文银行和劝业银行的《国立云南大学西南文化研究室概况》[18](注释中简称 1944 年版)及 1948 年 5 月 15 日云南大学呈送教育部的《国立云南大学西南文化研究室计划书》[19](注释中简称 1948 年版)。涉及组织章程、研究项目的也是上述三份材料。三份材料的内容不尽相同,前后稍有变化。以下相关部分内容,均以第一份为基础,变动处则在注释中加以说明。

　　一　设置旨趣:

　　近岁通用"西南"二字,盖以《史记》、《汉书》"西南列传"所载之境域为范围,即今云南全省、贵州、西康二省之大部分及其四周之地。在此区域,自汉武帝开边,设置郡县,迄东晋治理渐弛,以至唐天宝后,虽未绝朝贡,已[20]形成割据。元初始设行省,明代广设[21]卫所,大量移民,渐进而至今日,与他省不殊。然在元代以前,因政治与地理关系,史家纪录视若异域[22]。而吾人所知西南文化,自远古以中国[23]文化为主体,绝非独立之文化。先民开拓西南之史迹,足为今日及将来之资鉴,且应为中国文化史之一部。惟纪载疏略而多不实,犹待研究作有系统之叙述也。又西南境内多山,古初居民盖稀,四方民族渐移殖[24]之。而交通多阻[25],虽已[26]受汉文化之陶镕[27],犹各保持其一部分之固有习尚。故至今号称民族庞杂,合众民族文化于一炉,为当务之急。然非了解其各[28]固有之习尚与所处环境不为功,有待于精密之考察也。又滇之西南区,土壤肥沃,资源极富,而地广人稀,资源[29]未开,且地连缅越,与印度、暹罗、马来半岛诸境亦相□[30]。不论民族、宗教、经济诸端,莫不息息相关。当集养[31]人民,开发地利,进而求边外诸境之融合,与我协力,必大有助于我。然非顷刻□可办,将如何措施[32],必须实地研究也。故西南文化[33]研究,具此三特点。识者以为要图,而其任巨艰,须统筹计议,通力合作,必有研究机关之设置。迩者中央党部八中全会有筹设西南文化研究室之议决,当即为此。[34]云南大学以地域与人事关系,负有研究西南文化之使命。数年以来,校内同人,组织西南文化研究会,努力于此。惟感设备、调查之未周,有[35]组织为研究室之必要,更期有良好之成绩,贡献国家,待将来基础较固,改组为研究所。惟文化之范围至广,而工[36]作宜求切实。故初步计划,暂以历史与边区[37]研究二者[38]为主,待将来推广焉。要之,西南文化之研究,虽不能视为特殊事业,而艰苦过于他省之研究及一般文化工作[39],必待竭多数人之[40]才智,长期努力,始能有成。将以此为起点,而俟诸异日也。

第二节　西南文化研究室的人员构成

组织章程对研究室人员构成有详细规定:

第一条:本室为国立云南大学(以下简称本大学)所设立,定名为国立云南大学西南文化研究室,以研究西南文物为宗旨。

第二条:本室设主任一人,由本大学校长(以下简称校长)就本大学教授中聘请兼任之。商承校长办理本室一切研究事宜。

第三条:本室设研究员若干人[41],由校长就本大学教授、讲师中聘请兼任之。遇必要时得聘请专任研究员[42]。

第四条:本室得在校外聘请名誉指导员[43]。

第五条:本室得在校外聘请名誉研究员[44]及特约编辑员。

第六条:本室得就事实需要酌设助理研究[45]员、事务员及书记[46]。

第七条:本室为造就研究西南文化之人才起见,得设研究生,暂由本大学毕业生与在校生中考选之,研究期限定为二年至四年,期满得由校发给研究证书。

第八条:本室事务,由主任召集专任研究员开会议决后执行之。

第九条:本室为研究便利,暂设左列二组由研究员及助理员分别担任之。

(一)历史组　研究西南文化发展史及相关诸问题

(二)民族组　研究西南民族生活及相关诸问题[47]

第十条:本室为研究工作之需要,设图书、博物、调查、出版各股,就本室人员分配担任之。

第十一条:本室于研究工作以外之一切事务,概由本大学有关各组兼理之。各项办事细则及研究生服务规则,另定之。[48]

第十二条：本室之研究工作，得就事实上之需要，与其他研究机关合作。

第十三条：本章程自呈奉教育部核准之日施行。[49]

第十四条：本章程遇有未尽[50]之处得随时修改[51]，呈请教育部批准施行。[52]

以上诸条主要规定了该室的人员设置及聘请办法，对人才培养、学术分工、对外学术合作等也有涉及。

由第二条、第八条规定，可见主任一职之重要。而方先生之所以能任此职，其与熊先生的交谊及其学术水准和学术成就应当均起了重要作用。

据方先生回忆，他与熊先生初次认识是在20世纪20年代。当时方先生在北京师范大学读书，熊先生自南京北上，将赴西北大学任教。在北京的云南同乡欢迎熊先生于博物院。熊先生知道方先生与其留法同学李如哲同里，询问汝哲家况甚殷。熊先生给方先生留下的印象是"心胸开阔，为人难得"！因为熊先生"为留法学友李汝哲赴巴黎修墓，并撰《墓志铭》，在北京刻于铜牌，以备嵌入墓碑，这是其中感人肺腑的一事"。20世纪20年代末30年代初，熊先生执教于清华大学。当时方先生在北京师范大学和北京大学研究所国学门读书，课余还参加编辑《云南旅平学会会刊》（季刊），常与熊先生相晤。方先生记得，30年代初的一天，熊先生离京赴法，方先生与诸友送行至车站，临行前，熊先生嘱咐方先生将《李君墓志铭》文稿载于《云南旅平学会会刊》。方先生遵嘱照办，因"深受先生的高尚品德行为所感动，且缀数语，附于编末"。[53]有意思的是，他们不仅相识，而且都是当时云南旅平同乡中颇负盛名的学者。据李埏先生记述，1935年他到北平上学时，同乡学长牛光泽告诉他，"我们云南也是有人才的。在北平就有两位知名学者:一位是理科的熊庆来先生,一位是文科的方国瑜先生"。牛氏还向李先生讲述了两位先生所治之学,以及他们的成就[54]。以上是方先生和熊先生在北京时期的交往情况。后来,两位先生又共同供职于云南大学。方先生执教云大在熊先生长校之前。而熊先生之所以回乡服务,也与方先生有较大的关系。熊先生长校云大后,对方先生颇为倚重,方先生也竭力襄助。1936年,方先生应省立云大之聘,任文史系教授。

> 国瑜先生也是一位热爱桑梓,以振兴云南教育为务的学者。他看到云大亟待改进,便向云南省教育厅长龚自知先生及通志馆秦光玉、周钟岳、由云龙、袁嘉谷诸前辈恳切呼吁改进,建议延聘迪之先生回滇长云大。龚自知先生是一位有学问、热心教育事业的人,在现代云南教育史上做出过重要的贡献。……国瑜先生的建议正合他的意愿,于是与迪之先生反复洽商。国瑜先生从旁促进,所以最后终获迪之先生首肯。迪之先生对国瑜先生极为重视,其毅然回滇,国瑜先生的速驾无疑是一重要因素。在尔后迪之先生长校的十余年间,他对国瑜先生始终极为倚重,而国瑜先生也对他竭力襄助。他们的交谊是云大校史上的一段佳话。[55]

前述抗战爆发后,方先生与凌纯声在昆明创办《西南边疆》,并任"滇版"12期的主编,云南大学文史系、社会系、土木系、生物系的闻在宥、楚图南、李有义、丘勤宝、秦仁昌、中英庚款管理董事会资助在云大从事研究的岑家梧、陶云逵、白寿彝、江应樑等都是该刊的撰稿者。方先生此举对于活跃云南大学的学术研究氛围,推进云南大学的西南边疆研究,提高云南大学的学术水平,产生了积极的作用。同时,方先生还不断撰写研究论文在当时的各大报刊发表,如《益世报·边疆(周刊)》、《民族学研究集刊》、《新动向》、《边政公论》等。对一向重视学术研究,注重学术风气的培养,关心教授学术成果的发表,对创办学术期刊持有浓厚兴趣的熊先生来说,方先生在学术方面的努力与成就,他显然是心中有数的。

姜亮夫在为该室"西南研究丛书"写的总序《国立云南大学西南文化研究室丛书缘起》中说:

> 徐梦麟先生任教云大,对西南文化之研究,异常热心,奔走经营,以底于成。适余来长本校文法学院,梦麟乃与余商请方国瑜先生主其事。并请全国学人参与其盛。[56]

据姜亮夫《自订年谱》,1942 年 2 月,姜亮夫允任云南大学文法学院院长。4 月,"草云大文学院发展计划百三十页,至五月中授之熊君。"其中主张于全院附设西南文化研究室。"六月末询之则尚未入目,八月询之则强说未见余文,心至愤怒,无可如何"[57]。但既然 1941 年 9 月 13 日熊先生即请方先生任西南文化研究室筹备主任,当时姜先生还未到云大任职,所谓建议附设西南文化研究室,与事实不符。姜氏此处对熊先生颇有微词,当另有原因。不过,《国立云南大学西南文化研究室丛书缘起》既出自姜先生之手,姜先生参与其事是毋庸置疑的。总序使我们看到,方国瑜的学术水准和学术成就还得到徐嘉瑞、姜亮夫等人的承认,其担任该室主任是众望所归。

前述 1942 年 6 月 3 日,云南大学即发函聘请姜亮夫、徐梦麟、陶云逵、费孝通、楚方鹏、方衢仙、白寿彝、方国瑜为西南文化研究室研究员。7 月 28 日,《云南日报》报道说,西南文化研究室"由该校聘方国瑜教授主持,并聘校中姜寅清、陶云逵、费孝通、楚图南、方臞仙、徐梦麟为研究员"[58]。人员与上一次不完全相同。方国瑜被聘为主任,而白寿彝则不知何故未见于报道。8月14日,方国瑜致函熊庆来,拟聘姜亮夫、徐梦麟、楚方鹏、陶云逵、陈定民、白寿彝为西南文化研究室研究员,"请校长核定","请即发聘函"。白寿彝在研究员之列,但费孝通又不见于研究员的拟聘名单和正式聘请名单。12月14日,方国瑜致函熊庆来,拟聘顾颉刚、胡小石、徐旭生、向觉民、闻在宥、罗莘田、张印堂、陈碧笙、凌纯声、徐益棠、王文萱、白寿彝、汪典存、游国恩、邓永龄为西南文化研究室名誉研究员。拟聘俞季川、李子廉、陈一得、夏嗣尧为名誉编辑员。拟聘张凤岐、于仲直、张希鲁、赵继曾、李拂一、彭桂萼、李辑五、杨万选、胡羽高、岑家梧、李希泌、江应樑、李田意为特约编辑员。12月31日,云南大学按方国瑜的建议名单发出聘函[59]。《云南日报》的报道还说,"又聘顾颉刚、胡光炜、吴文藻、徐炳昶等多人为特约研究员。"[60]但1942年版《国立云南大学西南文化研究室计划书》"组织章程"中无特约研究员的设置,报道中提到的顾颉刚、胡光炜、徐炳昶在1942年12月均被聘请名誉研究员,吴文藻在第一年度则未被聘请。

前述1942年版《国立云南大学西南文化研究室计划书》"组织章程"第五条规定"本室得在校外聘请名誉研究员及特约编辑员。"而1944年版《国立云南大学西南文化研究室概况》"组织章程"第五条规定"本室得在校外聘请名誉研究员、名誉编辑员及特约编辑员。"上述方国瑜拟聘,熊庆来核定的有名誉研究员、名誉编辑员及特约编辑员。可见,章程中的相关变化最迟发生在1942年12月。档案中有一份《本校西南文化研究室名誉研究员名誉编辑员特约编辑员名单》,包括姓名和通讯单位(详见附录2),但未标明日期,从名单本身也看不出来是初拟名单还是正式名单。

档案整理者将之与云南大学 1942 年 6 月 12 日发出的《函聘□本校龙氏讲座讲授由》（云南省档案馆藏档，1016—1—115）放在一起。经对照，《本校西南文化研究室名誉研究员名誉编辑员特约编辑员名单》与方国瑜拟定、熊庆来核定的名单完全一样，应该是方国瑜提供的。

　　1943 年 8 月 14 日，方国瑜致函熊庆来，拟聘请姜亮夫、徐梦麟、楚图南、陶云逵、陈定民、白寿彝为西南文化研究室研究员，请校长核定并发聘函。8 月 24 日，熊庆来向姜亮夫等 6 人发出聘函[61]。前述 1942 年 6 月 3 日，云南大学即聘过姜亮夫等 8 人为西南文化研究室研究员。并规定研究日期自 1942 年 6 月起至 1943 年 7 月。1943 年 8 月 14 日聘请的应是 1943 年下半年至 1944 年上半年的。似可推测，研究员的任期是一年，每年一聘。但据《国立云南大学西南文化研究室概况》，方国瑜为主任，研究员有姜亮夫、徐嘉瑞、楚图南、陈定民、陶云逵、费孝通、白寿彝、方树梅等 8人。《国立云南大学西南文化研究室概况》是 1944 年 3 月 18 日熊庆来呈送兴文银行和劝业银行的材料，如按年度计算，还没有到聘请 1944 年下半年至 1945 年上半年研究员的时间，但研究员已有变化，增加了费孝通和方树梅。其中，陶云逵已于 1944 年 1 月 29日病逝。[62]据 1947 年 5 月 10 日填写的《云南省研究机关概况调查表（西南文化研究室）》，研究员也是上述 8 位，但标明陶云逵"已故"[63]。似可推测，研究员在第二年度聘请的基础上增加费孝通和方树梅之后，尽管陶云逵去世，也基本上维持不变。

　　根据 1944 年《国立云南大学西南文化研究室概况》，编辑员为陶秋英、张靖华。助理研究员有李寓昌[64]、缪鸾和。名誉研究员有顾颉刚、胡小石、吴文藻、徐旭生、汪懋祖、向达、闻宥、罗常培、张印堂、陈碧笙、凌纯声、徐益棠、游国恩、王文萱。特约研究员有陈秉仁、李子廉、夏光南、胡羽高、杨万选、岑家梧、张凤岐、江应樑、俞德浚。特约编辑员有李拂一、于乃玉、张希鲁、李家瑞、彭桂萼、李希泌、赵继曾。与1942年12月聘请的相比，不再设"名誉编辑员"，而改设"特约研究员"，人员也略有调整。具体变化是，原为名誉编辑员的俞季川、李子廉、陈秉仁、夏嗣尧等人，及原为特约编辑员的张凤岐、杨万选、胡羽高、岑家梧、江应樑等人，改为特约研究员。邓永龄和李田意则不知何故没有在名单中。名誉研究员中增加了吴文藻。《云南省研究机关概况调查表（西南文化研究室）》（1947年5月10日）"职员人数"一栏，填的是"主任一人、研究员及名誉研究员若干名"，估计还是1944年《国立云南大学西南文化研究室概况》中所列的那批人。

以上人员虽有变化，但均按"组织章程"规定聘请，研究员聘自本校，名誉研究员、名誉编辑员（或特约研究员）、特约编辑员，则一律自校外聘请。

其中，陶云逵、楚图南、闻在宥、白寿彝、张印堂、凌纯声、徐益棠、岑家梧、张凤岐、江应樑、彭桂萼、李希泌、赵继曾等人均是《西南边疆》的撰稿者，可见方先生西南文化研究室的主力是《西南边疆》的撰稿者。方树梅、于乃义、张希鲁、夏光南、方国瑜等来自云南通志馆。方国瑜、顾颉刚、胡小石、闻宥、楚图南、费孝通、白寿彝、岑家梧、陶云逵、江应樑、向达、吴文藻、徐嘉瑞、姜亮夫、陶秋英、俞季川等任教云大（包括曾任教者）或在云大从事研究。罗常培、徐旭生、张印堂、游国恩、汪懋祖、王文萱、邓永龄、陈碧笙、陈一得、李子廉、夏嗣尧、李拂一、杨万选、胡羽高、李辑五、李田意、张希鲁、张凤岐、于仲直、李希泌、彭桂萼、赵继曾等来自其他学校或研究机构。因研究人员中为《西南边疆》撰稿者的基本信息已如前述，其余可知者详见附录。

　　名单既由方国瑜所拟,所聘人员其或许均认识。从私交看,与方先生有关者,除《西南边疆》的撰稿者、通志馆共事者外,李家瑞不仅系云南籍,而且毕业于北京大学,早年任职于中央研究院历史语言研究所,罗常培亦出身北京大学,早年也曾任职于中央研究院历史语言研究所,方先生就读北大的时间与他们刚好错过,但1934年方先生到中央研究院历史语言研究所师从赵元任、李方桂学习语言学时,他们正好任职该院,所以,方先生与他们的交谊可能始于此时。方先生1937年3月15日在《隋唐声韵考·自序》中说:"前岁,董彦堂先生告国瑜曰所见残存之书已尽讨论也,盍不汇录诸家所作纂为一书? 罗莘田先生亦颇谓然。"[65]顾颉刚与方先生也有交谊。仅《顾颉刚日记》第四卷(1938—1942)就有多处提到方先生[66]。据方国瑜《纳西象形文字谱·弁言》,1939年顾先生任教云南大学,在赴成都应齐鲁大学研究所之聘前,曾到昆明西郊海源寺云南通志馆找方先生索取《纳西象形文字谱》,计划将之列入齐鲁大学研究丛书,此后并有书信往还[67]。徐旭生与方先生也有私交。如1939年3月5日晚,方先生做东,邀请诸好友到他府上聚餐,徐先生便是客人之一[68]。方先生拟与北平研究院史学研究所合作,徐就是该所所长。据李有义先生回忆,主持魁阁研究的"费先生(按:即费孝通)至少每周要举行一次学术讨论会,每次讨论并不限于费先生一人主持和讲话,同时也请系里和校外的学者来参加。"江应樑先生、方国瑜先生都是魁阁的常客。[69]

　　与熊庆来有关者,如顾颉刚、胡小石、闻宥、楚图南、费孝通、白寿彝、向达、吴文藻、姜亮夫、陶秋英、俞德浚等都是熊先生执掌云南大学后聘请的。与徐嘉瑞有关者,如游国恩、李拂一等,二人均系徐先生好友。

　　以上分析虽以个人交际为中心,但各人交往的圈子之间是有交集的,如缪鸾和是方先生和徐先生均较为器重的学生。

另外,即使没有私交,共同的研究兴趣也使各位专家学者能够引为同调。如方国瑜与陈碧笙。两位先生是否熟识尚不清楚,但陈碧笙写过《边政论丛》,在《新动向》上发表《滇西边地经济之危机及其对策》、[70]《车里与暹罗》等文,[71]被该刊编者称为"是边疆研究的专家。"[72]方先生在《救济云南西南边地经济私议》中说:

> 《新动向》第三卷第一期,载陈碧笙先生的《滇西边地经济之危机及其对策》,叙述边区经济崩溃的情形;我虽然没有多走边地,可是考察所得,如陈先生所言。[73]

说明方先生与陈先生有共同的学术兴趣。

第三节　西南文化研究室的研究计划与完成情况

上述三份材料的第三部分均为"研究项目",实际上也即研究计划,第四部分均为"工作计划"。"研究项目"内容如下:

> 本室研究工作之地域以云南、西康、贵州为主,次及西藏、四川、湖南、两广,又及安南、缅甸、[74]印度、马来半岛诸境。所研究问题列之如次:
>
> (一)西南开发之研究　自汉以来[75]经营西南之军事、政治之经过及其影响,如历代治理之成绩及改土归流诸问题。
>
> (二)西南移民之研究　历代中原移民及开拓生产之经过并包有一般[76]文化之发展与土族同化诸问题。
>
> (三)西南地理沿革之研究　自汉以来[77]设治之因革及展拓边土与界务诸问题。
>
> (四)西南宗教之研究　因宗教关系每涉及政治,如昔之

伊斯兰教、喇嘛教、裸黑山佛教□□□□兰教、基督教在西南有特殊情形,研究其历史与现在诸问题。[78]

（五）西南民族史之研究　土著民族之史迹,如民族生活史、土司制度史诸问题。[79]

（六）边区地理之研究　调查边境之土宜物产及边区人民之境界生活诸问题。并研究如何推进其物质生活以及开发资源诸问题。

（七）边区人民之研究　调查边区人民之语言、文字、艺术、宗教诸问题,并研究如何推进其教育文化。[80]

（八）西南边裔之研究　历代经营藩属之史绩与诸境现状诸问题。[81]

可见,西南文化研究室的研究地域相当广泛,内容也包罗甚广,举凡西南之开发、移民、地理、民族、文化、经略、对外关系、自然、人文,无一不包。

四、工作计划[82]

本室为研究之需要,应搜罗资料,研究所得之成绩应刊布于世。兹拟计划于次:

甲、设备[83]

一搜集图书、档册、记录民间传说、故事、神话歌谣等[84],成立图书部,供本室研究人员之[85]参考,并公开阅览。

二搜集古器物与民族用具,成立博物部,以供研究并公开展览。

乙、调查[86]

一古迹、古物之考察并考古发掘[87]。

二民族[88]生活之考察[89]。

丙、出版

一文献丛刊[90]。为供应研究西南文化者之便利,汇集有关西南文化之前人撰述,详为校注,或翻译其[91]种文字刊印之。又如研究书目、论文索引、地名人名辞典与地图之类,亦分别编纂刊印之。

二集刊[92]。本室研究人员与校外专家之撰述论文合刊之,每年二期或四期。

三专刊[93]。论文成书者收为丛书[94]刊印之。

四报告。调查报告与工作报告随时刊布之。

以上实际上为总计划,该室还定有年度工作计划。1942 年 12 月 18 日,熊庆来致函陆崇仁、张质斋和孙棨,函末列有"附西南文化研究室工作计划一份"。1943 年 6 月 2 日,熊庆来致函兴文银行和劝业银行,说上一年 12 月 23 日曾向两行函送西南文化研究室计划一份,因对方尚未收到,所以再补一份。所指应即 12 月 18 日函送一事。这里的计划包括该室第一年度工作计划和第二年度工作计划[95]。1944 年 3 月 18 日,熊庆来致函兴文银行和劝业银行,所附《国立云南大学西南文化研究室概况》有该室第一年度工作计划、第二年度工作计划和第三年度工作计划,所附《国立云南大学西南文化研究室第三年度经费预算书》[96]有第三年度工作计划。

该室第一年度工作计划,时间自 1942 年 7 月至 12 月。1942 年 7 月 28 日,《云南日报》报道说,补助经费 10 万元"大部分经费将用于西南文献之搜集及刊物之印行"。[97]1942 年 12 月 18 日向两银行函送的计划也说:

创设伊始,且当物力困难之时,图书器物之搜罗,难于短期完备。多请专任职员,亦感经费有限。[98]故第一年度之工作,利用本校已有之设备,并请本校文史、社会两系教职员中与本室旨趣相投者兼理研究,以出版图书为主要之工作。由研究员及助理员分担编纂《廿四史云南文献辑录》及《滇人著述书目》二种,翻译《缅甸史》一种。[99]又征集研究员及名誉研究员已成之著述若干种,即将全部经费作出版之用。计可刊行专刊五种及学报一期。专刊已决定张印堂所著《滇西经济地理》、徐嘉瑞所著《云南农村戏曲史》、方国瑜所著《滇西考察记》、李田意翻译《缅甸史纲》及研究室所编之《二十四史云南文献辑录》即可陆续付印成。[100]每种除分送外,出售若干册,计可收回成本约三分之一,作购置图书及其他费用。[101]

据此,因经费原因,第一年年度计划以出书为主。之所以另定年度工作计划,并以出书为主,《方国瑜传》有提及:西南文化研究室成立后,方国瑜和研究室同仁曾就如何按计划开展工作作过多次讨论,并就计划书的有关内容谈了各自的想法,但研究室得到的 10 万元国币是一次性补助金,而非逐年拨款,因而研究室不能设置专任研究员;另外由于日寇飞机不时空袭昆明,研究室成员中有的疏散在乡下,大家不能集中在一起开展正常工作。这些因素使西南文化研究室的研究工作受到很大的影响。所以同仁们商定,先用 10 万元国币出几种书[102]。可见原因并不限于经费问题。"10 万元国币是一次性补助金,而非逐年拨款",也与史实不符(详后)。

1942 年 12 月 18 日,云南大学为云南通讯社提供的"学术消息"新闻稿件《云南大学西南文化研究室决定印专刊五种》[103],内容与同时期呈送兴文银行和劝业银行的计划书相关内容相同。

但几乎与此同时,方先生给《边疆研究通讯》写《昆明通讯》,提到西南文化研究室的研究计划时则说:

　　云大筹设西南文化研究室,已正式成立,惟暑期同人星散,未能切实进行,今后可照计划工作,惟经费有限,印刷甚昂(十万字五百册杂志本需一万四千元)。已与东方语文学校商定合作办法,拟今年度印出专刊十种,每种约十万字,已决定者有《缅甸史》一种,《暹罗史》一种(二书已有着手翻译),《滇西经济地理调查》一种(稿已收到),《蛮书校注》一种(在接洽中),《二十四史云南文献辑录》一种(在短期编成)。此五书想在今年内可出版,以后继续发展,惟望环境许可也。[104]

据此,因"暑期同人星散",第一年的计划"未能切实进行"。计划中的《缅甸史》尚在翻译,《廿四史云南文献辑录》也还在编纂中,拟增加的《蛮书校注》和《暹罗史》,一在接洽中,一在翻译中,方先生自己的《滇西边区考察记》、徐嘉瑞的《云南农村戏曲史》及《滇人著述书目》却没有提及,只有张印堂的《滇西经济地理调查》已交稿。此时已是 1942 年年底,这 5 种书实在不可能在"今年内出版"。

《国立云南大学西南文化研究室概况》对第一年年度工作完成情况有说明:

　　第一年度经费十万,计划出版专书五种,杂志一期。与印刷局订立合同应在三十一年三月印完,而耽延至今,始印成杂志一期,专刊三种。余二种,各排四、五分之一,以至影响第二年度工作未能顺利进行。

说明因印刷局的问题,计划未能完成。张印堂《滇西经济地理》、方国瑜《滇西边区考察记》、徐嘉瑞《云南农村戏曲史》均出版于 1943 年 7 月,所谓"专刊三种"指此无疑,"在三十一年三月印完",则应为在"三十二年三月印完","耽延至今"的"今",应指

1943 年 7 月。

至于学报一期，张印堂《滇西经济地理》提供了说明。作为该室"西南研究丛书"第一种的《滇西经济地理》底封外页上半页列有《云南大学学报》第一类第一号目录，下半页列有《云南大学学报》第一类第二号目录，并在右侧竖排标明"云南大学学报国立云南大学西南文化研究室发行"。但第一类第一号封面上标明"民国二十八年四月出版"，封面下标明"国立云南大学出版"。此时，西南文化研究室尚未成立。《云南大学学报》第一类第一号的出版与该室当无关系，将之列为该室所出，应另有考虑。第一类第二号于 1942 年 7 月出版，封面印有"国立云南大学廿周年纪念特刊"、"国立云南大学西南文化研究室出版"等字样。说明其确实与西南文化研究室有关。早在 1941 年 3 月 20 日，熊庆来即函聘请姜亮夫、楚图南、徐梦麟、方国瑜、白寿彝为《云南大学学报》（第一种）编辑委员会委员[105]。但《云南大学学报》第一类第一号既已于 1939 年 4 月出版，这里所谓"第一种"，实际应即第一类第二号。从 1942 年 4 月熊庆来致陆崇仁函可知，陆崇仁已核准给予经费补助，只是尚未拨付，西南文化研究室的成立指日可待。所以将其时正在编印中的《云南大学学报》第一类第二号也列为西南文化研究室的出版物。1948 年 5 月 15 日，云南大学呈教育部部长朱家骅函中有"出版书刊，有丛书十种，学报一种"等语，表明西南文化研究室自始至终出版的学报确实只有一种，也即只有一期。

在《昆明通讯》中，方先生鉴于当时西南学术界研究区域各有侧重，进一步明确了西南文化研究室今后的重点研究区域。他指出：

　　西南地理，包括滇、黔、康、桂，惟关于西康，已有蓉渝之学术团体，多留意□黔、桂之研究亦不乏人。近闻中山大学筹设西南文化研究所，即多留意黔、桂、湘、粤诸地，故此间同人之工作，将多留意于云南，及西南边外越、暹、缅，且推及马来、南洋印度，将徐为之。[106]

同一期的《边疆研究通讯》正好登载了中山大学筹设西南文化研究所的计划及研究重心。"国立中山大学亦将□□设西南文化研究所，而工作将多留意于黔、湘、桂、粤诸地之研究"。[107]又以《云南大学西南文化研究室已正式成立并将刊印专刊多种》为题介绍了云南大学西南文化研究室的成立与研究计划。内容为：

> 云南大学筹设甚久之西南文化研究室，兹已正式成立，闻今后将注重西南民族文化之有系统的科学的研究。并□与东方语文学校合作，拟今年印专刊十种，每种十万字，现已收到稿件甚多。[108]

第二年年度工作计划自 1943 年 1 月至 12 月：

> 本年度工作，拟照第一年度办法，继续推动，于出版刊物觉有加强数量必要，拟刊行专刊十种：包括关于历史研究二种，史料丛刊二种，边疆调查二种，民俗学二种，暹越印缅专著翻译二种，此外拟出版学报二期。有创见之学术性作品，汇刊一期。至研究室组织，因工作上之需要，拟聘专任研究员一人，专任助理员一人，以担负历史之研究工作。又为搜集史地资料，拟组织历史考察团。赴昭通、曲靖诸地调查汉晋遗迹且对于此区域之历代史蹟做有系统之研究。历史考察团组织拟与北平研究院史学研究所合作，俾收互助之效。考察所得成绩，可由本室专刊发表。[109]

因经费是分年度拨给，熊先生在 1942 年底就开始与兴文、劝业两行的张质斋、孙棨及陆崇仁等就经费补助问题多次协商。12
月 18 日,熊庆来致函陆崇仁、张质斋、孙棨,对拨款 20 万元资助设
置龙氏讲座及设立西南文化研究室表示感谢,说西南文化研究室
聘用研究员、名誉研究员及编辑员开展工作,以出版图书为主要工
作,已出版学报一种,并续印专刊五种,这些成绩"皆出台端之
赐",并附上最近工作情形。12 月 23 日,熊庆来函谢陆崇仁,
提出:

> 今三十一年度行将终了,下年度工作仍应继续,惟一则国
> 币贬值,再则工作亦益稍求开展,因拟请台端于三十二年准予
> 仍由兴文及劝业两行补助西南文化研究室叁拾肆萬元(内考
> 察费拾萬元)以资应用。[110]

1943 年 6 月 2 日,熊庆来致函张质斋,函送西南文化研究室 1943
年计划及龙氏讲座现况各一份,请求赞助[111]。7 月 2 日,张质斋致
函熊庆来说:

> 关于龙氏讲座及西南文化研究室三十二年度之经费,事
> 关本省教育文化事业,自应竭力进行。刻已签奉董事长批准
> 共补助国币四十万元,内中由敝行补助二十四万元,余由劝业
> 银行补助十六万元。至以后有无能力继续补助,应俟营业情
> 形而定。

7 月 24 日,熊庆来函谢陆崇仁、张质斋和孙棨,说明龙氏讲座占 25
万元,西南文化研究室占 15 万元,其中以 5 万元用作科学研究,保
证对于人选及研究计划,当慎加考虑,以收良好效果。在致张函中
说,"多数讲座教授已聘,一部分工作亦早开始,但研究设备须即
加补,贵行补助之贰拾肆萬元,可否垦台端即饬属拨付,藉俾利办
理"? 在致孙行长的函中,则称"讲座教授除一部分旧有者外,又

酌添新者,研究计划大部分早已决定,且正在进行,拟请台端惠允将贵行补助之拾陆萬元,饬属拨付俾利办理"。8 月 6 日,张质斋致函熊庆来,"承嘱拨付龙氏讲座及西南文化研究室款项一节,遵即按敝行补助数目,先行拨付半数,计合国币拾贰萬元,即希查照,迅派妥员过行领取为盼"。8 月 9 日,孙棨致函熊庆来:

> 贵校三十二年度龙氏讲座及西南文化研究室补助费,顷奉陆董事长核准,由敝行担负国币拾陆萬万元,自应遵办,并仍照兴文银行办法先拨半数捌萬元,余俟续拨。亦祈即由敝行开立往来户头陆续提取,似较方便即希派员来行洽办。[112]

同日,熊庆来致函张质斋:

> 承贵行补助之龙氏讲座及西南文化研究室经费,以会计年度计,系自卅二年一月起至年底止,工作亦按时推动,未尝间断。现时间已过去一半,用款系由校暂垫,本学期新聘讲座教授来自外省者,应优予致送旅费,亟待汇发,故敝校需款甚感急切,可否仍恳贵行将该款贰拾肆萬元一次拨发,俾济应用。

8 月 10 日,劝业银行致函云南大学,说明劝业银行负担的 16 万元,自当照办。先拨交半数 8 万元,"余俟以后续拨,即希查照,派员来行洽收"。13 日,熊庆来批示:

> 除送请云南劝业银行启会计出纳组查照外,函谢并参照致兴文银行函,请将其余半数即请拨交应用。

同日,张质斋函复熊庆来,"龙氏讲座及西南文化研究室三十二年度补助费本拟一次拨发,惟近来适以敝行款项较紧,不得已乃分两次拨发,亦请吾兄特予鉴原"[113]。8 月 14 日,云南大学领取两行补助款。9 月 21 日,熊庆来致函两银行,以"现敝校因经费拮据,但新聘讲座七教授来自省外,在应优予致送旅费","需款至感迫切",希望提前拨发剩余的 20 万元补助费。由上可见,因该室成立于 1942 年 7 月,所以第二年度经费从 1943 年 7 月开始算起。这样,前半年的经费得由云大先行垫付。双方的分歧在于分两次拨付还是一次性拨完。

1944 年,该室在拟定第三年年度工作计划时,对第二年度计划的完成情况做了详细说明:

> 第二年度之计划,拟出版图书外,与本校社会研究所及北平研究院史学所合作组织边疆及历史两系考察团,惟经费十五万,仅能作印刷之用,且物价昂贵,差足三种专书之印刷费。而此时研究之方面,应多经意中南半岛及印度马来诸境,故决定印刷陈修和编著之《越南古史及其民族文化之研究》、徐嘉瑞译述之《印度美术史》、朱杰勤译之《暹罗史》,已先后付印。期在暑假内三种可能出版。[114]

然而,因经费不足及物价高涨,不仅聘请专任研究员与专任助理员及考察,出版学报两期的计划化为泡影,而且出版专刊多种的计划也再次搁浅。根据实际情况,不得不量力将计划调整为出版专刊3 种。

因总计划及前两年的年度工作计划多未能实现,1944 年该室"拟继续前二年度之工作办法出版专刊五种。又为研究工作,拟组织边疆、历史两考察团之办法,仍拟照上年度之计划。本研究室聘专任研究员二人,专任助理员二人,分担边疆及历史之研究与民政厅边疆设计委员会及北平研究院史学研究所合作分往车里、昭通两处,以半年期限从事考察,半年期限整理报告书,作本研究室

下年度专刊发表。"[115]此计划拟定后,该室又作了补充说明:

> 本研究室第三年度工作计划,已陈述于最近编印之《国
> 立云南大学西南文化研究室概况》中。惟尚有补充说明者,
> 云南本僻在西南,其风俗习惯,尚存古风。有在中原早已消失
> 之重要资料,可供历史上宝贵之参考者,在云南尚可发现。自
> 抗战以来,由于他省人口之不断迁入,云南固有之风俗习惯,
> 遂逐渐发生变迁,今且急转直下,有不可遏阻之势。如不于此
> 时加意搜讨,编入纪录,恐不转瞬将难以寻其迹象矣。又近来
> 入滇之学者至多,如地理、历史、地质、语言、社会等各方面之
> 人才,几均集中昆明。其中定居至六年以上者,均各有专门之
> 著作,对云南文献之搜集、整理已成之长篇巨制,更不知凡几。
> 亟应乘此时机,尽量罗致,以免此项珍贵材料,日久散佚。现
> 拟在短期内,印行较新颖之"云南文化丛书"十种(其中名称
> 请酌定),以作本省文献之宝库。故本研究室第三年度之工
> 作,较之过去两年,倍加浩繁。兼以纸张昂贵,印刷增价,揆之
> 既往,已在十五倍以上。因之本年度经费之预算,自不能不
> 增加。[116]

该年度经费预算自 1944 年 8 月至 1945 年 7 月,包括研究室办事
经费、图书购置及出版费、边疆及历史考察团经费,合计
1243200 元[117]。

为此,熊先生再次就经费问题求助于省财政厅长陆崇仁。
1944 年 3 月 18 日,熊庆来致函兴文银行和劝业银行:

> 敝校西南文化研究室成立已近三载,过去经费均蒙慨予
> 补助,工作得以顺利推动。两年以来,出版专著已有四种,在
> 刊行中者尚有四种。三十三年度,拟仍继续进行过去工作。

现复拟于短期内印行一较新颖之云南文化丛书十种,以作本省文献之宝库。目前纸张印刷昂贵,经费自不能不较过去增加。兹拟编就概况及预算各一份,拟请查照。本过去扶持之精神,仍由贵行及兴文、劝业银行共同补助国币一百二十四万三千二百元,以利办理。事关发展西南文化,相应抄同概况及预算,备文送请贵行查照,惠予补助。[118]

7月8日,熊先生致函陆崇仁:

本校西南文化研究室历年叨荷鼎力维持,稍获进展,曾将丛书分送左右。现在文化室同人以主席龙公执政十余年,对国家贡献已多,对地方财政、民政、教育日臻上理。拟出云南文化丛书二十种,以作永久之纪念,凡历史文化、经济、物产等有关云南之专门著作,均加搜集印行。曾由本校教授徐梦麟面呈一切,并由方国瑜、徐梦麟两君负责计画推进。至所拟预算全系印刷费,每种以五万元计约需一百万元,业已另案送达。恳祈特予核准,庶不负主席及台端提倡教育、发扬文化之初心。[119]

1944年11月8日,张质斋致熊庆来:

贵校龙氏讲座及西南文化研究室卅三年度补助费一案,值兹资金拮据,□□窘迫之际,照原额补助尚感困难,惟事关本省文化,现经会同劝行,签奉陆董事长请核准,勉照三十二年度补助额增加一倍共补助国币八十万元,由散兴劝两行以六四成分担等因,相应函达,即希查照,派员持据分别领取。

17日,云南大学从两行领取40万元。12月21日,熊庆来饬云大文书组分别致函兴文银行和劝业银行,要求拨付剩余40万补助经

费。1945 年 1 月 11 日,云南大学函谢兴文银行和劝业银行,说资
助的 80 万元"已先后二次如数领取"[120]。

前引 1944 年 3 月 18 日,熊先生致函兴文、劝业两银行,提到
"两年以来,出版专著已有四种,在刊行中者尚有四种",共 8 种,
但未具体介绍。《国立云南大学西南文化研究室概况》第五部分
"西南文化研究丛书书目"为此提供了答案。已出版者有《滇西经
济地理》、《滇西边区考察记》、《云南农村戏曲史》、《越南古史及
其民族文化之研究》;在印刷中者有《明清滇人著述书目》、《缅甸
史纲》(译本);准备付印者有《印度美术史》(译本)、《暹罗史》(译
本)。《图书季刊》第五卷第二三期所刊《国立云南大学西南文化
研究室近况》[121]对此有更为详细的介绍:

　　　　该研究室所编之西南文化研究丛书,已出版者有张印堂
　　之《滇西经济地理》,方国瑜之《滇西边区考察记》,徐嘉瑞之
　　《云南农村戏曲史》,陈修和之《越南古史及其民族文化之研
　　究》。已在印刷中者有方树梅之《明清滇人著述书目》,李田
　　意译之《缅甸史纲》。准备付印者有徐嘉瑞译之《印度佛教美
　　术史》及译本《暹罗史》。

这与《国立云南大学西南文化研究室概况》基本吻合。根据丛书
出版的具体时间,张印堂著《滇西经济地理》、方国瑜著《滇西边区
考察记》、徐嘉瑞著《云南农村戏曲史》出版于 1943 年 7 月,陈修
和著《越南古史及其民族文化之研究》出版于 1943 年 12 月,方树
梅撰《明清滇人著述书目》、英国 HaTvay 著,李田意等译《缅甸史
纲》出版于 1944 年 12 月。而第一、二年年度计划中的《二十四史
云南文献辑录》,第三年年度计划中的徐嘉瑞译述《印度佛教美术
史》(或《印度美术史》)、朱杰勤译《暹罗史》,均未能出版。

以该室当时的财力及人力条件,要"短期编成"《二十四史云南文献辑录》是不可能的。前述接洽中的《蛮书校注》后未列入计划,客观原因是限于当时条件无法完成,不得不放弃[122]。徐嘉瑞译述《印度佛教美术史》(或《印度美术史》)未能出版的原因,仍不清楚。

朱杰勤,1913 年农历五月初八日生于广州市。1933 年考入中山大学研究院历史研究所。1936 年以优等成绩毕业后任教于广州美术学校。1937 年任教于中山大学。抗战爆发后随中山大学迁到云南澄江。不久任昆明空军学校编译。1942 年任南洋研究所史地研究室研究员兼主任。1943 年转入东方语文专科学校,担任印度史和泰缅史教授。1945 年,任教于云南大学文史系,担任世界古代史一课。[123] 1943—1945 年在东方语文专科学校任教期间曾翻译《吴迪〈暹罗史〉》[124]。西南文化研究室拟出版者即为这一译本。原书是一本历史名著[125],但不知何故朱杰勤译本未能出版。

据此,前述西南文化研究室将出版译著《缅甸史》列为 1942 年度计划,在 1943 年度计划中又增加出版译著《暹罗史》。方先生 1942 年 12 月在《昆明通讯》中提到与东方语文专科学校合作,拟出《缅甸史》一种和《暹罗史》一种,并已着手翻译。西南文化研究室与东方语文学校合作,目的在于利用其外语优势。其时李田意任职于东方语文专科学校,他们翻译《缅甸史纲》,朱杰勤翻译《吴迪〈暹罗史〉》,由西南文化研究室负责出版,显然均是双方合作的内容。需要补充说明的是,朱杰勤教授于 1943—1945 年任教于东方语文专科学校期间,也翻译过哈威的《缅甸史纲》一部,但被贵州文通书局接收后遗失。[126]前述第一年度工作计划中,专刊已决定者有李田意翻译《缅甸史纲》,所以朱译《缅甸史纲》不在双方合作的范围。

第三年年度计划制定后,未见该室制定第四年年度计划,两行对该室的经费资助亦告停止。这除了与当时整个经济形势有关外,可能主要还是受陆崇仁贪污案的影响。抗战胜利后,陆崇仁因贪污案被云南省参议会检举,在 1946 年 3 月 20 日举行于重庆的国民参政会第四届第二次大会上又被举发。当时报道称:"罗衡举发云南田赋管理处处长陆崇仁贪污四十亿万元之巨",成为"粮食询问案中最惊人的一问"。粮食部部长徐堪表示:"陆崇仁贪污案,一定依法严办,绝不宽假!"[127]《云南省研究机关概况调查表(西南文化研究室)》(1947 年 5 月 10 日)"备考"栏内容为"研究室无固定经费,遇有著作出版时,临时筹募"。所说的即是两行停止补助后的情况。

1947 年出版李拂一的两本书,经费就是源于筹集。李先生在《泐史》一书的"题记"中说:"余友周丕儒先生,热心边地教育文化者也。十年前,尝斥巨资,在佛海兴建市场三廊,计三十一间,移赠地方,作教育专产,年收巨额租金,培植边地青年,地方人士,……闻《泐史》及《车里宣慰世系考订》两书,尚歉资以付印也,力赞其成。""西南研究丛书"前七种均在底封里页标明发行者为"国立云南大学西南文化研究室",印刷者为"云南印刷局"。从第八种《泐史》开始,发行处变为"文建书局",印刷者变为"云南鼎新印刷厂"。第九种《车里宣慰世系考订》底封里页发行处仍为"文建书局",但印刷者则变为"崇文印书馆"。发行者与印刷者的改变,无疑源于印费问题。第十种徐嘉瑞著《大理古代文化史》也是靠筹资出版的。该书成稿后,1946 年夏"谋将全卷付梓。商请方国瑜师暨赵绍普学长,代向大理人士筹印费"。[128]据《方国瑜传》,该室印书的经费,开始是用兴文、劝业银行补助的 10 万元国币开支,但由于当时通货膨胀很快,为使这笔钱能保值,研究室决定把 10 万元国币一次性买成纸张,陆续取用作为印刷用纸和付印刷费用。
这笔钱由云南大学会计室经手,但会计室拿到钱后迟迟不去买纸,
经方国瑜等人多次交涉后才去买,由于时间晚了一个月左右,买到
的纸少,所以"西南研究丛书"印完 7 种,纸张就用完了。《丛书》
的最后 3 种是依靠私人的捐款才得以出版的[129]。不过事实则是,
1953 年 10 月方国瑜说预备印书的建重纸还有 20 余盒。

　　然而,靠私人集资毕竟不是长久之计。因此,该室只能另做打
算,熊先生等转而寄希望于教育部。1948 年 5 月 15 日,云南大学
向教育部部长朱家骅呈报西南文化研究室工作概况,请予设置员
工并核给出刊经费[130]。呈文至今未有人引用,具有重要的史料价
值,兹将全文转录于下:

　　　　窃查我国西南史地,前人研究成绩率多肤浅,且见解不正
　　确,而研究国史者,又多疏忽。本校文史系同人有鉴于此,乃
　　于二十九年冬,组织西南文化研究会,搜集材料,逐谋加以整
　　理。时值抗战军兴,西南为抗战建国基地,留心其史地者日
　　众。中央党部,曾有筹设西南文化研究所之议。为加强研究
　　工作起见,乃由本校聘请专家,于民国三十一年七月,改组该
　　会为西南文化研究室。成立以来,因校款奇拙,该室经费,从
　　未列入预算。所有费用,概系向外捐募,所得即用以出版图
　　书。现出版书刊,有丛书十种,学报一种,每种各印刷五百册,
　　大都分送国内外学术机关及研究室专家参考,仅以少数出售。
　　以其收入作为赠书印费,并购买参考书籍百数十册。当成立
　　之初,虽草拟缘起,按年商定计划,逐步实施。惟以无固定经
　　费,原计划多未能实现。且西南区域广大,顾及全面,力有未
　　逮,故暂偏重于边疆区域及中南半岛诸国之研究,今后计划亦
　　拟如此。后查战后中南半岛,据实已非往昔可比。此区域文

化之发展,原受我国扶植,曾经西欧势力所支配,今渐谋独立,
而已有之文化并未充实。本我已达达人之旨,自当予以辅助。
云南地处西南,在地理位置上至为重要,实负有此种责任。于
学术方面,本校拟与缅、暹、越诸国学术机关,作密切联络,以
谋共同发展。盖利用地理上重要条件,可能有特殊之成就,不
可不勉力为之。惟本校各部门,均负有专责,此一特殊任务,
又不能不委之西南文化研究室。本年一月初,该室主任方国
瑜教授,曾致函仰光大学校长,就该室名誉编辑员李拂一赴缅
甸之便,携往商议中缅文化合作计划。仰光大学及缅甸政府
对此极感兴趣。国务总理达钦汝招待李拂一时,该国各部行
政首长及大学校长均在座,达钦汝恳切表示愿与本校竭诚合
作。国务副总理及大学校长,亦分别招待李拂一,商议结果,
甚为圆满。在最近即可实现者,为交换教授与共同研究中缅
关系。近又由该室主任致函曼谷朱拉銮干大学校长,托旅居
暹罗主编《中暹学报》之许山雨君代为洽商中暹文化合作。
又该室同人,前与越南东京之东方博古学院院长谢代斯及研
究员右泰安多有联络,今越南在混乱中,待其局势稍定中,中
越文化合作事宜,亦可正式函商。

我国与中南半岛诸国,境域相接,诸凡经济、政治、文化、
军事,莫不密切相关,当由多方面与之联络,而文化学术之合
作,促进经济、政治、军事之关系者甚大。本校因此项任务,拟
加强西南文化研究室工作。过去因研究室尚无显著成绩,故
未敢率尔请求经费,近年来,出版丛书,风行国内外,且与研究
边疆问题之学术团体,及边疆人士,时通消息,并与中南半岛
边疆问题诸国学术机关密切合作,必须有负专责之人员,以资
办理。所需研究员三人,助理员二人,工役一人,及出版书刊

经费,拟请钧部准予核拨,俾利研究。是否有当,理合拟具研究计划,备文呈请钧部核准示遵。

呈文主要就西南文化研究室成立缘起与经过、经费来源及使用情况、计划及工作情况、战后工作计划及其重要性作了说明,目的在于向教育部申请经费资助。末附《国立云南大学西南文化研究室计划书》,其第五部分"经费"如下:

> 预算三十七年八月至三十八年七月　本室自民国三十一年成立以后,募集经费刊印学报、丛书,未能进行他项研究工作,拟自三十七年度起请求设置专任人员,名额之经费及出版经费,兹概算如次:
>
> (甲)薪津
>
> (一)专任研究员三人(由一人兼任主任,月薪六百元;又二人各月薪五百四十元)。
>
> (二)助理研究员二人,各月薪二百四十元。
>
> (三)书记一人,月薪九十元。
>
> (四)工友一人,月饷十五元。
>
> (乙)出版费
>
> (一)每年出学报二期,每期约十五万字。
>
> (二)每年出丛书二种,每种约十五万字。
>
> (三)每年出西南文献丛刊二种,每种约二十万字。
>
> (附注:)人员薪金之基本数□□数及学术研究费等项并照大学教员待遇,出版费因物卷涨跌无定,待批准出版后估价请求拨给。

方福祺说,该室同仁认为"让研究室成为常设机构,开展长期研究,便可以向教育部申请一笔固定经费。研究室用拟定的'计划书'报教育部,并提出拨固定经费的申请"。[131]指的显然即是此事。当时国民政府在内战中节节败退,自然无力顾及此。因此,呈文的结局可想而知。

不过,西南文化研究室依然想方设法于1949年7月出版了"西南研究丛书"第十种。但是,尽管该书的出版颇费周折,还是留下不少遗憾。方国瑜在书末专述"排印经过",详细说明了出版中的困难:

> 民国三十六年十一月,徐梦麟先生自武昌寄回此书稿本至昆明,即与大理旅昆同乡商议,咸谓亟宜醵付刊,以广流传,即由赵绍普、马崇周两先生筹集;承严燮臣先生捐助国币五百万元,董仁明先生肆百万元,陈公宪先生一百五十万元,马晋三先生一百万元;以五百万元为排印之费,余购报纸四令及封面纸。初谓数月可装册,而此稿乃副本,错落较多,经缪子雍马鸿材二君,假原稿校对,费时较多;且初以为文不过十五万言,实则二十余万言,故为时将一年,印成百七十余页,犹未及全书之半;复承董仁明先生助金圆券五百元,由研究室购纸二令,催促排印,至今五月,始将全稿印完。春初,李季邺先生在南京,从石钟先生处,假南诏中兴二年画卷之影片归滇;原件藏清宫,散出为日本人某所得,携往美国展览,有人摄影制版,印入哈佛燕京学报,石先生复从学报重摄者,为云南今存第一纸本;故宫博物院所藏大理国张胜温佛画长卷,曾在重庆展览,名震一时,恨犹未得见影本,中兴画卷,亟宜广为传播;又承董仁明先生捐助滇铸银币捌拾元,用制铜版及印资,置于卷端。印既竟,将付装订;董仁明先生四次捐助滇铸银币百四十元,为装册之费;经历周展,始告成书。是书之篇页,本非甚巨,而此时物力艰难,延时一年又半,即通用货币,亦经三易:

当三十六年冬,赤金一两,兑国币八百万元,去冬兑金圆券八百元,前月兑滇铸银币二百元,变更之巨,莫逾于此时,刊印是书,适逢其会,将经过附载书末云。

自 1949 年 7 月出版丛书第十种后,至 1953 年 10 月停止,研究室实际上处于瘫痪状态。

第四节　西南文化研究室的终结

西南文化研究室的设置只是先奠定一个基础,并不是最终目的,"待将来基础较固,改组为研究所"(见"设置旨趣")。但抗日战争胜利后,国民政府还都南京,内迁西南的研究机构和高校陆续返回复校,内迁专家学者亦多相继离滇,这势必对该室的发展造成不利影响。

为避免因各校复员而导致研究工作中断,熊庆来拟将西南文化研究室与西南社会研究室合并,扩充为西南文化社会研究室,聘请北京大学、清华大学和燕京大学的教授担任讲座教授或导师。1946 年 2 月 11 日,熊庆来致函以上三校,对此作详细说明。

抗战八年,胜利降临,贵校对学术之贡献将占中国学术史中之重要篇页。尤其八年以来,于艰苦生活之中,对西南文化社会之调查研究工作,在中国边疆文化史开一研究之新纪元。敝校僻在边隅,蒙惠良多。现在贵校复员在即,对于将来边疆文化社会之研究工作势必暂时停顿,兴言及此,良用憬然。为使研究工作不致中断,使边疆教育得以维持,特拟订一合作办法。即将本校旧日之西南文化研究室及西南社会研究室合并扩充为"西南文化社会研究室",拟设讲座或导师若干人,聘请贵校历史、社会、国文等系教授担任,同时兼任散校教授,任期至少以一年为限。待遇除照大学待遇外,致送来往旅费及研究补助金(暂定位薪津总数十分之三),俾边疆文化、教育工作得即希发展,不致停顿。贵校历史悠长,而教授先生亦为学术界先进,必能首先赞同,惠予金诺,特将合作纲要抄稿奉上,即祈早日复示,以便积极商洽进行。

并附《西南文化社会合作纲要》一份[132]。从此后的情况看,熊庆来此举未得到三校的赞同。

1953 年 9 月 22 日,云南省人民政府民族事务委员会致函云南大学说,"我会为了便于研究我省民族问题,拟蒐集有关的书籍和材料,并曾与你校方国瑜教授联系,拟请你校考虑将西南文化研究室所存的书籍和资料卷宗等拨给我会保管应用"。当天,云南大学批示:"请方国瑜先生提出意见(最好先与中文、历史、社会三系联系),以凭函复。"10 月 10 日,方国瑜向学校提出以下意见:

西南文化研究室在解放前已停顿工作,解放后经过清点后暂时保管,等待结束。在云南民族学院筹备期间,曾商量由该院研究室接管,迟延至今。省人民政府民族事务委员会研究室展开工作,再度商量,已正式来函,由瑜与中文、历史、社会三系负责同志征求意见,并同意移交。目前保管有三部分:一为由研究室出版丛书,已印成十种。各种存书数量不等。二为当日收集之参考资料,有数百册。三为预备印书之建重纸二十余盒。在历史系系务会议上提出:一、提建重纸二三盒作为系内同人之稿纸,其余多数缴总务处。二、出版书分送系内同人若干册,留在图书馆若干册,其余交民委会研究室发送。因印书在反动时期,不能公开发行,只能作为对内参考资料,请民委会慎重分送。三、所存参考书籍可全部移交民委会研究室。四、本校西南文化研究室,即作为结束。

最后"请由学校领导决定后指示,并复民委会,以便办理"。10月12日,云南大学教务处拟定回复省民委稿:

> 我校同意将西南文化研究室所存书籍(除酌留一部分出版书供校内有关系科研究参考外)资料和卷宗等移交你会接管。关于所有出版书籍因在反动时期不能公开发行,只能作为对内参考资料,将来你会分送时,希慎重办理。

但未发出。13日,云大教务处草拟对西南文化研究室及方国瑜所提意见的处理意见。关于该室,"我校对兄弟民族研究,目前并未停止,将来亦为发展目标,西南文化研究室既是学校内部研究机构之一,目前□未工作,似有取消之必要,更不必移交给其他机关。"对于方先生所提办法,经重与方先生商量,并经王副教务长同意,作如下修正处理:①该室编印之书籍,有存数百数册者,有仅存十数册者,除每种提出三册送图(书馆)编目供借阅外,分送有关教课教师各一册,存数较多之书,亦可应历史系教师之要求,每人送给一册,其余全体移送(非移交)民委会办理。历史系学生要求每人给一册,不能同意[133]。②其他有关书籍及资料,整理后移交图(书馆)供我校教课参考用。③所存建重纸二十余盒,既属学校财产,即应尽数交总务处。历史系系务会议,决抽出二三盒印成稿纸供系内同人用,有此公私不分,是否可行,请决定。以上处理办法,如学校同意,方国瑜先生希望给予书面告知,使能根据著学校决定去"应付"。13日,学校批示按处理办法①函复省民委会。对处理办法③,批示"仍以移交总务处为合法"。对历史系学生的要求,则批示"函方先生,学校已决定学生不能分用"。14日,云南大学致函民委会,"我校西南文化研究室所编印的书籍,除有关系科对教学研究方面必需参考留用外,其余全数送交你会"。学校拟定的致方先生函中说:关于西南文化研究室出版书籍及资料,决定作如下处理:1、出版书籍除教课有关教师可分送一套外,提出一部存图(书馆)其余全移送民委会。2、参考类及资料清理后移交图(书馆)供教学参考,至于方先生拟应历史系同学要求,将西南文化研究室编印的书籍分送同学各一册,因是类书籍民委事务委员会颇为需要,必须检送民委会,不能同意每个同学都分给一册,如同学需要参考时,学校酌留相当册数交图书馆编目存览,可以向图书馆借阅。而建重纸属于学校财产,须全交总务处。

9月22日,省民委还函请云南大学同意该会委托方国瑜、杨堃、江应樑研究民族问题,说省民委研究室为了进行云南省少数民族的族系分类的调查研究工作,曾与方国瑜、杨堃、江应樑三教授联系,已决定三项:(一)定期(一旬或半月一次)参加民委会民族研究座谈会,交换调研意见(座谈时间大概预定在星期四午后二时半至六时)。(二)委托研究:不定期请三教授提出有关民族研究专题论文或材料,供参考。(三)交换并提供有关云南少数民族的文献参考资料。同日,学校批示同意,并通知三位教授。23日,云南大学复函同意[134]。虽然西南文化研究室已经终结,但方国瑜和江应樑还是继续为政府的云南民族研究及此后的民族识别贡献力量。

注 释

1 傅于尧:《学问道德 风范永存——记方国瑜对熊庆来的深切怀念》,载《思想战线》1993年第2期,第16页。

2 云南省档案馆藏档《为报文化研究室工作概况请予设置员工并核给出刊经费事呈

教育部》(1948 年 5 月 15 日),16—1—585。

3 云南省档案馆藏档《国立云南大学二十九年度校务行政计划进度表(节录)》,1016—1—197。

4 云南省档案馆藏档《函聘楚图南等 7 人为西南史地研究室筹备委员会委员》1016—1—91。

5 以上参见《国民党中央组织部提议并经五届八中全会通过的设置边疆语文系与文化研究所以利边政施行案》(1941 年 4 月 1 日),《中华民国史档案资料汇编》第五辑第二编教育(二),江苏古籍出版社 1997 年版,第 142 页。

6 云南省档案馆藏档《函聘方国瑜、楚图南费孝通为西南文化研究室筹备主任及委员由》,1016—1—347。

7 《国立云南大学文史学系之学术演讲会》中提到"国立云南大学文史学系及文史学会本年度举办学术演讲会",可见"文史学会"是存在的。参见《图书季刊》第五卷第二三期,1944 年 6 月 9 日。

8 17 12 云南省档案馆藏,《为请补助西南文化研究室及补助设置讲座计划事致函陆子安厅长》1016—1—115。

9 按:据《边疆研究通讯》第一卷第一号(1942 年)《边疆学术运动消息(十六则)》之《云南边疆研究团体行将成立》,"西南联大教授吴泽霖,前云大教授吴文藻等近在昆明发起一边疆研究团体,学术界参加者颇众,惟名称尚未定云"。李先生所说,当指此无疑。

10 李根源:《上将委员长请筹设西南边疆文化研究机关书》,《永昌府文征·文录》卷三十民十二,云南美术出版社 2001 年版,第 3076—3077 页。

11 《军委会委员长侍从室抄转李根源建议加强边疆文化研究机关代电及重要研究院办理情形呈》(1941 年 12 月),中国第二历史档案馆编:《中华民国史档案资料汇编》第五辑第二编教育(二),江苏古籍出版社 1997 年版,第 143、145—146 页。

13 云南省档案馆藏档《就请付补助西南文化研究室及龙氏讲座费用与兴文、劝业银行函件往来》1016—1—115。

14 云南省档案馆藏档《分别致函姜亮夫、徐梦麟、陶云逵、费孝通、楚方鹏、方矐仙、方国瑜等人聘其为本校西南文化研究室研究员事由》1016—1—115。按:姜亮夫字寅清,也称姜寅清。徐梦麟即徐嘉瑞,梦麟是其字。楚方鹏即楚图南,方鹏是其字。方矐仙即方树梅,矐仙是其字。

15　《兴文劝业两银行拨款补助云大》,《云南日报》1942 年 7 月 28 日第三版。

16　方福祺著:《方国瑜传》,云南大学出版社 2001 年版,第 79 页。

18　云南省档案馆藏档,《云南大学西南文化研究室概况》1016—1—585。

19　云南省档案馆藏档,《西南文化研究室计划书》1016—1—585。

20　"已",1944 年版、1948 年版均作"而"。

21　"设",1944 年版、1948 年版均作"设"。

22　"异域",1944 年版、1948 年版均作"外域"。

23　1944 年版无"中国"二字。

24　"殖",1944 年版作"置"。

25　"多阻",1944 年版作"阻塞",1948 年版作"堵塞"。

26　"多",1944 年版、1948 年版作"已"。

27　"陶镕",1944 年版、1948 年版均作"陶融"。

28　1944 年版、1948 年版均无"各"字。

29　"资源",1944 年版、1948 年版作"榛莽"。

30　"亦相□",1944 年版、1948 年版均作"道途相通"。

31　"集养",1944 年版、1048 年版作"聚养"。

32　1944 年版、1948 年版均无"非顷刻□可办,将"诸字。

33　1948 年版此处有"之"字。

34　1944 年版、1948 年版均无"迩者中央党部八中全会有筹设西南文化研究室之议
　　决,当即为此。"句。

35　"有",1944 年版、1948 年版作"尤觉有"。

36　"工",1948 年版作"功"。

37　"边区",1944 年版、1948 年版作"边疆"。

38　1944 年版、1948 年版均无"二者"。

39　"而艰苦过于他省之研究及一般文化工作",1944 年版 1948 年版均作"而为艰苦之
　　工作"。

40　1944 年版、1948 年版无"之"字。

41　"若干人",1948 年版作"三至七人"。

42　1944 年版此处还有"及编辑员"数字。"研究员",1948 年版作"编辑员"。

43　1944 年版此处还有"及赞助员"数字。

44　1944 年版此处还有"名誉编辑员"数字。

45　1944 年版无"研究"二字。

46　"事务员及书记",1948 年版作"事务员、书记及工友若干人"。

47　1944 年版、1948 年版第九条内容均为"本室为研究便利,由研究员、编辑员及助理员分别担任专题之研究。

48　"各项办事细则及研究生服务规则,另定之。"1944 年版 1948 年版均作第十三条。

49　1944 年版、1948 年版均作第十四条,前加"本室"二字。

50　1944 年版此处还有两字,原文字迹模糊无法辨认。

51　"得随时修改",1944 年版、1948 年版均作"得经研究室会议修改"。

52　1944 年版、1948 年版均作第十五条。

53　傅于尧:《学问道德　风范永存——记方国瑜对熊庆来的深切怀念》,载《思想战线》1993 年第 2 期,第 15、16 页。据傅先生言:以上所述,为方先生在 1982 年 12 月下旬至 1983 年 7 月间,先后讲述熊庆来先生的生平事略的记录。

54　李埏:《教泽长存　哀思无尽——悼念方国瑜先生》,李埏著:《不自小斋文存》,云南人民出版社 2001 年版,第 723 页。

55　李埏:《熊迪之先生轶事》,李埏著:《不自小斋文存》,云南人民出版社 2001 年版,第 719 页。

56　方国瑜著:《滇西边区考察记·序》,国立云南大学西南文化研究室 1943 年 7 月版。

57　《自订年谱》,姜亮夫著:《姜亮夫全集》二十四卷《回忆录》,云南人民出版社 2002 年 12 月版,第 416、417 页。

58　60　《兴文劝业两银行拨款补助云大》,《云南日报》1942 年 7 月 28 日第三版。

59　云南省档案馆藏档《函聘顾颉刚等三十二员为本校西南文化研究室名誉研究员及编辑员》1016—1—1251。

61　云南省档案馆藏档,《函聘姜亮夫、徐梦麟、楚方鹏等六人为本校西南文化研究室研究员事由》1016—1—115。

62　梁吉生:《英年一死献滇边——陶云逵在昆明的日子》,《抗战时期文化名人在昆明》(二),云南人民出版社 2002 年版,第 239 页。

63　云南省档案馆藏档,1016—1—585。

64　《云南省研究机关概况调查表(西南文化研究室)》作"李俊昌"。

65　方国瑜著:《隋唐声韵考·自序》,《方国瑜文集》第五辑,云南教育出版社 2003 年版,第 379 页。按:原稿将"莘"误为"萃"。

66　68　具体参见《顾颉刚日记》第四卷(1938—1942),台北联经事业出版公司 2007 年版,第 168、206、218、227、234、256—259、261、263、264、269、270、273、324、385、396、470、513、537、206 页。

67　方国瑜著:《纳西象形文字谱·弁言》,云南人民出版社 1981 年 4 月版,第 4 页。

69　李有义:《汉夷杂区经济·出版自序》,刘世生选编:《汉夷杂区社会研究:民国石林社会研究文集》,民族出版社 2008 年 12 月版,第 125 页。

70　载《新动向》第三卷第一期,1939 年 9 月 1 日。

71　73　载《新动向》第三卷第四期,1939 年 11 月 1 日。

72　见《新动向》第三卷第四期《编辑后记》,1939 年 11 月 1 日。

74　1948 年版此处还有"暹罗"。

75　"自汉以来",1944 年版、1948 年版均作"历代"。

76　"并包有一般",1944 年版、1948 年版均作"及"。

77　"自汉以来",1944 年版、1948 年版均作"历代"。

78　1944 年版、1948 年版均无"(四)"这部分内容。

79　1944 年版、1948 年版均为"(四)"。

80　1944 年版、1948 年版均无(六)(七)的内容,其(五)(六)部分内容分别为:(五)西南文化一般问题之研究。古代及近代之一般问题,如经济资源、土宜物产、礼俗文学、艺术、语言文字诸端之实况及其演进。(六)西南边区之自然与人文之研究。调查边境之地理环境与人民生活,并研究如何改良物质享受及促进教育文化诸问题。

81　1944 年版、1948 年版均为"(七)",内容为"历代经营藩属之史蹟与诸境现状,并与本国有关之政治、经济、文化诸问题。"

82　1944 年版中的这部分内容还加了次级目录"(一)总纲",(二)为"工作计划",甲以下为工作计划的内容。1942 年版无。1948 年版无次级目录。

83　"设备",1944 年版作"设置",1948 年版作"设备"。

84　"传说、故事、神话歌谣等",1944 年版作"口传"。

85　1944 年版无"之",1948 年版有"之"。

86　"调查",1944 年版、1948 年版均作"考察"。

87　1944 年版、1948 年版均无"并考古发掘"诸字。

88　"民族",1944 年版作"边疆民族"。

89　"民族生活之考察",1948 年版作"边疆民族生活及边外诸国之考察"。

90　"文献丛刊",1944 年、1948 年版均作"文献"。

91　"其",1944 年版、1948 年版均作"他"。

92　"集刊",1948 年版作"学报"。

93　"专刊",1948 年版作"丛书"。

94　"收为丛书",1944 年版、1948 年版均作"专"。

95　云南省档案馆藏档,1016—1—115。

96　116　云南省档案馆藏档,1016—1—585。

97　《兴文劝业两银行拨款补助云大》,《云南日报》1942 年 7 月 28 日第三版。

98　"经费有限",1944 年版作"限于经费"。

99　1944 年版此处还有"并在本年度完成"数字。

100　1944 年版无"专刊已决定……印成。"一句。

101　云南省档案馆藏档,《函送兴文劝业银行本校西南文化研究室及龙氏讲座本年计
　　　划请查照事由》1016—1—115。

102　方福祺著:《方国瑜传》,云南大学出版社 2001 年版,第 82—83 页。

103　云南省档案馆藏档《云南大学西南文化研究室决定印专刊五种之学术界消息》
　　　1016—1—1251。

104　106　方国瑜:《昆明通讯》,载《边疆研究通讯》第一卷第五六号合刊,1942 年 12
　　　月 20 日。

105　云南省档案馆藏档《函聘徐梦麟、楚图南为本校"云南大学报"第一种编辑委员
　　　由》10161—1—107。

107　《中山大学将筹设西南文化研究所》,载《边疆研究通讯》第一卷第五六号合刊,
　　　1942 年 12 月 20 日。

108　载《边疆研究通讯》第一卷第五六号合刊,1942 年 12 月 20 日。

109　云南省档案馆藏档《函送兴文劝业银行本校西南文化研究室及龙氏讲座本年计
　　　划请查照事由》1016—1—115。按:1944 年版作"本年度,当继续第一年之工作
　　　办法,且为逐渐发展计,出版刊物拟较第一年度加倍,即刊行专刊十种,学报二
　　　期。又为研究工作之需要,拟聘专任研究员二人,专任助理员二人,分担历史及

边疆之研究工作。又为搜集史地资料，拟组织历史及边疆两考察团。历史考察在昭通、曲靖诸地之汉晋遗迹；边疆考察在车里、佛海诸地之摆夷区域。而本室之人力、物力恐不能负专责，故历史考察，拟与北平研究院史学研究所合作；边疆考察，拟与本校社会研究所合作，可得相助之效。考察所得成绩，归本室专刊发表。"

110　112　云南省档案馆藏档《分别就资助云大西南文化研究室及补助龙氏讲座事由及拨付款项金额等与云南大学函件往来》1016—1—115。

111　云南省档案馆藏档《补造本年度本校西南文化研究室及龙氏讲座情况致函劝业兴文银行请资助由》1016—1—115。

113　云南省档案馆 1016—1—115。

114　《国立云南大学西南文化研究室概况》，1016—1—585。

115　《国立云南大学西南文化研究室概况》，1016—1—585。"边疆设计委员会"，应为"边政设计委员会"。

117　《国立云南大学西南文化研究室第三年度经费预算书》，1016—1—585。

118　云南省档案馆藏档《为补助西南文化研究室经费及龙氏讲座经费事致函兴文劝业两银行由》1016—1—585。

119　云南省档案馆藏档《为举办第二期学术讲座事致函云南大学校长熊庆来》，1016—1—585。

120　云南省档案馆藏档《为合作办理西南文化研究室聘请教授事致函北京、清华、燕京等大学由》1016—1—585。

121　1944 年 6 月 9 日。

122　向先生在 1962 年出版的《蛮书校注·序言》中所述可以清楚地说明这一点："我于一九三九年至云南，寓居昆明乡间。村居寂寥，亟想知道一点云南古代历史，因从前中央研究院历史语言研究所借了一部蛮书。后来索性把当时所能借到的琳琅本、备征志本、渐西本和闽本一共四种本子的蛮书，合钞成一个本子，置于案头，以供自己随时翻阅之用。在钞录的时候，逐渐感觉到通行本的蛮书有些问题。……看书时因将所见到的有关材料，随时签注在钞本上。一九四二年将这些材料综合起来写成一个清本，是为校注的最初草稿。那时候像内聚珍本、四库本、知不足斋的鲍本，在昆明都看不到。一九四六年回到北京，始从北京图书馆得读文津阁四库全书中的蛮书。一九四七年在今南京博物院看到旧避暑山庄藏内聚珍本和今南京图书馆所藏卢文弨校本蛮书,以后又得到鲍本。前后大约经过二十年,蛮书的几个重要本子都看到了。同时对于蛮书的校勘和注释也积累了一些新的资料。最近有机会将蛮书校注重新写定,是为现在的初藁本。"参见(唐)樊绰撰,向达校注:《蛮书校注·序言》,中华书局 1962 年 5 月版,第 6—7 页。

123 126 《朱杰勤自述》,高增德、丁东编:《世纪学人自述》第 4 卷,北京十月文艺出版社 2000 年版,第 388—392、392 页。

124 《朱杰勤主要论著》,蒋述卓主编:《暨南文丛》第三卷,暨南大学出版社 2006 年版,第 615 页。

125 吴迪在 20 世纪 20 年代曾任英国驻泰北靖迈总领事。他在泰国期间,搜集历史资料,撰写了《暹罗史》一书,于 1926 年在伦敦出版。这是西方人所写的一本泰国通史,因而一度行销于世界各国,被认为是一部"具有学术价值的巨著"。继朱先生之后译此书的陈礼颂在译本序言中说:"吴书文字简练,可资诵读","其征赅博,考证精微,最属难能"。并指出《暹罗史》堪称暹罗国史之杰作,所以问世后马上引起广泛的重视,世界各地纷纷"函询购取此书"。陈礼颂的译本由商务印书馆 1947 年出版。参见马祖毅等著:《中国翻译通史》现当代部分第 1 卷,湖北教育出版社 2006 年版,第 465 页。

127 本报驻渝记者廖毓泉:《参政会旁听记》,载《联合画报》第 169—170 期,1946 年。

128 132 徐嘉瑞著:《大理古代文化史·缪跋》,云南大学西南文化研究室 1949 年 7 月版。

129 131 方福祺著:《方国瑜传》,云南大学出版社 2001 年版,第 83 页。

130 《为报文化研究室工作概况请予设置员工并核给出刊经费事呈教育部》,1016—1—585。

132 云南省档案馆藏档《为合作办理西南文化研究室聘请教授事致函北京清华燕京等大学》1016—1—585。

133 按:历史系学生的要求,应是教务处重新与方先生商量时,方先生代为转达。

134 云南大学档案馆藏《1953 年度历史系教学工作计划总结(西南文化研究室书籍资料移交事)》,1953—Ⅱ—47。

第 六 章

国立云南大学西南文化研究室的成就

　　自始至终,西南文化研究室共编印《云南大学学报》一期,即第一类第二号,出版"西南研究丛书"10 种:第一种,张印堂著《滇西经济地理》,1943 年 7 月出版;第二种,方国瑜著《滇西边区考察记》,1943 年 7 月出版;第三种,徐嘉瑞著《云南农村戏曲史》,1943年 7 月出版;第四种,方树梅撰《明清滇人著述书目》,1944 年 12月出版;第五种,李田意、叶柽、曹鸿昭译《缅甸史纲》,1944 年 12月出版;第六种,陈修和著《越南古史及其民族文化之研究》,1943年 12 月出版;第七种,张镜秋译注《僰民唱词集》,1946 年 8 月出版;第八种,李拂一译《泐史》,1947 年 2 月出版;第九种,李拂一撰《车里宣慰世系考订》,1947 年 4 月出版;第十种,徐嘉瑞著《大理古代文化史》,1949 年 7 月出版。

　　因该室多次自称出版学报两种,这很容易引起误导,而且学术界长期以来似从未有人提及编印学报一事,可见后人对此几乎一无所知。因此,指出该室自始自终只编辑《云南大学学报》一期非常必要。又因方先生晚年多次提到"西南研究丛书"有"十一种",如在 1982 年出版的《〈滇史论丛〉自序》中说"云南大学成立西南文化研究室,瑜主其事,筹资编印丛书,先后成十一种"。[1]《方国瑜自传》中也说:"云南大学成立西南文化研究室,我负责主持研究室工作,筹措资金,编辑出版《西南研究》,先后印行十一种。"[2] 所以"十一种"或"十余种"的说法多有流传。实际上,"西南研究丛书"只出了 10 种,署名罗常培、邢庆兰合著,1950 年由北京大学出版部照像石印的《莲山摆彝语文初探》,之前本已列入计划,但未能出版。罗先生在《序》中说:"我离开昆明以前,徐梦麟、方国瑜两先生打算把它编入云南大学西南文化研究室的西南研究丛书,因为我找不到写手,又没法排印,终于没能实现。"就当时的情况来看,"找不到写手"可能确是实情,但经费困难也是主要原因。云南大学图书馆藏有《莲山摆彝语文初探》,是罗先生送给方先生的,时间大约在 1951 年 5 月 1 日。所谓"十一种"或"十余种"的说法,应是将该书计算在内。其实,方先生也多次说过只印了 10种。除了 1948 年在呈报教育部的呈文中已明确说只印成 10 种外,前述 1953 年 10 月方先生就省民委要求将西南文化研究室书籍资料移交应用提意见时也说过"印成十种"。方先生晚年同样说过只出了十种,如他在《云南地方史导论》中说:"积集编印丛书,先后成十种"[3]。还有一次曾几乎准确无误地列举出丛书 10 种的作者及书名[4]。多年来,某些论著也持"十种"的说法,但因方先生自己也不一致,学界又未能就"十种"与"十一种"或"十余种"的不同说法做出解释,因此人们长期以来对这两种说法仍然无所适从。

第一节　编印《云南大学学报》一期

西南文化研究室自始至终编印的学报只有一期,即《云南大学学报》第一类第二号。因《云南大学学报》第一类第一号的撰稿者也有"西南文化研究室"研究人员,所以此处也顺便加以介绍。第一类第一号载文有冯友兰、张可为的《原杂家》、张荫麟的《陆学发微》、刘朝阳的《左传与三正》、李家瑞的《苏汉臣五花爨弄图说》、方国瑜的《王仁昫刊谬缺切音跋》、吴晗的《元明两代之"匠户"》。第一类第二号载文有姜亮夫的《大英博物馆藏唐写本切音研究之一》、徐嘉瑞的《诗与井田》、吴晗的《明代之粮食及其他》、楚图南的《纬书导论》、方国瑜的《宣光经幢跋》、徐嘉瑞的《中国上古职业诗人》、王逊的《六朝画论与人物识鉴之关系》、方树梅的《影印景泰之南图经跋》、白寿彝的《跋吴鉴清净寺记》、陶光的《读庄偶记》、方树梅的《王思训传》。

两期学报的撰稿者中,李家瑞、方国瑜、姜亮夫、徐嘉瑞、楚图南、白寿彝、方素梅均是西南文化研究室的研究人员。其余则为云大和西南联大教授。冯友兰、张荫麟、吴晗都是知名学者,冯先生时任西南联合大学教授。张先生1938年初到昆明任清华大学历史和哲学两系教授。1939年初奉重庆军委政治部陈诚部长的电报飞渝,不久仍回联大,旋赴遵义浙江大学任教。抗战爆发后,吴晗应熊先生之邀到云大任教。1940年由云大转到西南联大。刘朝阳、王逊、陶光则似不大为当今史学界所知。

刘朝阳(1901—1975),浙江义乌人,物理学家、天文学家。1923年入厦门大学教育系学习,兼攻数学、物理、天文诸科。1927—1930年,先后任教于中山大学、清华大学、燕京大学,并发表了有关物理、天文与历法等方面的论文十余篇。1931—1937年任青岛观象台研究员,主要从事天文学方面的研究。1938年在昆明任北平研究院物理研究所研究员。1939—1943年先后在中山大学、贵阳师范学院任教授。1943—1946年在四川华西大学任教授兼中国文化研究所研究员。期间主要从事天文与历法史方面的研究,相关论著引起中外学者的普遍注意和重视。[5]

王逊(1915—1969),山东莱阳人,中国现代美术史之论家。1933—1938 年在清华大学土木工程系、中文系及哲学系学习。1939—1941 年入清华大学研究院,攻读中国哲学研究生。1941—1946 年先后任云南大学文史系及西南联合大学哲学系讲师,同时担任敦煌艺术研究所设计委员。1946 年以后先后任职于南开大学、清华大学、中央美术学院[6]。

陶光(1913—1960),即陶重华,1935 年 6 月毕业于清华大学文学系。抗战时期任教于西南联大和云南大学,常与朱自清、闻一多、浦江清等谈诗论学。

第二节　出版"西南研究丛书"10 种

一般认为,"西南研究丛书"涉及西南少数民族之历史、经济地理、区域文化史、文学、目录学、邻国历史文化等六个领域[7]。目前学术界无论是对该丛书的整体评论,还是对其中某书的评论,最大的问题是都没有搞清楚当时学术界的评价。本书在深入挖掘史料的基础上,结合当时学术界的评论及后人的意见,从民族史研究、人类学民族学研究、文化史研究、区域经济地理研究、目录学研究、东南亚史研究等六个方面来对之作一归类和分析。

一　区域经济地理研究

《滇西经济地理》属于此类。

张印堂对云南地理关注较多,著有《云南边疆种族地理》、《云南掸族之特徵与其地理环境之关系》、[8]《滇缅铁路沿线经济地理》、《云南经济建设之地理基础与问题》等文。[9]

该书封面标有"西南研究丛书之一"和"国立云南大学西南文化研究室印行"字样。封面里页列有"张印堂所著书"目录,卷首有姜亮夫的《国立云南大学西南文化研究室丛书缘起》、作者《自序》。底封里页上列有西南文化研究室 1943 年度出版的丛书 5 种的目录,底封里页下为版权页。底封外页上列有《云南大学学报》第一类第一号目录,下列有《云南大学学报》第一类第二号目录,并标明"国立云南大学西南文化研究室发行"。全书共 8 章,第一章"调查之路线及范围"、第二章"沿线经济发展的地理基础"、第三章"滇缅铁路在开发滇西经济事业上的重要"、第四章"滇缅铁路在我国国际交通上所占地位之重要"、第五章"沿线经济发展之现状及其展望"、第六章"沿线的经济中心区"、第七章"滇缅铁路沿线与滇缅沿边的问题"、第八章"结论"。书末附有"插图目录"15 幅、"附表目录"22 表、"参考附图目录"14 幅。编者附注说明:"本书所附照片二百余张,参考附图十四幅,因此时物力困艰,未能制版插入,谨向作者既读者致歉。"

姜先生在《丛书缘起》中说:

> 倭祸起,故蹄所不易到者,惟西南数省。华阳滇池之间,遂为政治经济军事汇流之都。在昔国人所视为不毛者,一旦负荷巨艰,知其不能以一隅视之,方言开发,言建设。……夫以藏卫滇桂山林之蕴,富视天下!而西蜀久号天府,脱亦以视东南之美者视西南,稍加注意,则闭关足以自肥,开关可以求助于邻国。……西南之地,固我先人之所□轹;而西南之民,固亦黄农之胄,中原之兄弟也;有血肉宗庙之亲,丘墓林园之寄,能不奋发,以自强乎。敝校自改国立后,校长熊公,锐意经营,已堪为国家分荷重责。财政厅长陆子安先生暨张质斋孙幼章诸先生,所谓系心国是者也,鼎力筹资用十巨万,以恢宏

> 西南文化研究室,使吾人各能奋其在下之逸野之力,以为其小为其缓。……事方草创,人力不集。……然涓埃之微,岂足为中兴盛事之助? 亦书生所以耐饥寒以图报国之一忱耳。

叙述了抗战爆发后西南抗战根据地的确立,开发与建设西南的重要,云南大学应时创建西南文化研究室,出版"西南研究丛书"的经过,表达了书生报国的热忱。

此书系张先生的调查报告。张先生在第一章中介绍了此次调查的背景与目的,1937 年,"为(按:滇缅铁路)西段南北线问题,在社会上曾引起剧烈的争辩。"双方均有事实依据,"似皆有道理;但究竟孰优孰劣,则仍莫能分辨。适堂趁休假之便,得国立清华大学资源委员会及滇缅铁路局三方之合作资助,遂决定亲往滇缅沿线调查,俾于明瞭滇西一带真象后,作一具体之比较。"在《自序》中,张先生详细交代了调查经费来源、路线、调查持续时间、涉及范围等。尽管"时短途长,而调查之范围又广,故不无走马观花挂一漏万之嫌",但张先生"莫不竭尽力之所及,直接观察,广事搜罗。材料务求翔实,统计力谋精确。"

关于此书,著名地理学者林超先生 1943 年有《评张印堂之〈滇西经济地理〉》发表[10]。林先生以为就调查范围而言,书名《滇西经济地理》"名副其实"。认为第一章"极简括";第二章"亦很简约",但"有些地方实在太简略,譬如论植物一节仅占页半,土壤仅占八行,即使是专讲经济地理,亦似不足";第三、四章所论滇缅铁路在开发滇西上之重要及其在国际交通上之重要;前四章可看作本书导论。"第五章述沿线经济现状及展望,为本书精华所在,……其中分为农作、经济作物、矿产三项论述,皆甚详尽,且富于地理意义";第六章述沿线经济中心,作者举出沿线各地,"对于各该地之地理状况,经济情形,以及将来发展,皆有扼要的叙述"。

所提意见"对于沿线经济建设,足资参考";第七章所提沿线及滇
缅沿边十个问题,"重要性虽不一致,但对于滇西经济,直接间接
总有关系,值得注意"。林先生还认为参考图、照片"因战时制版
印刷困难,未能附入,极为可惜。照片可以从缓,但参考图却与正
文同其重要,且印刷较易,原不可省,尤其是关于地理的书,图志并
重,更不可省"。最后,林先生还对前述滇缅铁路的争议、开发滇
西及滇南中的移民垦殖问题、对外交通问题等提出自己的意见。

　　林先生似乎还仅就该书论该书,未言及该书在当时学术上的
地位。不过,徐近之《抗战期间我国之重要地理工作》[11]对此的评
论,可作弥补。徐先生全面考察了抗战时期我国的地理工作,指出
"区域经济地理工作,似限于滇川两省",而关于云南方面,则只有
张印堂的《滇西经济地理》一书。并指出"其中论农作,经济作物,
矿产甚详。张氏复于书之末章,提出是路沿线与滇缅沿边关系密
切之十问题,……要皆直接间接与滇西经济发生关系者"。这一
点与林超先生的看法一致。朱苏加等 2009 年发表的《中国区域经
济地理研究发展历程评述及其现实意义》[12]未注意到张先生此书。

二　人类学民族学研究

　　《滇西边区考察记》属于此类。该书卷首有姜亮夫《丛书缘
起》、作者《自序》,全书分《班洪风土记》(包括地理、世系、物产、
风俗诸事一百条)、《炉房银厂故实录》、《卡瓦山闻见记》(约三十
条)、《滇缅南段界务管见》、《裸黑山旅行记》(所记十二则)、《摆
夷地琐记》(所记约四十则)六个部分,为方先生 1935 年底至 1936
年上半年参加中英会勘滇缅南段未定界考察记录的整理,1938 年
春"全稿草竟"。《西南边疆》创刊后,方先生将之在该刊陆续刊
载,其中,《班洪风土记》(上卷、下卷)、《卡瓦山闻见记》、《卡瓦山

闻见记(续)》《裸黑山旅行记》(一、二)均曾在该刊发表。西南文化研究室建立后,方先生决定将之合成《滇西边区考察记》,作为"西南研究丛书"之一出版,其余遂未继续在《西南边疆》发表。出版于 1943 年 6 月的《西南边疆》第十七期曾专登附告通告此事。通告说,"方国瑜君所著之《裸黑山旅行记》,已收入《西南边区旅行记》,由云南大学西南文化研究室印行,本刊不再重刊,希爱读诸君直接购读为荷"。只是书名有变化。

方先生在《自序》中说:

> 瑜经年专心于云南史地之学,略知边事,……及至边区,始知前所知识,率多谬误,研究边疆问题之难如此。在此区域,自昔道途险恶,鲜人行径,瑜同行者十余人,不辞艰苦,亦不易得之机会,惟以未能遍履极边之区为恨事。而同行人数如是之多,事过已六年,惟何塘先生发表一二短文,余未之见。则瑜所知虽陋,供诸世人,亦有可取,乃复理旧稿,间加删削,以为此书。

在《卡瓦山闻见记》"弁言"中又说:"近数年间,识时之士,或亲至其境,或询之边民,记所见闻刊布者,已不一而足也,然多不实不尽之感。瑜未至边境之先,得于前人所记录之知识甚少,故欲为详实之记录,供诸世人。"据此,方先生此书意在弥补此前国人关于滇西边区的记载或认识多系道听途说的谬误,为国人提供更为真切、具体、全面的认识,着重的是史料价值。

此书之所以能承担以上重任,在于其内容或是方先生根据亲历观察所记,或是采访事件亲历者所得,或是结合史籍所考,或是摘录他人著作中可靠之处,对无法验证之各家记载,则一并列出,同时对确定者予以说明。如《班洪风土记》上卷"弁言"中,方先生说:"国瑜病前人记录,大都不近事实,为影射之谈,然所记抑岂能免不实不尽之识乎? 今已无从讨论,即用当日原稿,偶有参酌自旧籍者,则附注之。""后序"又说:"所得亦仅破碎之资料,不能作系统之记载,亦不敢强事贯穿也。惟瑜有说者,譬诸图象,瑜之所为,虽不能如照相术之毕肖毕妙,然亦即景写真,仅俱轮廓,较之意构,则胜一筹。……瑜之所记,有为周君(按:即周光倬)已详者,尽删而去之,有与周君不一致者,仍存而附注明之。又余当日所记,无甚可取者,亦削除之"。《炉房银厂故实录》"弁言"则说:"茂隆银厂,曾厚利中国,多见于纪录,惟取其可确信者;炉房战事,边民多能言之,惟取其亲自参加此役者。"《卡瓦山闻见记》"地理"条,又说明:

> 光绪十六年(公元一八九〇年),张成濂派弟成瑜、侄德馨分道勘查滇之边境。每日记行程道里村寨,成瑜所行经之一段为卡瓦山,著《潞江下流以东至九龙江一带边地情形》一书。以瑜所见,中文记录卡瓦山地理之书,此为最可信者。虽其书收入《南槎杂著》,传本甚少,今摘要录之。

"路程"条则坦言:"瑜以不能深入卡瓦山腹地,晤土人辄询其境之山川,然土人对于方位与距离之观念甚浅,虽出入于其地,而不能详述,而得之于数人者亦互有出入,闻之吾友杨祝三、尹溯涛及孟定土目岳相所述较确,录之于此。""部落"条,关于卡瓦部落,"数人所载,互有出入,而瑜调查所得,又有异同。盖诸家所同具者,则较大之部落,仅见于一家者,则为部落之小或为附庸者,然不能详审也,合而录之为表焉。又见英国印度测量局十万分之一地图所载,以其地名与方位距离询土人,确知图中某地名即某部落者,附注其名与经纬度焉"。这些都为国人认识或学界考订相关问题提供了大量可靠的资料。《炉房银厂故实录》在当时即被视为"交涉之重要史料"[13]。

值得注意的是,方先生此书提供了大量的地方性知识。抗战期间,有学者指出:

> 在一般学校里,不论教师与学生,大多数都犯了一种共通的毛病,就是中国史地与世界史地常识倒是认识的很多,而对于自己土生土长的故乡史地反而一无所知,或所知十分有限……这种"舍近而图远"的错误,我认为是有纠正必要的。[14]

这反映了国人乡土知识、地方性知识的严重缺乏,方先生此书对改变这一弊病有重要价值。如《班洪风土记》"卡瓦山"条说明:"所居之民族曰卡瓦,故称其地为卡瓦山,亦曰葫芦王地;卡瓦之一种曰卡剌,字或作哈剌,葫芦其变音也。葫芦王地有上下之分,刘万胜、石鸿韶,以班洪为上葫芦,班况为下葫芦,余数询之土目,极以其说为非,曰,上下之分,以南坎乌为界,南坎乌以南为下葫芦,其北则为上葫芦。""卡瓦族"条则列举了各种史籍关于卡瓦的种种名称,指出"凡此并名其族,前人不为分别,惟曰有驯卡野卡或生卡熟卡之异;余详询之,此族分类最多,名亦不同;盖交通阻塞,各地亦少往还,故异地而语言稍异,习俗亦殊,于是各地有其族之名称;从其大者而分之,则为卡瓦与卡剌也:卡剌文化程度较高,不杀人头祭谷,信仰佛教;而卡瓦,则较粗野,不信佛,杀取人头以祭谷;此其大较"。《摆夷地琐记》"弁言"提到:"摆夷自称曰 tan,有 tan－te tan－ne 之分,tan－te 即水摆夷,tan－ne 即旱摆夷。前人以水旱二字望文生训,谓水摆夷居水旁,好浴,旱摆夷居山,不浴;此种解释,绝非事实,水旱摆夷之生活,虽其居室衣服有别,然大都一致,好浴亦同也。且在摆夷语 tan－te 之意为下摆夷,tan－ne

（按:原文误为'tan‐te'）之意为上摆夷,以上下分,盖以北方为上,南方为下"。"摆夷语跟随曰跟,马亦曰马","以跟马而得斯土,故以跟马名其地,后以跟音与耿同而作耿马。"《卡瓦山闻见记》"山寨"条:"卡瓦族之大别,曰'刺'与'瓦',刺为驯卡,瓦则野卡,驯卡与野卡之文化程度稍有差别。"等等,以上例子,都是以当地人的理解为基础,提供的都是前所未有的、非常可靠的地方性知识。"在全球化迅猛发展的当今,地方性知识日益受到重视"[15],此书的价值与魅力当会为更多的人所认识。

尽管杨文辉认为,"以今天的学术眼光考量,这是一次机遇性的社会调查而不是真正的人类学田野工作。前期准备、调查时间、后续深入访谈这些现代学术理念都无法按照应有的理路展开"[16]。但其时人类学界的代表人物之一罗致平在《战时中国人类学》中提到云南大学于抗战后改为"国立",创设西南文化研究室,从事人类学研究者有方国瑜的《卡瓦山闻见记》等行世。又说:"战时出刊之人类学专书较不多得",但所举者即有《滇西边区考察记》[17]。由此可见该书在人类学史上的地位。

王敬骝、肖玉芬《方国瑜对阿佤山抗英的历史贡献》认为:

> 从民族学研究的角度来看,他是详细介绍我国佤族和阿佤山及其周围地区情况的第一人。

> 《滇西边区考察记》,不但详细记述了其在阿佤山区的亲身经历和所见所闻,而且还详细记述了阿佤山周围地区的山川人物以及历史情况。

> 从历史学研究的角度来看,方国瑜的这些文章也可以说

是把文献研究与实地考察结合起来的一个典范[18]。

可见,方先生《滇西边区考察记》在记录滇西边区方面具有开创和奠基之功。孙代兴指出:

> 该书中收录的阿瓦山区佤族各部首领联合发出的《告祖国同胞书》和《致中英会勘滇缅南段界务委员会主席书》(1936年1月),是当时其他专书和调查报告中所未见者。……这两份文献……最有力地证明了佤族是中华民族的组成部分,阿瓦山区域千百年来就是中国不可分割的领土。[19]

林超民、秦树才两位教授认为,该书更加全面、细致地介绍了方先生1935年参加会勘中缅界务前后所了解的边界地区佤族、拉祜族(裸黑)、傣族、怒族、傈僳族、独龙族等族的历史地理、风俗习惯,说明了各地各族与汉族及内地政府的密切联系。[20]杨文辉认为:

> 作者依据亲身经历记载下来的当时佤族地区的社会状况、物产、地理、佤族民俗文化、佤族精英的形象、在界务纠纷中佤族的立场及其反映的民族意识等对于今天的佤族研究都有着难以替代的参考价值和借鉴意义,该书为今天提供了不可多得的民族志材料,对我们了解当时佤族社会的面貌,民俗风情有着重要的参考价值,也为我们提供了一份不可多得的佤族地区社会变迁的历史资料。[21]

2009年,《滇西边区考察记》被收入“当代中国人类学民族学文库”,由云南人民出版社重新出版,已证明了该书在人类学民族学方面的学术生命力。

三　民族史研究

《泐史》及《车里宣慰世系考订》属于此类。

　　《泐史》一书封面上的著者姓名与书名为徐嘉瑞题,卷首有作者"题记"、《自序》、方国瑜《〈泐史〉序》。全书分上、中、下 3 卷。上、中两卷,记载从叭真以后至刀正综共 32 世(任)领主,684 年史事,即傣历五四二年至一二二六年,公元 1180 年至 1864 年。下卷载疆界、划分版纳、贡赋钱粮、增嫁采邑等。书末附有"汉文歹仍文罗马字对照表"。上卷为勐艮民间藏本,中、下卷为勐海土司司署藏本。

　　李先生在"题记"中说明了将《泐史》及《车里宣慰世系考订》列入"西南研究丛书"的经过及两书的印刷费的来源。《自序》中指出,车里"今已式微,人才凋零,其古代遗留之辉煌文化,已鲜人法意,古代作品,散失残缺,无人整理"!又叙述了发现《泐史》之经过、获得之不易、翻译之缘起、《车里宣慰世系考订》之成书经过等:

　　　　民国十二年冬,余旅行十二版纳时,即耳其泐史(Hnangse Benmeeng Le 或 Hnangse Benmeeng Sipsoang Banna)之名,土人尊为国史者。闻宣慰使司藏有一善本,此外各猛土舍及重要人物家,亦间有收藏者,第皆秘不肯示吾人。久之方于猛海土把总刀宗汉君处获阅中下两卷,据告即钞自宣慰使司藏本者,因录存副本。二十九年夏,余归自印度,道经孟艮,主于一孟艮摆夷家。一日偶翻起所藏故事歌曲等书,则多年来访求不获之泐史上卷,居然在目。当尚请借录,主人自言,对史地不感兴趣,此亦得自十二版纳来人者,慨允割爱,然未得移译也。三十二年一月敌陷打洛,不得已将历年所搜罗有关十二版纳史地之重要参考图籍,疏运思茅以避。又一年,长沙衡阳,相继失守,泰敌在边,亦蠢然欲相呼应。余适由昆明至思

茅,深感再度疏散之不易,保管之困难;且自空军发展以来,任
何一个角落之人,随时皆有遭受生命损失之机会,乃亟为译
出。译笔力求保存原文风度。并据以考订车里宣慰世系之
误,成车里宣慰世系考订一册。

方先生《序》对该书史料价值极为推崇,认为此书"多体察之
言",并说:

　　获睹拂一新译《泐史》,亟假读之,彻夜而竟;瑜略涉边事
之书,率多支离,莫究原委,岂能得土司家乘,以资考校,耿耿
于怀者久之,一旦获读此书,其喜可知矣!……瑜虽留心边
事,然不识摆夷文,即汉文纪录,所知甚少,然取是书与汉籍相
较,多足资证。

《车里宣慰世系考订》一书封面的作者姓名及书名同样为徐
嘉瑞题。卷首有《自序》,全书分车里宣慰世系考订和歹仂文车里
宣慰世系,末附汉文对照。《自序》写于1944年9月2日,说明了
歹仂文《车里宣慰世系》一书的价值、存在的错误、考订的困难及
经过。

后来,方先生等据西南文化研究室版将两书收入《云南史料
丛刊》油印本第二十四辑,后得李拂一赠云大图书馆的修订本(即
1983年台湾复仁书屋重订本),认为较之初版史事校订更为确切,
内容也有所增加,遂以修订本重新录入《云南史料丛刊》第五卷,
前有方先生所写"概说",原书所附傣族资料则未收入。木芹先生
在《后记》中说,有关傣族的资料,应该说是不少的。一是汉文资
料,二是社会调查资料,三是傣文资料,但至今所翻译之甚少。又
指出此二书为车里统治家族之谱牒,不实不尽是存在的。然而不

论怎样,有这样一个比较系统的资料,给研究者提供了线索。最后提示读者,朱德普先生《泐史研究》一书,对二书有极深研究,可供傣族史研究者参考[22]。

朱德普先生对两书的意见确实值得一叙。朱先生以方先生的《序》为例,认为当年《泐史》的出版"是学界的一件大事"。又认为当年和《泐史》同时收入"西南研究丛书"出版的《车里宣慰世系考订》和傣汉文对照的《车里宣慰世系》,"不仅是对研究西双版纳傣族历史,而且对研究与之相邻地区的傣(佬、泰)族历史,以及周边民族关系史,都具有十分重大的意义。因为,这之前将傣文史籍译为汉文付梓,在我国从没有过,加之还有傣泐文对照汉文的译本同时问世,可谓开创先河之举。何况《泐史》之开篇就是今西双版纳的勐泐古国建立,其时于 12 世纪之末,处于历史上宋朝淳熙至绍熙年间(1174—1194),即云南后理国时期。而有宋一代不善远略云南,不用说勐泐,就是云南大理(后理)国的情况,见于宋史者也极少,勐泐的叭真立国更是全然不存。无疑,《泐史》中的很多记载可补汉文史籍之阙"。"《泐史》出版 40 多年来,在国内外学术界有着广泛的影响。"

　　拂一先生不仅编译了《泐史》,也是其研究的先导。《泐史》之书名就是拂一先生定的,西双版纳傣族自称"傣泐",其王国古名"勐泐",意为"泐人之国",所以召片领世系这类史籍在傣文里称"朗丝本勐泐",意即"勐泐古史"。而汉文的"泐"释义含"手写",历史上的《勐泐古史》皆靠手写传抄。故以《泐史》冠名于西双版纳召片领世系之类史籍,堪称珠联璧合,相得益彰。

1983 年,李先生在台北将《泐史》(重订本)与《车里宣慰世系考订

稿》(重订本)合订为一册出版[23]。对于前者,朱先生有所批评,他认为:

> 作为傣文译本的《泐史》,自应尊重其原本的真实为其生命之源。设若译者随意改动,不仅说明了译者不慎重,也必然使译本史料的固有价值黯然失色。即使如拂一先生所言和傣族知识分子一起"参据手头资料,加以重订"译本的作法,也是不足取的,翻译和考订、研究是不能混为一谈的。

但朱先生也表示:

> 对《泐史》重订本提出异议,是在治学之道上的探讨争鸣。至于拂一先生作为前贤,早在 70 年前就'旅行十二版纳',为我国傣族研究所作的开拓之功,直至 90 高龄仍孜孜不息为学的风貌,足为楷模,难以泯灭![24]

朱先生是国内傣族研究权威,其意见足以代表学术界对李先生两书的学术价值的定位。

四　文化史研究

《大理古代文化史》、《云南农村戏曲史》和《僰民唱词集》属于此类。

《大理古代文化史》写作缘起于参修《大理县志》。1941 年,大理倡修县志,委托徐嘉瑞邀请西南联大、云南大学和华中大学诸校教授主其事。是年暑假,徐先生登涉山水,访古碑,弔残垣,周谘故老,欣其所遇,既归,稿已盈箧。"复绝人事昕董理之,逾年,《大理古代文化史》巍然成帙矣!"该书定稿后,"始稍刊露于《东方杂志》。[25]然吉光片羽,未足以餍读者之所求"。[26]卷首有罗庸《叙》、方国瑜《序》、徐嘉瑞《自序》。全书共 4 章 24 节,分为"史前期"、

"邃古期"、"南诏期"、"段氏期"。后有附录"南诏中兴国史画"、"缪跋"、"李跋"[27]、勘误表(12 页)。

1954 年初,时任中共中央宣传部副部长的周扬来到昆明,对该书甚为看重,征得徐先生同意后,将书携回北京,交由中华书局再版。后因徐先生勘正修改耽误了时间,1964 年底才由书局排出校样。"文革"结束后,该书得以于 1978 年 1 月再次出版发行。徐先生出于一些谨慎的考虑,此次出版在原书名后加了一个"稿"字。书后增加了徐先生的"重印自序"。香港三联书店(1979 年 3 月)及台湾明文书局(1982 年 4 月)据此版本翻印出版,且几次重印。2003 年春,周良沛极看重该书,将之列入其主编的"旧版书系"再版重印。重印本以 1949 年的版本为底本,以保存其出版时质朴的学术风貌;同时补上徐先生在 20 世纪 50 年代以后补充的一些资料和观点,另用楷体字排版,以示区别。书后增加了徐演的《徐嘉瑞小传》。

徐先生在《自序》中说:"我这一部书,名称虽然是大理古代文化史,实际上是广泛的说到了高三千尺广七八十万方里的区域以内的文化历史等等。这样广大的区域,和将近一千多年的文化现象"。全书按历史发展的顺序,根据地下考古发掘、社会调查、历史资料、语言系统、父子连名、民族分布、宗教、习俗、居住、建筑、神话传说、现存碑碣等各方面材料,较为全面完整地论述了大理文化的起源、发展和流变,说明大理文化同中原文化有血肉联系,是中华民族文化链条中不可分割的一环。作者认为,"大理民族,和西北高原的氐羌族有密切的关系。"大理文化的"主流"是从西北高原青海、甘肃、川西一带传来的。大理文化来自氐羌文化,"氐族即是后来的白蛮,即古代的昆明夷,也即是今天的白族;而羌族即是乌蛮,也即是今天的彝族"。南诏和大理的各民族,"总的来说不外氐羌两大系"。又认为,大理文化除氐羌文化是"主流"外,还"含有楚文化"。楚文化是氐羌文化的一个分支,"与大理文化同源,同为夏文化之分派"。另外,大理文化还受到印、缅、藏文化的影响。

关于此书的价值,罗庸称之"网罗群言,巨细咸采,折衷至当,辨析微茫,每一篇中,三致叹服。……体大思精,三百年来所未有也"。方先生则称:"以大理为主,而涉及西南全局,即因大理为云南古代文化发展之核心,言大理文化,不可拘于百二里山河。……考诸史乘,信而有征"。后人对《大理古代文化史稿》也肯定较多。如黄有成认为,《史稿》对许多史料史实进行了考辨和订证,为来者进一步开展研究工作提供了方便[28]。余嘉华认为,"尽管有些论点,还需要进一步探讨,失误之处亦时有所见,但《史稿》综合并发展了前人的研究成果,对进一步研究云南文化史、民族史,仍不失为一部有价值的书。"[29]余斌则认为:"这部专著对大理文化的起源、流变和发展进行了全面的考据,提出了许多新颖、独到的见解,是研究云南地方文化史和民族关系史的一部重要著作。"[30]

《云南农村戏曲史》一书卷首有姜亮夫的《丛书缘起》和游国恩 1943 年 3 月 1 日写的《云南农村戏曲史序》。全书分 7 章:第一章为"导论";第二章为"云南农村戏曲第一部(旧灯剧)",主要论述云南老灯的源流;第三章为"旧灯剧的内容",主要是对十四个老灯剧目的考证;第四章为"云南农村戏曲第二部(新灯剧)",主要论述新灯剧(玉溪花灯)的兴起;第五章为"新灯剧的内容和来源",主要为对 9 个新灯剧目的考证;第六章为"云南农村戏曲中的方言";第七章为"结论"。该书含《打渔》、《补缸》、《放羊》、《打霸王鞭》、《包二接姐姐》、《瞎子观灯》、《劝赌》、《乡城亲家》、《朱买臣休妻》、《贾老休妻》等 10 个老灯剧本及《割肝救母》、《绣荷包》、《出门走厂》、《大放羊》、《双接妹》等 5 个新灯剧本。书末有李廷松所著的"附录曲谱"。1958 年,云南人民出版社根据 1943 年云南大学西南文化研究室的原印行本重版。作者对书中的个别章节曾作了删节,在文字和标点符号上也有一些校正。至于基本观点和文章结构,仍保持版本面貌,目的是为便于读者研究、参考。卷首附有李何林在 1944 年 4 月 15 日写的《读云南农村戏曲史》一文,同时删去了姜亮夫的西南研究丛书《缘起》,游序则照旧,又增加了徐嘉瑞《后记》。

　　关于此书,当时李何林及《图书季刊》均有评介。李何林认为,"对于活在民间的地方戏加以搜集、记录,并考订其源流与发展的徐嘉瑞先生的这部'云南农村戏曲史',实在还是一部开创的著作。"《云南农村戏曲史》未出版以前,中国的地方性戏曲是没有"史"的。该书在中国地方戏曲史的搜集、整理与研究方面具有开创之功。对于徐先生所说的"所搜集的农村戏曲,只限于昆明一个地方,不能代表云南"。李先生也从保存资料的角度予以肯定。李先生指出,《云南农村戏曲史》是将行将消亡的民间文艺加以搜集记录,把它的源流探明,把它的地位提高,把它的组织结构曲调等弄个明白,希望将来产生一些新的作品,这种工作是很可贵的。这一点其实也是徐先生的用意所在。徐先生说:

　　　　这些戏曲,包含着许多真实的素朴的民间歌谣,反映着艰辛的淳朴的农民生活和真诚的洁白的农民的情感。尤其重要的一点是:现在还生活流行在民间的东西和已经死了的不同:它正在发展,正在变化,正在风行。对于努力通俗化运动的朋友们,可以得到许多参考的资料,对于研究西南文化的朋友们,可以看出云南民间歌谣戏曲的来源和散布,可以考察出许多言语风俗的特质,因此可以看见中原戏曲文化在金元明清时期流入云南的线索。

此外,李先生还指出,这本书所搜集的虽然是云南一个地方(昆明)的土戏,但是就它的内容和语言,除很少数的方言土语外,它的全国共通性却是不小的。如《小放羊》、《打霸王鞭》、《劝睹》、《乡城亲家》、《朱买臣休妻》、《卖老休妻》、《绣荷包》、《大放羊》、《双接妹》等篇中的人物、生活和命运,都曾普遍地存在于全国各地农村。现在也有一部分存在着;也就是说,具有地方性和全国性的统一。

《图书季刊》第五卷第二三期载有署名"越"者的评介。评介者对中国戏曲的流变作了简明扼要的叙述,并说明云南农村戏曲所属种类。

> 清焦循谓梨园共尚吴音,其音繁缛,听者未睹本文,无不茫然不知所谓。花部原本元剧,曲文俚质,农叟渔人,递相演唱。焦氏以为花部价值当在吴音以上。吴音又曰雅部,又曰崐腔。花部包括京腔,秦腔,戈阳腔,梆子,高腔,二簧,罗罗腔等,又通称曰乱弹。清中叶以后,崐曲渐衰,花部代兴,岂非典雅不敌通俗之明验欤? 云南农村戏曲,即花部之类,内容多描写农民生活。其曲调又多为产自各地农村之牧歌,亦有少数染有都会习气者。惟是书著者徐君所搜集之农村戏曲,只限昆明一地耳。

又对云南农村戏曲中的新、旧灯剧的渊源作了清晰的梳理:

> 旧灯剧音调一部分由梆子腔或吹腔变来,多传自中原,方言多有近元曲之处。此外农家妇女之秧歌山歌,唱法颇有与江苏民谣相近之处;以时代论,则为明代歌法。新灯剧俗名玉溪灯,由佛曲、俗文、弹词、鼓书、唱本、道情变化而来。旧灯剧

之组织、结构、说白，参差错综，不相抄袭，韵律近乎词曲，富文
学意味；新灯剧字句整齐，或七字或十字，结构、组织、说白、动
作多公式化，颇似平剧。

最后认为：

> 是书名戏曲史，实含戏曲史与戏曲集。……集分两部，第
> 一部录旧灯剧十出，第二部录新灯剧五出，集末附录工尺曲谱
> 二十余调。是书戏曲史部分段落层次，不甚清楚，其叙新旧灯
> 剧内容两章，抄录曲文太多，且多与戏曲集相复出。其叙述论
> 断，亦未见有何精采之处，未能尽惬人意也[31]。

两篇评论，一褒一贬，前者着重其开创性与史料价值，肯定为
主；后者注重段落层次与叙述论断，批评较多。但各有依据，综合
来看，更能反映该书的实际情况。1945 年 3 月 27 日，熊庆来向教
育部推荐此书参加专门著作奖励候选。申报表中"本著作在学术
上之特殊贡献"一项，徐先生填的是："此等曲调乃明代由江浙流
入云南，尚保存于僻静之乡村，为有明一代之代表文学，与唐诗宋
词元曲有同等价值，可补明代文学史之阙，又可为创作新歌剧之参
考。"仍然强调保存的意义。熊先生的评价是："采访甚费心力，批
评颇有独到之处，不仅关系地方文献，实可补文学史之阙。"[32]

《僰民唱词集》之作者张镜秋（1903—1998），字炯鉴，云南昆
明人。昆明县立师范学校毕业。曾任昆明省立三中教员、昆明中
医师公会秘书、云南省中医门诊所医师。论文有《云南西南边胞
教育建设刍议》[33]、《云南西南边胞教育建设刍议（二）》[34]、《云南西
南边疆卫生行政建设刍议》[35]等。

该书封面里页，列有"张镜秋关于边疆译著丛书"目录：《边
荒》（风土志暨史地考证）正中书局出版社（现在排印中）、《滇西

南边政建设三议论》（未付印）、《自修适用僰语文津梁》（编著中）、《土司小姐恋爱史词译》（译注中）、《今闻馆边疆论丛》（汇集中）。卷首有徐嘉瑞《〈僰民唱词集〉序》，张镜秋《关于边夷语文研究问题（代序）》，全书收《伊腊诃歌》、《香赧小姐的恋歌》、《打洛土司小瞶前夕夜宴欢唱三首》、《天王松帕敏奇遇唱词译》等共338 首，每首均有注释。后附《打洛土司小僰缅寺观礼记》、《贝叶僰文佛典七星经译》、《蓖宫山头采风录》等，书末有勘误表 2 页。该书系云南边区佛海地区的傣族民歌集。底封里页上列有"西南研究丛书三十五年出七种"目录。该书在台湾被收入娄子匡校纂的国立北京大学中国民俗学会民俗丛书第 44 册，署名张镜秋采译，书名改为《云南僰民唱词集》，由台北市东方文化书局 1976 年 2 月出版，说明该书的学术价值仍为学术界所看重。

张公瑾指出，"傣族文学作品具有重要的史料价值"。并以方国瑜在《元代云南行省傣族史料编年》一书中引用西双版纳傣族唱词《天王松帕敏奇遇》故事说明公元 7 世纪时真腊与参半国的关系为例予以说明。而方先生所引《天王松帕敏奇遇》就是《僰民唱词集》中收录的重要唱词。张公瑾还认为，傣族文学的史料价值远不止此，许多文学作品还保持有不少傣族社会的历史事实。但中华人民共和国成立以前，傣族文学方面翻译成汉文的只有张镜秋译注的《僰民唱词集》[36]。《僰民唱词集》系作者居佛海 4 年，"学习僰文，足□荒山采访民间歌谣"而成，既有时间保证，又少语言障碍，还有实地探访经历，且对每首唱词均有详细的注释，其史料价值不言而喻。以张先生的素养，不仅是采集并翻译僰民唱词的第一位汉人，而且也是最为合适的人选。

徐嘉瑞看重该书，与其对云南文化来源的多源认识有较大关系。徐先生在《序》中阐述了云南文化的多元来源，介绍了此时尚未出版的《大理古代文化史》中的观点:"至于西南,则以印度缅甸暹罗相通。此一区域,实为印度文化影响最大之区域,故流行于车里佛海之民间唱曲,体制宏大,结构谨严,自结构与体制言,与佛曲㑇文当为一系。但其文化则为㑇文,其内容亦近佛教,此云南民间文化之来自西南者也。"加上张先生"境遇之苦","㑇族民歌,得之亦非易","迺与方国瑜先生商定,由西南文化研究室印行,以见云南文化来源之广,亦以慰镜秋之苦心"。

五　目录学研究

《明清滇人著述书目》属于此类。

该书卷首同样无姜亮夫的《丛书缘起》,只有作者的一段短序:

> 滇自炎汉,张叔盛览。从学司马相如,受经归教乡人。按道侯韩说,开益州,授经教学,立有汉学基,滇之文化大启,厥后文士接踵而兴,述作日富,兹录明清所作综为一编,依四库全书例,分类采列,滇南文献,于斯略可考见焉。

全书按经部、史部、子部、集部的顺序排列。

关于方氏此书,李硕先生有专门论述。李先生指出,在方树梅的众多的著作中,有三种书目尤为重要。其中《明清滇人著述书目》是研究云南历史,以及明清出版古籍必须采用的重要工具。方树梅对识别图书源流造诣很深,每遇一书,他都仔细研读,然后录写作者小传,写下该书的提要,日积月累,装订成册。方树梅还参加编纂《新纂云南通志》,他将《滇人著述之书》与《记载滇事之书》一起编入《艺文考》中。1944 年,云南大学西南文化研究室将《新纂云南通志·艺文考》中滇人著述部分提出,名为《明清滇人著述书目》,于是年 11 月印行。其中,经部著录 147 种,史部著录 102 种,子部著录 238 种,集部著录的最多,有 895 种。

《明清滇人著述书目》的主要价值在于书目提要。它介绍作者的生平,撮举每书大旨,品题得失,考辨讹误。对我们学习读书,特别是辨别云南明清时代的学术源流有指导门径的作用。方树梅吸收并借鉴了前人的经验及成果,不拘泥固定格式,根据每部书的具体情况决定提要的篇幅,通常是百十余字至三百余字,至多不超过五六百字就能简明扼要地披露一部书的大致内容,详略得当,繁简适中,灵活多样不千篇一律,充分显示了方树梅在目录学、文献学与编写提要方面所达到的高度水平。更值得珍视的是,《明清滇人著述书目》里所著录的许多散佚古籍,书今虽已不传,但是在提要中,还能大致看出其内容,为今后古籍的考证提供了极宝贵的资料。即使有提要简略到仅录散佚古籍的书名、卷数、著者、也可为后人考辨古籍的真伪、异同留下可供凭藉的蛛丝马迹。同时,该书也还存在着一些不足之处,如所收著作不够完备,著录中还有错误之处等等。[37]方国瑜曾称誉此书"所著录滇人著述经、史、子、集四部,凡一千四百六十余种,已称详备。"[38]

六　东南亚史研究

李田意等译英国缅甸史家 G. E. 哈威《缅甸史纲》和陈修和著《越南古史及其民族文化之研究》属于此类。

《缅甸史纲》的译者李田意等人生平不详。卷首有姜亮夫《丛书缘起》,无序言,全书共 9 章,第一章"一〇四四年以前之缅甸",第二章"蒲干王朝、或寺庙建筑时期(一〇四四———一二八七)",第三章"掸族领域(一六八七———一五三一)阿瓦王国(一二八七———一五五五)庇古王国(一二八七———一五三九)洞吾王国

（一二八〇———一五三一）”，第四章“一五〇〇年前之一般状况”，第五章“海外大发现”，第六章“阿拉干王朝”，第七章“洞吾王朝（一五三一———一七五二）”，第八章“阿郎帕亚王朝（一七五二———一八八五）”，第九章“缅甸的行政”，书末附有“缅甸大事记”。

　　G. E. 哈威生于 1889 年，毕业于伦敦大学和牛津大学。自1912 年起在缅甸任帮办至 1934 年辞职回国，旅居滇缅达 22 年。他搜集了大量有关缅甸历史方面的资料，撰写了缅甸史，共有两个版本：一是广本《缅甸史》（1925 年），从早期到 1924 年 3 月 10 日英国征服开始为止；另一种是简本《缅甸史纲》，叙事至第三次英缅战争结束，英国并吞缅甸为止。二战后，哈威还写过一本《1824—1942 年英国在缅甸的统治》（1946 年）。这三本著作，以广本为主，后两本均为续广本而写，内容不如广本，因此三者前后连贯，融为一体。哈威的《缅甸史》也是一本名著。日本学者五十岚智昭翻译过该书，他在译序中说：“哈威的《缅甸史》，就质量言，既凌驾于潘尔写的《缅甸史》之上，亦较潘尔的著作充实，称得上是近代研究缅甸史的权威之作。”[39]

　　李田意等合译的《缅甸史纲》，系由简本译出。继李田意等之后翻译哈威著作的是姚枬（姚梓良）教授。姚译的《缅甸史》，则以广本为基础，不仅将正文和作者附注全部译出，而且附加了 300 多条译注，又把广本未曾叙述的 1824 年以后的历史据简本全部补译，1948 年由商务印书馆出版。[40]1957 年和 1973 年又两次修订再版。有了姚枬的更为全面的译本，李田意等译之简本《缅甸史纲》遂影响不大，至今很少被人提起和引用。

　　《越南古史及其民族文化之研究》之作者陈修和，1897 年 9 月出生于四川乐至县，1927 年弃工从军，考入黄埔军校第五期炮科。同年 7 月至 1932 年，先后任上海兵工厂政治指导员兼代主任、蒋介石侍从副官、国民革命军第三师政治指导员、上海兵工厂技士。1932 年赴法国兵工厂实习,并进入法国高等兵工学校学习。1936 年回国后,任国民政府军政部兵工署兵工研究专门委员会委员兼兵工学校教官。抗战期间,先后担任军政部兵工署驻越南、香港、昆明办事处处长,中美联合勤务司令军械处处长,并兼中美合办的军械保养干部训练班主任。日军投降后,代表中国驻军到越南参加受降工作。1946 年 10 月,任沈阳联合勤务总司令部第九十兵工厂厂长、工务处长。1949 年 1 月,任东北军工部沈阳兵工厂厂长。后起义,自 1952 年起任政务院、国务院参事。[41]

该书卷首有姜亮夫的《丛书缘起》、《自序》和《例言》,全书共分三编,附一结论。第一编"越南古代历史",述越南自雒王时代至赵佗时代之情况,大致说明越南古代为中国领土,其文化系由蜀及南越传入。之所以设这一编,作者在《例言》中有说明:"越南古代历史,为研究越南民族文化起源之最重要资料,故本书特列于第一编,以为次编讨论之根据。"第二篇"越南之民族",述越南民族分布之现状,越人来源,与越南民族兴衰过程。第三编"越南之文化",分析古代文化来源,述汉晋以来至清季越南政治情形,及法国统治后的概况。

抗战期间,陈先生曾担任过军政部兵工署驻越南办事处处长。据其自述:

> 1937 年到 1946 年中,我曾到过越南全国各地,从城市到农村,从河内到西贡,触目可见纯粹汉文的碑匾对联,所有儒、释、道三教的庙宇,都与我国各省汉族庙宇一样。尽管在法殖民者统治了六十多年之后,又改用拼音字母代替汉文,但胡志明主席这一代人,仍有很高的汉文文学水平。[42]

作者在《例言》中也说,抗战爆发后,以调查国际交通线赴越南,"经凉山高平,见其人民之面貌服饰,文字宗教,与夫村落耕地之形态,莫不与吾幼小时在故乡所习见者类似,深为惊异"。1941年秋,作者"避地南圻,历西贡柬埔寨而至泰边,见各地越人之生活方式,风俗习惯,多类吾国西南各省,而汉字之流传,在法人统治五十余年后,犹触目皆是。由此观之,越南土地,虽已沦为法国殖民区,而其民族文化,则仍吾中华之同体也"。《自序》中又说:

> 爰集古今中越记载,法人译著,与其历史民族文化,起于远古,迄于近代,证诸实物,参以见闻,析其原委,缀辑成篇,庶几读者,犹知越南之与吾人关系为何如也!

> 著者亲历是邦,搜集越人遗著,参考我国史实,补以近代情形,作一概括之叙述,俾研究越南及吾国西南民族史者,有所参考。

因此,此书是实地考查与文献研究相结合的产物。当年该书排印期间,陈先生曾在国立东方语专就其作专题学术讲演。时为学生的陈玉龙"担任记录,……速记毕,当即送呈先生审订。不久,发表于昆明一大报纸"。[43]

当时,《图书季刊》对该书有评论:

> 观此书名及其分编编名,知其研究对象当是"古史"、"民族"、"文化"三部分。惟读毕全书,令人殊有头绪不清之感。如第三编第二章所述系汉晋至清季之越南政治史,第三章所述大半为政治经济概况,前者与编名不伦,后者置于文化亦似无必要。此材料分配之不当一也。此书行文,十分之九直钞旧文,即结论亦复如是。岂著者毫无意见,必有赖于他人成说耶?此文字之欠融贯二也。总之,此书名为"研究",不若名

为"史料丛钞"为愈。[44]

不过,此书之作,正如作者所说:"国内尚无研究越南古史及民族文化之专书,间有论及越南历史民族者,错误尤多,法国汉学家,对于越南史地之研究,颇多精到之处,惟其别有目的,结论自异。"所以作者作此书以备后人参考,其价值也多在这一方面。后人有谓:"前辈学者中研究越南史成绩斐然执牛耳者,当推陈修和、陈荆和、张秀民三先生。"而陈修和的代表作即是《越南古史及其民族文化之研究》[45]。至于"头绪不清"、材料分配不当、多"直钞旧文"、"文字之欠融贯"的批评,说明"著者对于文史,素非所习"确系实情。然而,这些批评并不能掩盖该书在国内越南史研究中的开创之功。

综上所述,张印堂著《滇西经济地理》、方国瑜著《滇西边区考察记》、徐嘉瑞著《云南农村戏曲史》、张镜秋译注《僰民唱词集》、陈修和著《越南古史及其民族文化之研究》、徐嘉瑞著《大理古代文化史》都是有实地调查基础的,除《僰民唱词集》外,其余又都有文献的参照。《明清滇人著述书目》、《缅甸史纲》、《僰民唱词集》、《泐史》、《车里宣慰世系考订》的作者或译者也均是相关领域的专家。以上著作尽管还存在种种不足,但在相关领域均具有奠基性和开创性的贡献。

胡逢祥认为,现代中国史学专业机构有两大基本类型与职能,一为地方性研究机构,二为高校系统研究机构。按不同的设立背景,高校系统研究机构大致可分三种情况:一为高校自设;一为国外基金会资助的教会大学研究机构;一为地方政府或社会筹资建立。最后一种"为数甚少",而云南大学西南文化研究室即属于这一种[46]。可见,类似西南文化研究室这样的研究机构在中国近代史上并不多见。

对于"西南研究丛书",目前学术界主要从"西南学"的角度加以定位。黄泽认为,"'西南民族文化研究'作为一个整体性研究方向,始于40年代云南大学'西南文化研究室'编撰出版的《西南研究丛书》","《西南研究丛书》10种是我国'西南学'或称西南研究之开山之作,开创了区域性民族、历史、地理、文化综合研究之先河。""西南研究丛书""学术视野及覆盖面较广,奠定了此后西南民族文化研究在宗旨、对象及范围诸方面的基础。半个世纪后再回首,这些著作历久弥新、历久弥醇,其所论及的若干领域至今尚无人超越或不可替代。"[47]胡逢祥教授也认为:《西南研究丛书》"为建立我国现代意义上的'西南学'研究作出了开创性贡献"[48]。杨伟兵教授认为,从《史记·西南夷列传》开始,历代王朝对西南(云贵)经营的有为与无为,基本上都反映出人们对西南的认识更多的是停留在政治、国防等传统意义上,这可视为是对西南(云贵)认知和研究的第一阶段,漫长而迟缓。民国时期对西南的研究产生了一批成果,可以说这一时段是从传统中国社会中心区位意识下的"西南观"转变到务实"西南研究"的重要时期,可为开展西南研究的第二阶段。此期的"务实"性主要体现在研究者较多地深入西南地区,而且开始超越传统的政治、国防视野,在对经济、社会、文化等作实际调查的基础上产生了许多开创性成果。云南大学西南文化研究室印行的"西南研究丛书"就是代表之一[49]。将"西南研究丛书"视为西南研究从历代重视政治、国防到现代突破政治、国防,扩展及经济、社会、文化等方面的开创性成果,与黄泽、胡逢祥的看法一致。研究内容的扩展及现代田野调查方法的采用,均是现代学术的标志,而这一时期西南研究内容的扩展源于现代学科的引进、确立与发展,经现代学科武装的研究主体的产生、新的研究方法的运用等,因此,认为"西南研究丛书"开创了现代学术意义上的"西南学"研究,在西南研究中产生了久远的影响,都是与事实相符的。

不仅如此,"西南研究丛书"的出版在当时几乎是绝无仅有的。1946年,姜亮夫批评当时的学术界说:"这一年来的出版界的可怜,也与其他相似,真的有学术价值的东西,少得可怜!不论是专书与论文,大概大部分研究工作,也因'复员'而停顿着,所以写不出精彩的作品。反之一时热闹的东西,是谈'民主'的刊物,喊的声音有大小,理论也有点深浅,但大多是'泄气'的、'愤怒'的、'偏畸'的、'取巧'的东西多,而值得成为学术价值的,几乎没有。"[50]可见,在战后复员时期,专家学者多有凑政治之热闹者,接着内战爆发,客观环境更不利于学术研究的开展。但是,方先生静观世变,坚守学术岗位,克服种种干扰和困难,想方设法筹措资金,编印学报,出版"西南研究丛书"。这在当时是相当少见的。邢公畹回忆说:"四十年前高等教育的办学者并不一定都有一套完整的'教学与科研并举'的概念,但是办得比较好,比较有名气的一些大学,大都比较重视科研,设有专门的科研机构。"[51]洪式闾在考察近代欧洲学术研究机构时说:"各种研究所,均各有其专门杂志,以发表其成绩,成绩愈多,则其在学术上之地位愈高。而所谓学术中心之所在,即以发表成绩之多寡定之。此学术中心,非由威劫势夺而来,实无数学者之心血造成之。"[52]西南文化研究室"一时成为西南民族历史文化研究中心",确实是多数学者之心血造成之,是名副其实的。国立云南大学在当时之所以享誉中外,靠的显然是学术研究,而不是其他。在这一方面,方先生等功不可没。

注　释

1　载《史学史研究》1982年第2期,第74页。

2　《方国瑜自传》,载《晋阳学刊》编辑部:《中国当代社会科学家传略》第一辑,山西人
　　民出版社 1982 年版,第 4 页。《方国瑜文集·自序》第一辑,(云南教育出版社 2001
　　年 8 月版)、《方国瑜自述》(《世纪学术自述》第二卷,第 247 页)也有同样说法。

3　方国瑜:《云南地方史导论》,载《云南社会科学》1984 年第 2 期,第 13 页。

4　傅于尧:《学问道德　风范永存——记方国瑜对熊庆来的深切怀念》,载《思想战线》
　　1993 年第 2 期,第 16 页。

5　《中国科学家辞典》编委会:《中国科学家辞典》(现代第三分册),山东科学技术出
　　版社 1984 年版,第 90、91 页。

6　王逊著,王涵编:《王逊学术文集·附录:〈中国大百科全书·王逊传〉》,海南出版社
　　2006 年版,第 239 页。

7　万亚:《"西南研究丛书"文献简介》,载《云南大学学报(社会科学版)》2003 年第 2
　　期,第 92 页。

8　李孝芳译,载《地理》第一卷第一至四期合刊,1941 年。

9　载《边政公论》第二卷第一二期合刊,1943 年 3 月。

10　载《地理》第三卷第 3—4 期,1943 年。

11　载《地理学报》第十四卷第三、四期合刊,1947 年 12 月。

12　载《地理与地理信息科学》2009 年第 3 期。

13　《滇西边区考察记》,载《图书季刊》第五卷第四期,1944 年 12 月。

14　刘世生选编:《汉夷杂居社会研究:民国石林社会研究文集》,民族出版社 2008 年
　　12 月版,第 4 页。

15　林超民:《〈汉夷杂区社会研究〉序》,刘世生选编:《汉夷杂居社会研究:民国石林
　　社会研究文集》,民族出版社 2008 年 12 月版。

16　21　杨文辉:《一部不应被忽略的佤族研究著作——读〈滇西边区考察记〉》,那金
　　华主编:《中国佤族"司岗里"与传统文化学术研讨会论文集》,云南人民出版社
　　2009 年版,第 32 页。

17　参见《社会学讯》第一期,1946 年。原文将《卡瓦山闻见记》误为《佧佤山调查》,同
　　时误是为"专著",改之。

18　王敬骝、肖玉芬:《方国瑜对阿佤山抗英的历史贡献》,肖学仁主编:《论班洪抗英的
　　历史意义及当代价值》,云南民族出版社 2007 年版,第 72、73、74 页。

19　孙代兴:《近代云南边疆问题研究述评》,云南社会科学院历史所编辑:《研究集刊》

第 1 期,编辑者 1989 年版,第 10 页。

20 林超民、秦树才:《方国瑜与中国西南对外关系史研究》,载《中国边疆史地研究》
2008 年第 4 期,第 117 页。

22 《云南史料丛刊》第五卷,云南大学出版社 2001 年版,第 625、626 页。

23 复仁书屋 1983 年 6 月版。

24 朱德普著:《渤史研究·前言》,云南人民出版社 1993 年 12 月版,第 1、2、5、11、
350 页。

25 按:如《南诏初期宗教考》(载《东方杂志》第四十一卷第十八号,1945 年 9 月)、《南
诏后期宗教考》(载《东方杂志》第四十二卷第九号,1946 年 5 月 1 日)、《民家新
诂》(载《东方杂志》第四十二卷第十号,1946 年 5 月 15 日)等。

26 徐嘉瑞著:《大理古代文化史·缪跋》,云南大学西南文化研究室 1949 年 7 月版。

27 按:缪指缪鸾和,李指李为衡。

28 黄有成:《〈大理古代文化史〉是有价值的地方史专著》,载《新华月报》(文摘版)
1979 年第 11 期,第 254 页。

29 余嘉华等著:《云南风物志》,云南人民出版社 1986 年版,第 372 页。

30 余斌著:《学人与学府》,云南民族出版社 2003 年版,第 130 页。

31 (越):《云南农村戏曲史》,载《图书季刊》第五卷第二三期,1944 年 6 月 9 日。

32 云南省档案馆藏档《徐嘉瑞著云南农村戏曲史及剧本台湾准予汇交审令云南
大学知照》,1016—1—18。

33 载《边疆通讯》第一卷第七期,1943 年;载《新运导报》第十卷第三期,1943 年。

34 载《边疆通讯》第一卷第八期,1943 年。

35 载《新运导报》第十卷第四期,1943 年。

36 张公瑾:《傣文文献及其科学整理》,贾春光等编:《民族古籍研究》,民族出版社
1987 年版,第 160 页。

37 李硕:《藏书家方树梅〈明清滇人著述书目〉》,中国人民政治协商会议云南省委员
会文史资料研究委员会编:《云南文史资料选辑》第 21 辑,云南人民出版社 1984
年版,第 69—70、71 页。

38 方国瑜著:《云南史料目录概说·弁言》第一册,中华书局 1984 年版,第 2 页。

39 参见马祖毅等著《中国翻译通史》现当代部分第 1 卷,湖北教育出版社 2006 年版,
第 465 页。

40　马祖毅等著:《中国翻译通史》现当代部分第 1 卷,湖北教育出版社 2006 年版,第 465—466 页。按:该书原文将云南大学"西南文化研究室"误为"文化研究室",将 "李田意"误为"李用意",参见该书第 465 页。

41　《黄埔军校同学会理事陈修和生平简介》,载《黄埔》1999 年第 1 期,第 26 页。

42　陈修和:《入越受降的片段回忆》,《文史资料选辑》增刊第二辑,中国文史出版社 1987 年版,第 148—149 页。

43　45　《沉痛悼念陈修和、姚楠两先生》,陈玉龙著:《天地有正气》,北京大学出版社 1998 年版,第 256、257 页。

44　《越南古史及其民族文化之研究》,载《图书季刊》第五卷第四期,1944 年 12 月。

46　48　胡逢祥:《现代中国史学专业机构的建制与运作》,载《史林》2007 年第 3 期, 第 163、165、166 页。

47　黄泽:《半个世纪以来三套"西南民族文化研究"丛书评介》,载《广西民族研究》 1999 年第 1 期,第 115、116 页。

49　复旦大学历史地理研究中心主编:《港口——腹地和中国现代化进程》,齐鲁书社 2005 年版,第 383 页。

50　姜亮夫:《一年来的文化与教育——复员途中》,《正义报》1947 年 1 月 1 日第 三版。

51　邢公畹:《抗战时期的南开大学边疆人文研究室——兼议关心边疆人文研究的几 位师友》,西南联大校友会编:《笳吹弦诵在春城　回忆西南联大》第 1 集,云南人 民出版社、北京大学出版社 1986 年版,第 157 页。

52　洪式闾:《东方学术之将来》,北京《晨报五周年纪念增刊》,1923 年 12 月 1 日。转 引自左玉河著:《移植与转化——中国现代学术机构的建立》,大象出版社 2008 年 7 月版,第 335 页。

第 七 章

从《西南边疆》及西南文化研究室
看方国瑜对中国现代学术的贡献

通过以上对《西南边疆》及西南文化研究室的全面和系统研究，本章就方国瑜在中国现代学术史上的地位、作用与影响作一总结。

第一节　推动西南边疆研究由滞后走向先进

众所周知，在我国近代史上，边疆研究虽出现过两次高潮，但直到抗战爆发之前，全国边疆研究的基本格局仍然是北强南弱。

长期以来，边地历史遭到歪曲诬蔑，真相被隐晦，考究史事之作甚少。至近世始稍改变，则因帝国主义侵略，俄、日在北方，英、法在南方，窥我边陲，危及堂奥，有识之士，留心边事，乃有西北地理及满蒙史地之学，蔚为风气，多有著作，打破已往沉寂。而西南，则英帝自印度侵占缅甸，法帝囊括印支三国，侵入我云南。当中英、中法交涉界务时，有"既失藩篱于前，又蹙边境于后"之叹。时人多有愤慨文章，登诸报刊，至于研究史事之专著则甚鲜，比之西北、东北、北方逊色多矣。[1]

这虽是多年后的话,但却是事实。张凤岐当时就指出,"知识分子应当努力研究边疆问题,提出解决的方案。现在国内学者对于此点,似已注意。惟关于西南边疆问题的讨论,除了新亚细亚杂志和最近广州中山大学出版的西南研究外,似乎找不出其他刊物来。"[2]1934年,郭曙南也对全国上下重西北轻西南表达了不满:

> "头痛医头,脚痛医脚",是中国人向来最大的错误。西北问题,既因东北失掉而为举国所重视,然而西南问题又怎样呢?见兔始顾犬,得鱼何能忘筌,在此开发西北闹得很起劲的当儿,我们为着中国边疆整个的打算,不得不虑及西南,作一劳永逸之计划。[3]

1936年,马仲侠亦提出类似观点:

> 关于蒙,藏,东北,各方面,国人讨论的文字很多,惟独关于西南方面,尤其作者认为最重要的云南,讨论的比较少。在"开发西北"的声音下。云南也许被大家轻视了。[4]

1938年,凌纯声指出不重视西南边疆是国家的不幸:

> 自九一八事变以后,国人鉴于外患日亟,边警频传。一般有志之士群起而注意边疆,研究边疆,经营边疆,这不能说不是一种好的现象。但是在这热烈的开发边疆运动之中,朝野人士,大都注意到西北而忽略了西南。对于西南边疆,只有很少一部分的有心人士在呼喊,未能唤起举国一致的推动,此实为晚近国家建设上一件不幸之事。[5]

1939年3月,吴文藻也说:"自东北失陷,国人始知开发西北的重要,以为开发西北,乃是收复东北的关键,前年抗战军兴,我东南沦陷后,国人始知发展西南的迫切,以为发展西南,才是抗战的根据。"[6]

　　因此,诚如马长寿所说:自抗战军兴,西南边疆的研究:"呈现一种空前的热烈与紧张。……实有"空前绝后"之感。"一时几乎成为一种显学[7]。而在这一"西南边疆研究蔚然成风"的过程中,"先后形成了以成都华西坝、川南李庄、云南昆明和贵州贵阳四地的边政学和民族学研究中心,并且出版了当时颇具影响的《边政公论》和《西南边疆》等学术刊物。"[8]《边政公论》为蒙藏委员会下辖刊物,属官方性质,而《西南边疆》虽一度以中国民族学会的名义出版,但始终未得到政府的经费支持,实际属私人性质。就规模及整体影响而言,前者固然大于后者。但是,《西南边疆》的创刊比《边政公论》要早得多,且为以西南边疆为研究对象的第一份专业学术期刊。在那个"天上炸弹飞,地上物价涨,满目疮痍,遍地饿殍,烽火不断,薪水无着"[9]的恶劣条件下,《西南边疆》同仁的精神更加难能可贵。同样,国立云南大学西南文化研究室同仁尽管始终面临战祸频仍、经费拮据、物价飞涨、社会动荡、人心惶惶等等不利条件,但仍克服种种困难和干扰,编辑《云南大学学报》一期,出版"西南研究丛书"10 种,从而奠定了该室"西南民族历史文化研究中心"的学术地位。

　　基于此,林超民先生认为,"《西南边疆》杂志和《西南研究丛书》的出版,是西南边疆研究从滞后走向先进的里程碑,标志着中国西南边疆研究进入一个新的阶段"。[10]而西南边疆研究由滞后走向先进,必然在一定程度上改变中国边疆研究中北强南弱的不平衡格局。因此,马大正先生在谈及现代高等教育在实现中国边疆研究的平衡发展中的作用时说:

　　　　随着现代高等教育事业在全国各地逐渐普及,中国边疆研究的基本队伍也由北京等少数大城市逐步遍及到各地,这一动向不但成为发展的趋势,而且有着较为稳定的特征,随之而来的则是发展中的现代中国边疆研究发展的新格局。……最突出的事例就是随着云南现代高等教育事业的发展(特别是抗日战争时期),以方国瑜为代表的一批学者以云南大学等高校为主要基地,较为稳定地开展了中国边疆研究(主要为西南边疆研究)的教学与科研工作,进而使原本较北部边疆研究明显滞后的西南边疆研究取得了长足的进步,从而有利于中国边疆研究的整体布局的平衡和研究的深化。

充分肯定了方先生在促进中国边疆研究实现平衡发展和深化研究中的地位和作用。

第二节　促进中国传统学术的现代转型

前述学术刊物及研究机构在中国现代学术发展中发挥了至关重要的作用。《西南边疆》作为权威的现代学术期刊,西南文化研究室作为重要的现代学术机构,在中国现代学术转型的过程中扮演了较为重要的角色。

林超民先生指出:

正当国瑜师在音韵学、汉语史、少数民族语言的研究上渐入佳境时,帝国主义对我国边疆,特别是对中国西南边疆的侵略给他极大刺激,他再也无法安心地在书斋继续对古代音韵学做深入研究,强烈的爱国情感、深厚的民族自尊,促使方国瑜从音韵转向界务,从古代转向现实,从中原转向边疆,开始了西南边疆政治、历史、地理、民族、文化的研究。[11]

概言之,即是从传统学术向现代学术转变。从研究对象来说,是从国学转向边疆。从研究方法来讲,是从文献考证向实地调查与文献研究的结合转变。就研究目的而言,是从为学术而学术转向为应对边疆危机、民族危机,挽救国家危亡而学术。从空间上来看,是从中心转向边缘,从内地转向边疆,从书斋转向田野。

若从整个中国现代学术转型的历程来看,方国瑜的这一学术转向还在一定程度上促进了现代学科及现代学术在西南边疆的引入与传播,因而促进了传统边疆研究的现代转型。这主要体现在人员流动、机构设置和学术传承等方面。据刘小云的研究,现代中国学术转型以中西新旧的学术转承为重要内容,它集中体现在大学研究院所和专门学术研究机构之间的人员流动、机构设置和学术传承上。北京大学研究所国学门、清华国学研究院、厦门大学国学研究院、中山大学语言历史学研究所、中央研究院历史语言研究所是现代中国的一批重要学术研究机构。它们在 20 世纪 20 年代次第成立,在人员构成、机构建制和学术精神上一脉相承[12]。而实际上,西南边疆月刊社、国立云南大学西南文化研究室与上述研究机构之间也有一定的承续关系。

人员方面,该刊主编、研究室主任方国瑜出身北师大及北大国学门,后又到中央研究院历史语言研究所师从赵元任、李芳桂学习语言学,姜亮夫出身清华大学国学研究院,凌纯声来自中央研究院历史语言研究所,顾颉刚更是在上述多个研究机构任过职,甚至发挥过巨大作用,罗常培先后在中山大学语言历史学研究所、中央研究院历史语言研究所任职,李家瑞先入东南大学,后入北京大学师从刘复先生,毕业后入中央研究院工作。《西南边疆》撰稿者中还有董作宾、胡焕庸、芮逸夫、吴宗济、马学良等来自中央研究院。前述《西南边疆》撰稿者中不少有留学背景,西南文化研究室研究人员也同样如此,如姜亮夫、陈定民、费孝通、吴文藻、徐旭生、汪懋祖、向达等。他们得益于中西文化、中西学术的共同滋养,在引进和传播西方文化与学术方面发挥着桥梁的作用。这批顶尖的专家学者来到边疆,研究边疆,必然将现代学科和现代学术带到边疆,从而促进现代学科和现代学术在边疆地区的建立、传播与发展。如中央研究院历史语言研究所筹备期间第一次所拟的工作计划,列有九点:文籍考订、史料征集、考古、人类及民物、比较艺术、汉语、西南语、中央亚细亚语、语言学。1929 年 6 月改为三组:历史、语言与考古,1934 年又增加人类学组。[13]《西南边疆》所载闻宥、吴宗济、马学良、芮逸夫等关于语言、文字的论文,是中央研究院史语所工作的延续和发展。江应樑、岑家梧、王兴瑞等的研究则是中山大学西南研究的延续和发展。南高史地学派者对西南边疆的研究也是同样。正如学术界指出,"从学术的内在理路上审视,20 年代以后人类学、民族学、宗教学、社会学等学科在中国的生长,为现代意义的'边疆研究'提供了学理及方法层面的支撑"。[14]而边疆地区则成为这些学科在中国成长的重要区域,尤其是在 20 世纪三四十年代,这些学科取得的成就大多在边疆地区完成[15]。最明显的例子就是人类学民族学在西南边疆地区的建立、传播与发展。

罗致平在《战时中国人类学》中说:"战时出版界受种种条件之限制,几陷停顿状态,然人类学及边疆研究专刊,则反较战前为活跃。"而其认为"最可注意"的刊物中就有《西南边疆》。罗先生又说:云南大学于抗战后改为"国立",创设西南文化研究室,从事人类学研究者有方国瑜之《卡瓦山闻见记》等文行世。还说:"战时出刊之人类学专书较不多得,"但所举者即有方国瑜《滇西边区考察记》。罗先生这里是从中国人类学发展的角度来肯定和揭示《西南边疆》及西南文化研究室的学术意义。

江应樑在《民族学在云南》一文中说,为建立和传播这一门新的学科,并使研究成果能及时公诸于世,专家们编辑出版了一些民族学专业刊物。当时在学术上卓有成就,在地方上影响最大的有两种刊物,第一种即是《西南边疆》。江先生认为,"《西南边疆》是专业性质的大型杂志,登载有关民族学论著和民族调查资料,不仅在国内学术界享有声誉,并引起国际上的重视,至今国外学者还不时有人引用《西南边疆》的材料"。该刊"在云南学术界历史上,是空前的,影响之深远难以估计"。[16]在江先生看来,《西南边疆》对民族学在云南的建立和传布发挥了重要作用。而民族学在具有"人种博览会"之称、被誉为"民族最为复杂,……人类学资料最为丰富"[17]、作为战时全国学术中心的云南的建立和传播,对民族学在中国的发展也具有重要意义。所以说,"人类学在中国的发展与云南研究有着十分密切的关系"。[18]若扩大到整个西南,我国"'西南民族'中有上中下三级的野蛮或半野蛮时期的各种部族,最足以供各种科学做研究的对象"。[19]这对民族学的建立与传播的意义更为显著。"战争使文化事业扩大了发展空间",这一时期民族学、人类学等学科在西南地区实现空间扩展的同时,也极大地推进了学科本身的本土化进程。

夏明方指出,作为一种社会研究的技术方法,社会调查在民国时期,对于近代中国社会科学的"中国化"或者社会学的"本土化"进程,发挥了不可替代的关键性作用。他认为这样的贡献大致表现在四个方面,其中之一为:"事实"与数据的生产与保存。因为它们大都是当时的社会学、人类学、经济学、人口学、民俗学等社会科学学者,经过周密的问卷调查或深入的田野访谈(当时叫"实地研究"或"实地调查"),并经过系统的标准化的加工整理和综合性的量化分析之后才得到的结果。这些调查者在向社会公布其发掘的"事实"和数据时,每每对调查的范围、过程、方法和局限都要做出比较清楚的交代,这就使得利用者可以借此对调查者的描述或分析之可靠与否和适用范围做出自己的判断。[20]前述无论是《西南边疆》所刊文章,还是西南文化研究室所出"丛书",大多经由田野调查整理而成,如当时学术界就指出,"战时中国人类学,由于研究之便利与实际之需要,多偏重于田野工作"。[21]不仅多数调查是深入的,而且涉及学科除了夏先生提到的社会学、人类学、经济学、人口学、民俗学之外,还包括民族学、地质学、地理学、教育学、语言学、历史学、文学、农学、生物学、医学等等,极大地增加了关于西南边疆的"事实"与数据的生产,而期刊和丛书本身即是对这些"事实"与数据的保存。可以视为西南边疆的资料汇编的《永昌府文征》,收录了多篇《西南边疆》所刊文章。1938 年 10 月刊于《西南边疆》创刊号的凌纯声《孟定——滇边一个瘴区的地理研究》一文,后以《孟定之地理与气候》为名收入《永昌府文征·纪载》卷三十五。1940 年 4 月刊于《西南边疆》第九期的陆鼎恒《滇西边区牧畜事业现状与希望》一文,后以《腾龙边区之牧畜》为名收入《永昌府文征·纪载》卷三十四。1940 年 7 月刊于《西南边疆》第十期的周绍模《滇西边地农业现状及其发展的可能》一文,后以《腾龙边区之农业》为名收入《永昌府文征·纪载》卷三十四。1940 年 9 月刊于《西南边疆》第十一期的李希泌《腾冲琐记二则》包括《遮岛市集所见》和《腾冲乡镇夷名订正》,其中《遮岛市集所见》后以《书遮岛市集所见》为名收入《永昌府文征·文录》卷三十。[22]1941 年 5 月云南省通志馆闭馆后,主编《永昌府文征》的李根源要方国瑜帮助编其中的《纪载》部分[23]。时任李先生秘书的王仲荦说,"他(按:即方国瑜)是修撰《永昌府文征》的主要骨干"。[24]方先生也曾说:"协助李印泉先生编辑《永昌府文征》,多作题跋。"[25]所以,这些文章显然都是担任滇版《西南边疆》主编的方国瑜收入的。如

果不是《永昌府文征》出版较早,《西南边疆》所刊文章一定会有更
多被收入。同时也说明《西南边疆》在西南边疆知识的生产、积累
和保存方面作出了重大贡献。

因此,《西南边疆》所载文章、"西南研究丛书",极大地增加了
关于西南边疆知识的生产和积累,为西南边疆保存了最为广泛的
资料,全面建立了西南边疆的知识体系,为国人认识西南边疆、研
究西南边疆、建设西南边疆,奠定了坚实的史料基础、研究基础和
学术意见。

杨天宏教授指出,我国历史上的边疆研究,即使是晚清时期的
"边疆研究",也基本属于传统学者的治学范畴,尚不具有现代学
术研究的含义。从研究领域看,清季边疆研究大致局限在边疆史
地的范畴,很少涉及民族、宗教与社会,至于自然科学,则更是无人
问津。从方法上看,清季的边疆史地学者,大多沿袭传统文人墨客
的撰述方法,成果以游记杂录居多[26]。"言其深度,传统意义上的
边疆研究较多叙事,学理层面的辨析较为缺乏,而民国时期尤其是
抗战期间则在边疆政治、经济、宗教、文化教育等方面都推出了专
门论著,而且往往兼顾叙事与说理,有着很强的学理性"。[27]

《西南边疆》作为现代学术期刊,云南大学西南文化研究室作
为近代地方政府支持创建的少数高校研究机构的代表,拥有众多
既有较为扎实的旧学根基,又受过现代学术训练,多数还有留洋经
历,不仅具有现代学科的素养,同时还具有国际学术视野的边疆研
究主体,他们与传统文人有着质的区别,他们采用的各种新式学科
的方法,使他们的研究在范式上与传统文人的边疆研究有着根本
的不同,新知识、新视野、新方法的武装极大地扩展了边疆研究的
资料、内容、范围和地域,大大地深化了对西南边疆的研究,现代印
刷业出版业的发展,为他们的研究提供了新兴的载体,使他们的研

究成果能够迅捷地以不同于传统的形态展现出来。

机构设置方面，刘小云指出，"中大语史所继承和发展北大国学门规制，拟建成一个寓学术研究、培养人才、陈列参观等于一体的现代综合性学术研究机构，但因各种原因致使计划未果；倒是中研院史语所进一步强化和完善了这一职能"。[28] 从前文所述不难看出，"建成一个寓学术研究、培养人才、陈列参观等于一体的现代综合性学术研究机构"，也是西南文化研究室同仁的理想和追求目标。方先生作为北京师范大学和北京大学研究所国学门培养的人才，并曾到中央研究院历史语言研究所学习，他负责西南文化研究室的创建，必然或多或少受到以上机构的影响。遗憾的是，同样"因各种原因致使计划未果"。尽管如此，西南文化研究室作为"近代研究云南地方史的第一个机构"[29]，为云南现代学术奠定的基础仍然是有目共睹的。它将现代学术的种子引入云南，并辛勤耕耘，使之在边疆大地生根发芽，开花结果。中华人民共和国成立后，云南大学先后设立了中国民族史教研室、云南地方史研究室、西南边疆民族历史研究所、西南古籍研究所、西南边疆民族经济文化研究中心等研究机构，出版《西南民族历史研究集刊》。20 世纪90 年代，中国社会科学院边疆史地研究中心在云南大学建立了"云南工作站"。2001 年，建立教育部人文社会科学重点研究基地云南大学西南边疆少数民族研究中心，出版《西南边疆民族研究》。这些研究机构与西南文化研究室都有承续关系。"云南大学作为一所边疆民族地区的综合性重点大学，有着研究西南边疆民族文化的悠久历史和学术传统。……其中，云南大学'西南文化研究室'的建立及其编撰出版的多种学术著作，标志着云南大学业已形成了自己的学科特色"。[30] 如果再扩大到西南地区，20 世纪"90 年代以来，西南诸省区的区域文化、族别文化研究日趋活跃,壮学、泰学、纳西学、彝学、哈尼学等领域成为国内外民族研究者的关注热点。而作为整体性区域文化比较及综合研究的'西南研究'或'西南学',也产生不少颇具实力与影响的成果。……追溯本原,'西南民族文化研究'作为一个整体性研究方向,始于40年代云南大学'西南文化研究室'编撰出版的《西南研究丛书》"[31]。

至于在学术精神方面,人员的流动必然带动学术精神的传承和延续。前述《西南边疆》论文栏目撰稿者、西南文化研究室的研究人员多毕业于南京高师——东南大学、金陵大学、燕京大学、中山大学、中央大学、清华大学、北京大学、北京师大、南开大学等校,不少还有留学背景,他们对西南边疆的调查研究势必带动现代学术精神在西南边疆的扩展。

第三节　预示西南边疆研究的未来走向

方国瑜对西南边疆研究所包括的地域有明确界定,对研究的问题、资料的搜集、成果的出版有系统全面的考虑,为西南边疆研究开辟了一系列新的研究领域,并做出了开拓性贡献,对后来多个领域的学术发展产生了深刻影响。

第一,云南史料的整理与研究。前述一开始西南文化研究室就将编纂《二十四史云南文献辑录》纳入出版计划。1944年,该室在第三年度工作计划的补充说明中又说:

> 云南本僻在西南,其风俗习惯,尚存古风。有在中原早已消失之重要资料,可供历史上宝贵之参考者,在云南尚可发现。自抗战以来,由于他省人口之不断迁入,云南固有之风俗习惯,遂逐渐发生变迁,今且急转直下,有不可遏阻之势。如不于此时加意搜讨,编入纪录,恐不转瞬将难以寻其迹踪矣。

又近来入滇之学者至多,如地理、历史、地质、语言、社会等各方面之人才,几均集中昆明。其中定居至六年以上者,均各有专门之著作,对云南文献之搜集、整理已成之长篇巨制,更不知凡几。亟应乘此时机,尽量罗致,以免此项珍贵材料,日久散佚。现拟在短期内,印行较新颖之"云南文化丛书"十种(其中名称请酌定),以作本省文献之宝库。

潘先林教授称 1949 年昆华民众教育馆编《云南史地辑要》"是对二十世纪三四十年代云南史地研究的首次学术总结"。[32]其实,进行这样的学术总结的想法此时就已产生。后来方先生主编完成的 13 卷本《云南史料丛刊》[33],固然发端于他在南京中央研究院史语所学习期间辑录云南地方史料[34],但也与后来纳入"西南研究丛书",但最终流产的《二十四史云南文献辑录》出版计划多有关联。1943 年 5 月 5 日,方国瑜在请予休假进修计划中说,

> 拟在休假一年内往四川搜集滇史资料。国瑜留心云南史地之学已十五年,先后在北平、南京、昆明搜录资料,分门整理积稿已逾五尺,惟尚未查翻图籍,拟以一年之时间往重庆、成都、南溪等处访书,抄录前所未备资料,然后整理已成之长编写为定稿,预计全书约五百万字,再经五六年后即可完成。

并列出全书拟目,包括纪自然、纪历代设施之政治、经济、军事、纪历代移民开拓及一般文化、纪土族、纪人物、纪边裔、载杂文诸编,每篇包含多门。又称"所列诸门大都已成长编,尚有若干门,如天文、外交、艺术等则尚未加编次,待搜访较备。整理全书而需翻阅之书较多,一年期间仅能搜录"。[35]至 11 月底,方国瑜才得知休假进修报告蒙教育部批准[36]。但其工作并未间断。《方国瑜三十三年度休假进修研究报告》中说:"国瑜自本年二月起休假,初意入

川访书,搜录有关滇事史料,因旅费未筹足不能启程,故在昆明西郊村寓整理已搜集之史料。每月入城仅一二次,得充分安定时间从事研究工作。"[37]后来,方先生的贵州弟子史继忠受先生的影响,在云南师从先生学习时即开始搜集贵州史的资料。从《史记》到《清史稿》,从《华阳国志·南中志》到贵州历代志书,从会典、会要到明清实录,举凡涉及贵州的,史先生都认真地抄录下来,至今仍保存一大堆抄件。在先生的指导下,史先生翻阅了《明实录》2700卷,逐字逐句抄录,这就成了后来出版的《明实录贵州资料辑录》一书。史先生在贵州文史馆工作期间,通过贵州历史文献研究会做了一些工作,编辑了《二十四史贵州资料辑录》[38]。

第二,南亚史和东南亚史的研究。《西南边疆》所刊文章已经涉及到缅甸,显然不会排斥关于其他中南半岛国家及印度、马来诸境的论文。西南文化研究室在总计划中规定:本室研究工作之地域包括"安南、缅甸、印度、马来半岛诸境"。研究问题(七)为"西南边裔之研究",具体内容包括"历代经略藩属之史绩与诸境之现状,并与本国有关之政治、经济、文化诸问题"。在1942年的年度计划中,又将"翻译《缅甸史》一种,并在本年度完成"列入。1942年12月,方先生在给《边疆研究通讯》写的《昆明通讯》中鉴于蓉渝的学术团体及中山大学对西南研究各有侧重,指出"此间同人之工作,将多留意于云南,及西南边外越、暹、缅,且推及马来、南洋印度,将徐为之"。又说,西南文化研究室决定出版《缅甸史》一种,《暹罗史》一种,二书已着手翻译。在1943年的年度计划中,又认为"此时研究之方面,应多经意中南半岛及印度马来诸境,故决定印刷陈修和编著之《越南古史及其民族文化之研究》、徐嘉瑞译述之《印度美术史》、朱杰勤译之《暹罗史》"。同年方国瑜还在《文史杂志》第二卷第十一、十二期发表《〈宋史·蒲干传〉补》一文。1943 年 5 月 5 日,方国瑜在请予休假进修计划中说,"在此一年中拟先成缅甸史、暹罗史两种,因目前局势,国人应多明了中南半岛与我国之关系,坊间已有此类书籍出版,而肤浅、讹谬不堪读也"。[39]1944 年 2 月至 11 月底,方先生草成《中国纪录缅甸史》。方先生说:"英人所著《缅甸史》、哈裴(G. H. Harvly)、潘尔(Arthur Phayre)之书为世人所称道,所据资料为缅人纪录及碑刻,而纪录多误,碑刻甚少。且英人疏于中国史籍,偶有采录,率多错误。近年国人有中缅关系史之作,亦甚浅陋,而缅甸自有史以来,受中原文化之淘养,为中国朝藩封者数百年,则缅甸史事为中国史领域之一部。兹汇录见于记载者,逐事详考,溯自远古,迄于清季。"[40]1946 年 10 月 15 日在《文讯》第六卷第七期新七号发表《读诸番志札记》。1947 年 2 月在《南洋学报》第四卷第二辑发表《宋代入贡之真里富国》。在 1948 年 5 月 15 日致教育部部长朱家骅的呈文中,则更为清楚地说明了云南大学西南文化研究室重视东南亚研究的原因及该室已做出的努力:

> 西南区域广大,顾及全面,力有未逮,故暂偏重于边疆区域及中南半岛诸国之研究,今后计划亦拟为此。复查战后中南半岛,据实已非往昔可比。此区域文化之发展,原受我国扶植,曾经西欧势力所支配,今渐谋独立,而已有之文化并未充实。本我已达达人之旨,自当予以辅助。云南地处西南,在地理位置上至为重要,实负有此种责任。于学术方面,本校拟与缅、暹、越诸国学术机关,作密切联络,以谋共同发展。盖利用地理上重要条件,可能有特殊之成就,不可不勉力为之。

为此,方国瑜先生曾致函仰光大学校长、曼谷朱拉峦干大学校长商讨学术合作事宜。研究室同仁与越南东京的东方博古学院院长谢代斯及研究员右泰安也多有联络。呈文又说:"我国与中南半岛诸国,境域相接,诸凡经济、政治、文化、军事,莫不密切相关,当由多方面与之联络,而文化学术之合作,促进经济、政治、军事之关系者甚大。本校因此项任务,拟加强西南文化研究室工作。"可见,方先生对南亚史、东南亚史的研究一直相当重视。尽管方先生并不是国内相关研究最早的关注者,但是从中外关系史的角度,将南亚史、东南亚史的研究及与相关各国进行学术合作纳入计划,拟开展全面、系统的研究,并付诸实践的学者,方先生无疑是第一人。

20 世纪 50 年代,方先生在云南大学率先开设东南亚诸国史的课程,编纂汉文文献中关于东南亚诸国的历史资料,并编写了相关讲义。他开创的"东南亚史专门化"为后来云南省社会科学院东南亚研究所的建立奠定了学科基础,准备了人才。[41] 如今,东南亚史研究无论在研究领域、研究时段、研究地域、史料积累与发掘等各方面均取得了重大成就[42]。但回顾既往,不得不承认前贤的开拓之功。

第三,《马可波罗云南行纪》研究。方先生是"较早对《马可波罗云南行纪》进行研究"的中国学者。1939 年 1 月,先生在《西南边疆》第四期发表《马可波罗〈云南行纪〉笺证》,该文选取"西方各国关于马可波罗游记之各种译注本之集大成者沙海昂氏本",据冯承钧译本"对元代云南的一些地名及其他问题作了考证,然未完备"。后本拟"修改再稿",但未实现。1982 年,还是研究生的林超民先生在方先生指导下,以《马可波罗〈云南行纪〉笺证》为基础,写成《马可波罗云南缅国行纪史地丛论》。其后,林超民教授又完成《关于马可波罗〈云南行纪〉的几个问题》一文。这些论文均引起了各方面的注意。1994 年 1 月,署名方国瑜、林超民著的《〈马可波罗行纪〉云南史地丛考》由民族出版社(北京)正式出版,一到坊间即销售一空,填补了国内外学术界对马可·波罗中国西南和缅国之行研究的空白,将元代云南史地的研究扎扎实实向前推进了一步。方国瑜先生和林超民教授以敏锐的学术眼光、精辟确切的考证,抓住了这个长期处于学术前沿的课题,为"马可·波罗学"及元代云南历史地理、元代云南与东南亚关系史、元代西南边疆史、元代云南社会史等提供了一份重要的创造性成果,使元代云南史地的研究走上了国际学术交流的大舞台[43]。

第四,西南对外交通史研究。西南对外交通史也是方国瑜西南边疆研究的重要内容。1940 年 3 月,方先生在《西南边疆》第八期发表《读伯希和〈交广印度两道考〉》,1941 年 5 月 30 日,又在该刊第十二期发表《云南与印度缅甸之古代交通》。这两篇文章在西南对外交通史研究的学术史上具有重要意义,方先生因此而成为"最早研究云南对外交通史"的中国学者。前文第一部分是"云南与安南之古代交通",驳正了伯希和"唐以前中国人开拓云南与东京交通之事,今尚无迹可寻"的错误。后文则"第一次从汉文载籍的片段记录中勾稽考释,较系统地论述了云南与印度缅甸的古代交通","是研究云南交通史的奠基之作"。其后,方先生又对云南与东南亚诸国的交通作了考证和论述,成果大都汇集于《中国西南历史地理考释》、《滇史论丛》、《方国瑜文集》诸书中。20 世纪 80 年代,林超民教授有《蜀身毒道浅探》[44]、《元代入缅三道考》[45]等文发表。20 世纪 90 年代,陆韧教授在继承方先生和林先生成果的基础上,写成《云南对外交通史》,将云南交通史扎扎实实地向前推进了一步。这是第一部系统研究云南交通史的学术专著[46],也是西南对外交通史研究的重要著作。如今,这一领域受到越来越多的专家学者的关注,他们正在前贤打下的基础上不断继长增高。

第五,以瘴气研究为中心的西南环境史研究。《西南边疆》所刊论文探讨了瘴疟的性质、成因、消除办法、云南边地瘴疟产生的具体原因、瘴疟对云南边地的危害等等,为张凤岐后来撰写《云南史地辑要》第四篇《云南边务》第九章"云南之疟瘴"奠定了基础,该章分"云南疟区"、"病因"、"疟蚊产生之条件"、"病状及治疗"四个部分,所述受《西南边疆》相关研究的影响甚为明显。20世纪50年代以后,学术界从不同的角度,集中从疾病史及其分布范围上对瘴气、瘴疠做了大量探讨,但很多认识并未超出《西南边疆》所刊文章的相关研究。周琼教授完成于2005年的博士学位论文《清代云南民族生态环境变迁研究——以瘴气为中心》,2007年以《清代云南瘴气与生态变迁研究》为名由中国社会科学出版社出版,该书"是近年来环境史研究领域取得的一项重要成果,也是瘴气研究的拓荒之作。该书在大量一手资料基础上,以云南为例,对瘴气产生的原因、种类、分布状况、变迁情况及对云南社会的影响等问题进行了系统、深入的研究"。[47]从而首次纠正了自《西南边疆》相关研究以来学术界长期对瘴、瘴气和瘴疠等基本概念的模糊认识,指出"瘴、瘴气和瘴疠是不同前提条件下三个不同性质的概念"。如今,以周琼教授为代表的专家学者正在西南环境史研究的园地里辛勤耕耘。

第六,云南区域经济地理研究。1937年,"为(按:滇缅铁路)西段南北线问题,在社会上曾引起剧烈的争辩"。双方均有事实依据,"似皆有道理;但究竟孰优孰劣,则仍莫能分辨。适堂趁休假之便,得国立清华大学资源委员会及滇缅铁路局三方之合作资助,遂决定亲往滇缅沿线调查,俾于明瞭滇西一带真象后,作一具体之比较"。这是张印堂《滇西经济地理》一书的缘起。1941年5月30日出版的《西南边疆》第十二期上刊有张先生《滇缅沿边问

题》一文,该文是张先生在西南联大云南同学会的演讲记录,内容
包括沿边气候问题、人工问题、居民迁徙问题、民族问题、未定界政
治问题、货币问题、语言问题、国际政治问题、走私问题、地名问题
等10个问题。这10个问题构成了《滇西经济地理》第七章的内
容。该书是云南区域经济地理的奠基之作。前述当时徐近之《抗
战期间我国之重要地理工作》一文在全面考察了抗战时期我国的
地理工作后指出,"区域经济地理工作,似限于滇川两省",而关于
云南方面,则只有张印堂的《滇西经济地理》一书。徐先生并认为
"其中论农作,经济作物,矿产甚详。张氏复于书之末章,提出是
路沿线与滇缅沿边关系密切之十问题,……要皆直接间接与滇西
经济发生关系者"。今天,学术界对云南区域经济地理的研究表
现出更加强烈的学术热情,张先生开创的领域已经后继有人。

综上所述,《西南边疆》征稿范围及西南文化研究室的研究项
目在涉及区域宽广,研究内容丰富广泛,所刊文章和所出丛书在研
究内容、研究范围、研究区域等各方面所奠定的基础,隐然决定了
西南边疆研究的未来走向。长期以来,学术界的西南边疆研究,实
际上仍是在前贤开辟或拓展的领域内延续,无论是就研究内容的
丰富性,还是就研究区域的广阔性来看,都没有实现明显突破。

第四节 开展中国边疆学构筑的早期实践

1939年3月,第三次全国教育会议通过的边疆教育改进案规
定,"教育部得指定国立各大学酌量增设有关建设边疆之科
系……已立案之专科以上学校,增设此项科系于事前商得教育部
或地方教育行政机关之同意者,得请其酌量补助之"。[48]中山大学
收到教育部"酌量增设有关建设边疆之科系"的训令后,"筹议再

三,认为边疆教育之旨趣,多属于大学文学院之范围,爰拟在文学院设立'边疆科系'"。由杨成志先生拟定《国立中山大学文学院边疆学系组织计划纲要》(以下简称《纲要》),经文学院院务会议通过并由学校呈请教育部审核。[49]这是目前所见最早的高校边疆学系筹组计划,为学科意义上之"边疆学"概念的首次提出,理应视为当今中国边疆学的学科源头。[50]孙喆等认为,1943 年,顾颉刚在《中国边疆学会边疆丛书撰写总序》中,提出"这个时代是我们边疆学的启蒙时代",始将这一词汇引申到学科意义上[51]。不过,即使顾先生此时所用的"边疆学"概念具有学科意义,它的提出也比杨成志的要晚好几年。

《纲要》上呈教育部后未获批准,也就等于作为学科概念的边疆学被教育部所否定。而蒙藏委员会 1934 年规定边政学系的学生具有特种考试资格,1941 年又组织成立边政学会,出版《边政公论》,发行边疆政教丛书,反映了国民政府对边政学概念的认可,教育部安排中央大学和西北大学设置边政学系,则完全确立了边政学的学科地位。因此,边疆学的影响和受到的关注也远不及边政学广泛。

不过,时过境迁之后,边疆学的命运却发生了改变。随着第三次中国边疆研究高潮的到来和发展,近年来学术界构筑中国边疆学的倡导和实践得到加强,边疆学迎来了新的发展机遇。"认真总结前人研究积累是构筑中国边疆学的重要学术基础"。从这个角度而言,方国瑜组织下的西南边疆研究的蓬勃发展,在多方面完成了杨先生的研究计划,开展了边疆学构筑的早期实践,为中国边疆学的构筑作出了重大贡献。

《纲要》详述了建立边疆学系的"理由"与"办法",内容详尽完备。在"理由"部分,指出当此抗战时期,"边疆问题之严重性",

"关系于我国族复兴之前途更为迫切"。鉴于"西南边疆问题之发生,百废固待急举,惟根本之图,莫如本教育为经,立研究为纬,使教育学术与国家建设,打成一片"。因此根据对环境的观察,认为西南边疆危机中有三大问题急待研究,这三大问题又分为九个小问题。概言之,"西南边疆之所以未易建设而成为结症病态者,实固上列三大问题尚未引起彻底认识,欲求解决方案,此教育学术之兼施政策,亟需提倡与实行者也"。边疆学系"以养成边疆各项建设专门人材之干部,并本科学研究精神,从事开发西南边疆自然与人文之学术宝藏为宗旨"。可见其研究对象为"西南边疆自然与人文"。正因为研究对象包括"自然与人文",所以"课程"所设科目涉及历史学、地理学、人类学、民族学、社会学、生物学、医学、地质学、农学、林学、经济学、政治学、语言学、工艺学、统计学、教育学、管理学、心理学、文献学、人口学、宗教学、边政学、外交学等。

　　杨先生还建议:"为应时势急需,拟在文科研究所增设边疆学部,或人类学部每年招考研究生若干名"。"招生进行"中也说:本系毕业生可"留校考研究院,继续研究"。可知,杨先生当时已有培养边疆学专业研究生的打算。"研究事业"中有出版《边疆季刊》与"边疆丛书",重视学术成果的发表和刊布,尽力为学术界研讨学术、发挥思想、披露心得、交流意见提供平台和园地,有效促进相关学者的联系与交流。"拟与西南或西北各边疆学校作各种研究上之互相合作",重视建立并加强与相关高校及研究机构的学术联系。建边疆物品陈列室,"尽力收罗或征集关于自然的人文的一切边疆物品,汇集分类陈列于一室,俾作研究上之物证"。注重对边疆实物资料的利用,扩充边疆学的研究资料,也是相关研究不可忽视的重要方面。

　　方国瑜在战时学术中心昆明组织下的西南边疆研究的蓬勃发

展,在诸多方面完成了《纲要》的研究。因为方先生创办和主编的《西南边疆》与主持的国立云南大学西南文化研究室,在研究方面与《纲要》有较多相似甚至重合。相比之下,《西南边疆》及西南文化研究室对《纲要》规定的"边疆学"研究对象做了更为具体的划分,对研究区域做了更加明确的界定,并邀约全国关心和有兴趣于西南边疆研究的专家学者就各专题撰写论著,极大地深化了对西南边疆的调查研究,为中国边疆学的构筑作了较多的实践与积累。

　　《纲要》以"西南边疆自然与人文"为研究对象,又指出西南边疆危机中有三大问题急待研究,这三大问题又分为九个小问题。(甲)关于开化边民问题:(1)文化——汉化与土化应如何调和和提高?(2)教育——本何种教育方式适合山民生活之需要?(3)社会——用何种最经济方法使野蛮生活渐进入文明气象?(乙)关于改进边政问题:(4)政府——腐窳原因何在?兴革事项有几?及如何使边吏尽责爱民?(5)经济——用何良策,使生产率增加及货物运输畅达无阻?(6)资源——对矿产,农,林,畜牧之富源如何鼓励开发经营?(丙)关于巩固边圉问题:(7)史地——如何整理文献与史料并详明其地理现状之重要?(8)外交——如何阐明中法,中缅与□□[52]交涉事件或条约?(9)国界——如何注重国防前线与边地险要及未定地界之解决方法?不过,对"西南边疆"的范围无任何说明,且所列仅为"急待研究"者,既不全面,也不细致。而在《纲要》拟定前即创刊的《西南边疆》,对此则有更为具体的划分。前述该刊征稿范围列举了关于西南边疆的各个方面,研究对象不仅同样涵盖西南边疆的自然与人文,而且专题设置更为全面、具体。就地域范围来说,包括云南、四川、贵州、广西、广东、湖南、西康、西藏、缅甸等地,也十分明确。与《纲要》相比,《西南边疆》的征稿内容显然更为全面、详尽,研究区域也更为明确。而且,方先生联络全国关心并热衷于西南边疆研究的各界人士,围绕相关内容,对西南边疆展开深入的调查与研究,发表了大量文章,增强了对西南边疆的认识与了解,为政府施政及建设工作提供了重要的参考资料和意见。西南文化研究室的研究区域涉及云南、西康、贵州、西藏、四川、湖南、两广、安南、缅甸、印度、马来半岛诸境,比《西南边疆》更为宽广。所研究问题或内容也包罗甚广,举凡西南边疆之开发、移民、史地、界务、民族、文化、经略、对外关系、自然、人文,无一不包。对研究方向的分类和归纳也比《纲要》更有条理。

西南文化研究室的工作计划,不仅基本包括了《纲要》中购买书籍、招研究生、出版期刊与丛书、编译边民语文字典或文献、建边疆文物陈列室、开展合作等设想,而且更为细致和广泛。尤为重要的是,在方先生的擘划领导和研究室同仁的多方努力下,计划工作的某些部分已得到实现。

第五节　酝酿"中国历史发展的整体性"理论

1963 年 4 月,方先生发表《论中国历史发展的整体性》[53]一文,全面、系统、深入地论述了"中国历史发展的整体性"理论,"这是他一生最重要的理论文章"。[54]在 20 世纪中国多民族统一国家形成理论的探讨中,方先生的"中国历史发展的整体性"是最重大的理论贡献之一[55],对中国历史研究具有重要的指导意义。

这一理论酝酿于 20 世纪三四十年代。其时,方先生在西南边疆的研究中,在与欧美日等长期关注我国四裔或周边地区的帝国主义"学者"展开学术对话,争回对中国历史的解释权的过程中,对边疆与内地、少数民族与汉族,中国古代史与中国近代史[56]三组关系的思考与认识不断深入,酝酿了"中国历史发展的整体性"
理论。

一　"中国历史发展的整体性"理论酝酿之历史背景

学界指出:"西方人的中国观念与中国人自己的观念存在着
很大的差异,他们认为中国只是汉族的世界,蒙古族、满族、藏族、
维吾尔族等都是中国以外的群体,他们不属于中国人,其土地也不
在中国的领土范围之内。这样的观点在西方占据主流,在精神和
文化上支配着那些殖民主义者和帝国主义者在中国进行的活
动。"[57]这句话反映的是欧洲近代民族国家形成之后的情况。这种
中国观念的基础是西方民族国家理论。近代时期,无论在西洋,还
是在东洋,以这种观念为指导思想和预设前提来研究中国历史与
中国边疆、民族问题者均大有人在。欧洲和日本的学者从19世纪
末20世纪初就已经开始了有现代学术意味的"中国周边研究"。
但无论是在欧洲还是在日本,这一趋向都有其思想史的特殊背
景[58]。正如冯家昇先生所说:"彼等所以努力研究,无不有其政治
背景,日俄之于东北,俄之于蒙古新疆,英之于新疆西藏,法之于云
南广西,其显著者也。"[59]

葛兆光先生以日本为例,详细说明了日本的中国研究背后所
隐藏的政治背景。据葛先生所述,明治以来逐渐膨胀的日本民族
主义,以所谓"亚细亚主义"的表象出现,日本对于过去在亚洲最
大的对手中国,重新采取一种俯视的眼光来观察。其中,最有影响
的就是不再把过去的"中华帝国"看成是庞大的"一个",而是借用
欧洲流行的"民族国家"新观念,把过去所谓的"中国"解释成不同
的王朝,这些王朝只是一个传统的帝国,而实际的"中国"只应该
是汉族为主体,居住在长城以南、藏疆以东的一个国家,而中国周

边的各个民族应当是文化、政治、民族都不同的共同体。其中最有
代表性的,是1923年出版的矢野仁一《近代支那论》,这部书开头
就是《支那无国境论》和《支那非国论》两篇文章。矢野仁一认为,
中国不能称为所谓民族国家,满、蒙、藏等原来就非中国领土,如果
要维持大中国的同一性,根本没有必要推翻满清王朝,如果要建立
民族国家,则应当放弃对边疆地区的控制,包括政治上的领属和历
史上的叙述。[60]这种"削"我国多民族国家的历史与现实之"足",
去"适"西方单一民族国家理论之"履"的做法,必然造成边疆与内
地、少数民族与汉族、古代中国与近代中国的完全割裂。这种做法
实际上是为了给日本的侵略行为提供学理基础,使日本侵略中国
的行为合法化,从而使中国政府对四裔地区的主权声明"非法
化"。这样的论述深受日本帝国主义者的欢迎,成为日本帝国主
义侵略计划的辩护词。20世纪30年代广为流传的《田中奏折》,
便完全接受这一论述,并以之为基础提出"欲征服中国,必先征服
满蒙"的侵华战略。[61]在日本全面侵华时期,这一观点在日本更是
甚嚣尘上。1942年初,和田清在《支那及び支那人といぅ语の本
义について)》中仍认为"蒙古、满洲、西藏在过去,与中国并非一
国,人种不同,语言不同,文字和宗教也不同,风俗习惯也不同,历
史和传统更是有差异,这从满洲兴起的大清帝国统一才归到一起,
没有理由把这些一样地说成是'支那'或'支那人',这无需论证,
不言自明。"[62]顾颉刚先生曾说,"中国本部"一词是日本帝国主义
者制造出来的,目的在于用以指称我国的18行省,其余则视为
"边疆",以示"边疆"并非我国所有[63]。针对的就是以上日本侵略
者割裂我国边疆与内地、汉族与少数民族之联系的恶毒谰言。针
对欧美及日本学者对我国历史的有意歪曲,葛兆光先生曾指出:超
越民族国家,从民族国家中把历史拯救出来,这是以欧洲历史为背

景的后现代思路,在中国未必行得通。原因在于:

> 一方面中国和欧洲不同,中国的政治疆域和文化空间是从中心向边缘弥漫开来的,即使不说三代,从秦汉时代起,"车同轨,书同文,行同伦",语言、伦理、风俗和政治的同一性就开始把这个空间逐渐凝固起来,……这与欧洲认为"民族原本就是人类历史上晚近的新现象"不同;另一方面中国和日本也不同,日本的单一民族、语言、文化,与其在范围明确的空间重叠,因此,在形成近代民族国家的过程中,不会有民族、空间、文化和语言的复杂问题,而中国却在近代民族国家的建立中,始终要在传统王朝的延长线上,继承变动的又是传统的遗产。因此,把中国的传统帝国与现代国家区分为两个时代的理论,并不符合中国历史,也不符合中国的国家意识观念和国家生成历史。在中国,……近代民族国家恰恰从传统中央帝国中蜕变出来……[64]

这就是说,中国历史无论与欧洲,还是与日本相比,均有本质的不同,中国自秦汉以来就是一个多民族的国家。它自秦汉起即通过推行"车同轨,书同文,行同伦"而使各民族在语言、伦理、风俗和政治等方面的同一性得到逐渐增强。近代中国是在古代多民族国家的基础上发展而来的,近代中华民族国家的建构必须继承古代中国多民族的实体。这一点与欧洲或日本单一民族、语言、文化的历史有根本的不同。因此,以欧洲单一民族国家理论解释"中国",将"王朝史"与"中国史"混为一谈,将少数民族与汉族、边疆与内地完全割裂,及"把中国的传统帝国与现代国家区分为两个时代的理论",都是为了达到政治目的而作的有意歪曲,"不符合中国历史,也不符合中国的国家意识观念和国家生成历史。"以上便是方先生"中国历史发展的整体性"理论酝酿的背景。

二 "中国历史发展的整体性"理论之酝酿

方国瑜先生对以上欧洲、日本等带有政治目的的中国研究是有专门关注和深入了解的。正如著名经济史家李埏先生在总结方先生的学术思想时所说：他的学术始基是在北京奠定的。他师事的学者如陈援庵、钱玄同、赵元任、刘半农等皆深通西方之学。他承其绪业，以治滇史，所以他很留意西方之学，特别是汉学。对高本汉、伯希和、斯坦因等人的，以及日本学者藤田丰八、桑原骘藏等人的汉学著作，他都看过，而且能取其精华。我诵读他的著作和面聆他的教诲时，多次见他引述西方或东洋的汉学家之说，或加首肯，或加驳正[65]。后来，方先生曾批评说，19世纪末20世纪初，一些外国野心家"利用封建史家'异内外'的胡说，妄加发挥，篡改历史，分裂中国。说什么只有汉族才是中国人，把中国史说成是汉族的王朝史，中国历史的范围仅只是黄河流域，在西部，中国的边界没有超出甘肃省和四川省。""法国伯希和以考古为名，为侵略云南制造历史依据，公然把云南南部、贵州全省的'僚种'居地，判为'中国官厅势力所不及'的地区。有的外国史书更把唐宋时期的云南地方政权——南诏、大理说成是中国之外的独立国家"[66]。这些话固然是事隔多年才说出来，但其郁积于方先生脑中的时间，当起于20世纪三四十年代。

葛兆光先生认为，在人文学科尤其是文史领域中，学术史需要讨论的有三个问题，第三个是"现代学术在资料、方法、工具和观念上，如何重新诠释了古代中国，并影响到对于现代中国的想象和设计"。又说："在经历了晚清民初整体向西转的大潮之后，在西方的学科制度和研究意识全面侵入中国现代学术界的时候，他们

（指中国学者，引者注）始终坚持以'中国'为中心的研究立场，他们不是在稗贩西方知识，而是在试图重新诠释中国，甚至提出，要使对于中国的解释权重新回归中国，……拿回对于古代中国的解释权。"[67]葛先生的分析相当深刻，我们完全赞同。需要进一步指出的是，我国近代学术界对西南边疆的研究，也具有同样的意识，也背负着同样的使命，也是试图重新诠释中国和试图拿回对中国的解释权。

有学者指出，20世纪上半叶，中西在西南民族分类中存在两种视野，即"中国化的西南视野"与"帝国殖民化的东南亚视野"之间的抗争。面对以英国学者戴维斯为首的"南诏泰族王国说"的荒谬言论及其所引起的恶劣影响，丁文江、凌纯声和马长寿在各自的著述中，都对戴维斯的民族分类做了修正，杨成志提出了质疑，岑家梧则对之做了彻底的本土化改造[68]。而之所以有"中国化的西南视野"与"帝国殖民化的东南亚视野"的抗争，原因即是中国学者试图重新诠释中国和试图拿回对中国的解释权。

方先生也参加了对"帝国殖民化的东南亚视野"的抗争。方先生于1939年10月2日、9日在《益世报·边疆（周刊）》发表《僰人与白子》、《僰人与白子（续）》，同年12月在《新动向》发表《南诏是否泰族国家》，其"结论戳穿了外国侵略中国西南边疆的阴谋，给他们的文化侵华政策给以了有力回击"，[69]都是这种抗争的表现。另如方先生《马可波罗〈云南行纪〉笺证》[70]选取"西方各国关于马可波罗游记之各种译注本之集大成者沙海昂氏本"，"摘其书中关于云南之数章，为沙海昂注所未言，或已言之未安者，参证文献及个人调查所得"，对建都州、哈剌章州、重言哈剌章州、金齿州、阿木州、秃落蛮州等一一作出翔实的考证。《读伯希和〈交广印度两道考〉》[71]一文针对伯希和《交广印度两道考》提出的唐代云南"其东南部隶属于安南都护府"的荒诞谬论,方先生花了很长的时间和精力认真考证南宁州都督府与安南都护府的边界。最后得出结论:"云南东南部的兴古郡地,自来隶属益州、宁州、南宁州,各个时期的记载都很明确,未曾属过交趾。"方先生"不嫌繁琐列论"考证,其目的就是揭露伯希和打着学术研究的幌子,为帝国主义侵略云南提供"历史依据"的反动本质[72]。《云南与印度缅甸之古代交通》[73]详细考述了云南与印度、缅甸的古代交通,目的也在与伯希和的相关研究进行对话。

方先生的以上研究,无一不是在与帝国主义学者的殖民化研究相"抗争",但又不是感情用事的义愤之言,而是通过深入的研究和扎实的考证,做出对中国及中国历史的解释,在与帝国主义学者的对话中重新诠释中国和试图拿回对中国的解释权。

如果说此时的方先生还限于对具体事实展开探讨的话,那么至迟在1944年,方先生已经开始了对中国历史的宏观阐述。

1944年初,方先生撰文讨论云南与中国、云南史与中国史之间的关系。他开篇就旗帜鲜明地提出:"今日之云南,为中国之一部份;自有历史以来之云南,即为中国之一部分;故云南之历史,为中国历史之一部分,此为确然可信之事实。然有若干史学家,不承认此说,甚至谓云南自元代始入中国版图,此不考究之过也。"接着又做了详细阐述。最后得出结论:"中国历史应该是中国各民族共同的历史。"[74]

对方先生的这段话,我们的认识和理解如下:首先,全面抗战时期,学术界对"边疆"概念作了较多探讨(按:当时的讨论主要限于陆疆,海疆因不存在民族问题一般不在讨论之列),其中主要有"地理的边疆"、"政治的边疆"和"文化的边疆"。[75]以这三种中的任何一种为标准,云南都是不折不扣的边疆。云南是中国的一部分,云南史为中国史的一部分,不言而喻,边疆与内地是一个整体,边疆史与内地史是一个整体。方先生的论述虽无边疆之名,却有边疆之实。虽未提边疆,但边疆之义已在其中。其次,就我国的国情而言,陆疆地区一定也是民族地区,云南就是众多少数民族自古以来进行生产活动的家园。边疆与内地为一个整体,本身就意味着少数民族与汉族为一个整体,少数民族史与汉族史是一个整体。第三,从云南的历史发展来看,也可以得出少数民族与汉族为一个整体,少数民族史与汉族史是一个整体的结论。因为云南不仅是一般意义上的边疆,这块土地上的少数民族还建立过影响巨大的南诏、大理等地方政权或国家,这些政权或国家曾经不在中原王朝的统治之下。因此,讨论云南与中国、云南史与中国史的关系,实际上即包含了讨论边地政权或国家的历史与中国史之间的关系。云南是中国的一部分,云南史为中国史的一部分,表明方先生没有视边地独立政权或国家为外国,没有将建立过与汉王朝或中央王朝并存的独立政权或国家的少数民族视为外族的观念,而且明确反对这种观念。这样,云南为中国的一部分,云南史为中国史的一部分,必然得出边地政权或国家是中国的一部分,边地政权或国家的历史是中国史的一部分,建立边地政权或国家的少数民族是中华民族的一部分的结论。因此,少数民族与汉族是一个整体,少数民族史与汉族史是一个整体。而且,承认边地政权或国家的历史是中国史的一部分,表明方先生此时就已经将王朝史与中国史相区别。第四,将多民族居住的边疆地区云南及其历史上建立的独立政权或国家视为中国及中国史中不可缺少的重要部分,认为"中国历史应该是中国各民族共同的历史。"言外之意,即是对中国历史的解释不能以西方单一民族国家理论为理论基础,近代中华民族国家是对古代中国多民族实体的继承与发展,不能机械套用"民族国家"模式,否则必然对古代中国与近代中国的联系性与延续性造成割裂。这就是古代中国与近代中国是一个整体,古代史与近代史是一个整体。

由上述分析,方先生《云南政治发展之大势》虽着眼于云南一地,但实际上已经关照到全国。表面上是叙述云南历史,实质上则是阐述中国历史。文章虽短,但用意实深。边疆与内地是一个整体,少数民族与汉族是一个整体,古代史与近代史是一个整体的"中国历史发展的整体性"理论,至此已具雏形。

1949年,方先生在撰写《云南史地辑要》"云南沿革"部分时,又写道:

> 中国治理云南,依时而异;然此就政治之设施言,若中原文化发展于云南,则自远古,一脉相承,日益增进,并无时期可分;……云南自有历史以来,为中国文化之领域,云南历史为中国历史之一部份,此确然可信之事实……[76]

继续阐述云南为中国之云南,云南史为中国史之一部分的观点。

当然,以上是方先生开始宏观阐述时的基本情况,至于酝酿的时间还要比此更早。早在1935年12月1日,作为国民政府中央勘界委会中方随员的方国瑜先生赴班洪、班老宣慰,谈话要点即有:"告以汉人、摆衣、腊夷、佧佤、裸黑原是中国百姓,亦如一家之兄弟;中国百姓所住的土地,乃是中国的疆土,碧眼黄发之辈,与我异种,不能占我土地,侵入吾疆,我兄弟当合力争之;……总管答:我们自来是中国的百姓,是中国的地方,炉房银厂是中国所有"。1936年1月,卡民代表《致中英会勘滇缅南段界务委员会主席书》中:

> 敝王等以卡瓦山地为中国边土,卡瓦山民为中华民族之

一部分,征之中国政府所颁发敝王等祖先之印信,可证明为中国版图之一部;而风俗习尚,与中国内地大同小异,亦可证明汉族文化广被之民;是我卡瓦山地与中国为一体,不可分割。

及卡民代表《告祖国同胞书》中:

> 窃我卡瓦山十七王地,……世受中国抚绥,固守边疆,迄今数百年,世及弗替;不但载诸史册,即现尚存历朝颁给印信,可资凭证。惟以我卡瓦民智粗率,处云南极边,未得深受中国文化教育之熏陶,致语言文字,殊类各异。但男勤耕耘,女重纺织,日作夜息,自食其力,虽生活质朴,与内地大同而小异。[77]

等语给方先生的印象甚深。"告以汉人、摆衣、腊夷、佧佤、裸黑原是中国百姓,亦如一家之兄弟;中国百姓所住的土地,乃是中国的疆土",说明方先生边疆与内地是一个整体,少数民族与汉族是一个整体的认识之形成并不始于参加中英滇缅界务会勘工作。但卡民的话:卡瓦山为中国边土,卡瓦山为中国版图之一部,卡瓦山地与中国为一体,卡瓦山民为中华民族之一部分,不可分割。卡瓦山十七王地世受中国抚绥,固守边疆,数百年弗替。则无疑加深和强化了方先生边疆与内地是一个整体,少数民族与汉族是一个整体的认识。"卡瓦民智粗率,处云南极边,未得深受中国文化教育之熏陶,致语言文字,殊类各异。但男勤耕耘,女重纺织,日作夜息,自食其力,虽生活质朴,与内地大同而小异"这段话尤其值得注意,前一句表明卡民与汉人语言文字的不同是因为卡民地处云南极边,教育文化不如汉族发达所致。也就是说,卡民与汉人在语言文字上的不同是由于教育文化发展的不平衡造成的。而"男勤耕耘,女重纺织,日作夜息,自食其力"、"与内地大同而小异",则表明卡民不仅与汉人有一致性,而且这种一致性远远超过差别性。林超民先生指出,在参与中英滇缅南段未定界界务谈判中,方先生"从实践中进一步认识到中国边疆居住着众多族类,他们自秦汉以来就成为多民族国家的一部分,奉中国历代王朝的正朔,向中央王朝称臣纳贡,是中国整体的一个有机组成部分"。[78]由上所述,这一看法是完全符合历史事实的。

以上代表了方先生在 20 世纪三四十年代的西南边疆研究中对西南边疆史和中国历史的思考和探索。虽然"中国历史发展的整体性"理论在这一时期已经略具雏形,但方先生当时的阐述,还是以云南政治组织的发展或政治建置的沿革为中心来展开的,更为全面、系统、深入的论述到 1963 年才完成。

三　"中国历史发展的整体性"理论的主要观点与主要表现

(一)"中国历史发展的整体性"理论的主要观点

方先生批判了将王朝的疆域等同于中国的疆域,将历史上不曾处于当时汉王朝统治之下,或与汉王朝并存的独立政权或国家视为外国,将建立这些政权或国家的民族视为外族的观点,明确指出"王朝史与中国史应当有所区别",[79]"王朝的疆域,并不等于中国的疆域;王朝的兴亡,并不等于中国的兴亡"。以王朝史代替中国史必然导致中国历史得不到系统完整的阐述[80]。

"统一"与"整体"是"中国历史发展的整体性"理论的主要概念,方先生在文中均做出阐释。方先生指出:"统一的概念,主要就政权而言,即一个政权统治时期谓之统一,由几个政权统治时期谓之不统一。"[81]至于"整体",则是:"我国国土之内,自古以来居住着不同的民族,由于社会生活的共同要求,相互联系,相互影响,而且相互融合,发展了共同的社会经济文化,构成一个整体。"[82]

关于"整体"形成的原因,方先生说:"中国历史之所以形成整体发展,是由于有它的核心起着主干作用。这个核心就是早在中原地区形成的诸夏族,后来发展成为汉族的人们共同体。""中国整体之内,以高度发展的汉族文化为中心,吸取了各族文化,与各族文化有着共同的成分;而且汉族人口居住很广泛,与各族的接触多,不断相互影响,共同成分也不断增长着。在长时期中,汉族人口由于种种原因,迁徙到各民族地区"。"移民都是劳动者,与边境各族人民友好相处,经济文化相互影响,在生产生活上与各族人民紧密联系。这种以汉族为主干的与全国各地各族的联系,由点而线而面,成为中国整体的社会经济结构。这一个联系的面,就是中国的领域,也就是中国历史的范围"。[83]

"统一"与"整体"的关系,是"中国历史发展的整体性"理论的主要内容,方先生也有阐述。"政权的统一,是在整体的基础上建立起来的"。"政权的分立,并没有割裂了中国的整体,而且更加强烈地要求整体的发展,终于实现了统一。这一历史发展的要求,存在于整个中国历史发展过程之中"。[84]中国历史上出现几个政权并存的时期,只是"破坏了统一,但没有破坏了整体;不论是统一政权与不统一政权的建立,都是在中国整体之内,都为中国的历史。政权的统一与不统一,只能是整体之内的问题,而不是整体割裂的问题"。"中国历史发展,有整体的社会结构,虽然有几个政权同时存在,并没有破裂了整体的社会结构,这是中国历史发展的特点"。[85]

整体之内的差别性、不平衡性与一致性,也是"中国历史发展的整体性"理论的主要内容。

　　在中国整体之内,历史发展过程存在着不平衡的情况,这

种情况,以族别之间为最显著。由于各民族的民族特点和具
体条件,长期以来全国各民族社会发展是不平衡的。但是各
族之间虽有差别性,也有一致性,在历史发展过程中,并不以
差别性而分离,乃以一致性的共同要求而结合成为一个整体。
整体之内,不排除不同情况的存在,并且以不同情况而互相依
赖,得到共同利益,发展了整体的历史。在中国历史整体之
内,共同利益的要求是根本的,起着决定作用的。[86]

中国历史发展中存在不平衡的情况,如区域发展不平衡、各民族发
展不平衡等,但民族发展的不平衡是最为突出的不平衡。民族发
展的不平衡是由于民族特点和各民族生活的地理环境的差异导致
的。民族特点和地理环境的不同必然导致各民族的发展存在差别
性和不平衡性,但共同的利益追求决定了各民族之间有一致性。

(二)"中国历史发展的整体性"理论的主要表现

关于方先生的"中国历史发展的整体性"理论,潘先林教授总
结说,"中国历史发展的整体性表现为边疆与内地是一个整体,少
数民族与汉族是一个整体,中国古代史与中国近代史是一个整
体"。[87]这是一个相当准确的表述。理解"中国历史发展的整体性"
理论必须把握好这三对关系。

1. 少数民族与汉族是一个整体

早在1936年初,卡民代表在《致中英会勘滇缅南段界务委员
会主席书》中的"敝王等以卡瓦山地为中国边土,卡瓦山民为中华
民族之一部分,征之中国政府所颁发敝王等祖先之印信,可证明为
中国版图之一部;而风俗习尚,与中国内地大同小异,亦可证明汉
族文化广被之民;是我卡瓦山地与中国为一体,不可分割"等语就
给方先生留下了深刻的印象。方先生在《新纂云南通志·族姓
考》中又说:"中国所谓华夷之分,纯以其文化之发达与否为断,余

不与焉。中华民族为整个民族,无论汉、满、蒙、回、藏、苗以及其他各族,皆华族中分支之氏族,亦即四海之内皆兄弟之义,此与狭义之民族观念固有不同也。"[88]《论中国历史发展的整体性》开篇就引用吴玉章 1936 年《中国历史教程绪论》中的话:"我们讲中国历史,应该包括全中国各民族的历史;而事实上,所有的旧历史材料和历来的习惯,都以汉族的历史为中国历史。……并且存在着许多民族歧视的偏见。……现在我们应该把各民族的历史合起来成为中国的历史。"接着指出:"中国历史应该是各族人民历史的总和,把汉族以外各族人民的历史,只作为中国历史的附录,甚至划在中国历史之外,是不符合历史实际的。……应该把全国各民族的全部历史合起来成为中国的历史,正确反映各族人民在共同缔造祖国的事业上的贡献和他们在中国历史上的地位"。[89]后面又说:"秦、汉以来中国形成比较稳定的多民族国家,以汉族为主干,汉族与其他各族联系成为一个整体。""各民族地区有时在王朝统治之下,有时不受王朝统治;但汉族与其他各族人民的联系并不因此改变,仍然是相互依赖着发展社会经济文化,存在着作为整体的联系"。[90]在《彝族史稿》中又说:"彝族,……自古为统一的多民族的国家成员之一。彝族与我国各民族一起,共同缔造了伟大祖国的历史。""彝族历史发展过程绝不是孤立而是全国整体的一部分,尤其是与邻近各地各族紧密联系着发展起来的"。[91]在《〈云南地方史〉导言》中还说:"云南各族人民自秦汉以来,就是这个整体不可分割的一部分","云南各族人民的历史始终是中国史的一部分"。[92]可见,少数民族与汉族是一个整体的意思是非常清楚的,这是方先生"中国历史发展的整体性"理论的第一个主要表现。

2. 边疆与内地是一个整体

方先生还认为,政权形式的不同,是由于整体之内存在差异和不平衡所致,并非在主权方面有差别。"边境、边郡的政权形式与内地有差别,这是由于社会经济基础不同所决定的"。[93]"多民族国家版图之内,各民族社会发展不平衡,政权形式不能一律,但同为国家主权范围之内则是一致的,不能以不同形式的统治机构而认为本质上不同"。[94]"这就是中国历史发展过程的特点"。[95]当时人的研究可以证明这一点。抗战时期学术界对"边疆"概念多有探讨,其中得到广泛认可的一个即是"政治的边疆",其意义主要是指政治制度与中原汉族地区不同的地区。如芮逸夫就说:"政治的边疆是一个政制的概念,凡保持原始的,或沿袭旧有的政治制度的都是政治的边疆地区"。[96]所谓"原始的"或"旧有的政治制度",是相对中原汉族地区的郡县制及其演变而成的省县制而言的。贾湖亭也认为:"所谓政治上的边疆者,即在某一定区域内之政治制度,不同于中央政府或地方政府统一之体制是也。我国蒙古的盟旗制度。西藏的政教合一制度,东南各省区的土司制度,均可称为边疆政制或政治的边疆。"[97]张汉光更为明确地指出,"就政治方面说,还有所谓政治的边疆"。而"政治的边疆"之"第一个意义是在某些边疆区域,有所谓盟旗、土司、头人、伯克、政教合一的政治制度,不同于中原的省县两级的地方制度"。[98]因此,方先生所谓的政权形式不同于内地的地区,即是政治上的边疆地区,这些地区与内地在国家主权的归属上并无本质区别。也就等于说,边疆与内地是一个整体,这是方先生"中国历史发展的整体性"理论的第二个主要表现。

3. 中国古代史与中国近代史是一个整体

方先生说:"中国各民族人民的祖先,生息在这块土地上,辛勤劳动,友好合作,缔造了伟大的祖国,创造和发展了祖国历史。……应该把全国各民族的全部历史合起来成为中国的历史,正确反映各族人民在共同缔造祖国的事业上的贡献和他们在中国历史上的地位".[99]在《〈云南地方史〉导言》中又说:"中国不是单一的汉族国家,而是统一的多民族国家,各民族以汉族为主干,密切联系,结成一个整体"。并批评"认为元代以前,云南不是中国版图的一部分,而是'种别域殊'、'外族和外国'"的观点是"只知有王朝,而不知有中国的谬论。不仅歪曲了云南历史发展的过程,也破坏了中国历史的整体;不仅割裂了云南各族人民自古与祖国的历史联系,也否认了中国是统一的多民族国家。"[100]也即中国是一个统一的多民族国家,中国历史是由各民族共同创造的,无论是古代中国,还是近代中国,无不如此。古代中国是近代中国的基础,近代中国是古代中国的延续和发展。古代中国与近代中国不可截断,中国古代史与中国近代史是一个整体。这是方先生"中国历史发展的整体性"理论的第三个主要表现。

四 "整体性"理论[101]对中国历史研究的指导意义

近年来,中国边疆学构筑成为学术界关注的重要议题。在这一过程中,理论的探讨必不可少。而就目前的相关研究来看,最早对我国边疆开展具有现代学术意味的研究的欧美和日本的学者,其研究基本上都是在"民族国家"理论指导下进行的。这种传统至今仍在延续。如今更有"现代化"即"冲击—回应"模式、"传统—近代"模式、"帝国主义"模式、"中国中心观"、后现代史学理论等。至于国内,讨论中国边疆学的研究对象和研究方法的论文[102]有发表,但探讨指导理论的论著似尚未出现。关于"民族国家"理论指导下的欧、美、日学者的中国边疆研究,因完全割裂边疆与内地的联系、少数民族与汉族的联系、古代中国与近代中国的联系,并不适合指导对中国历史的研究。其他如"冲击—回应"模式的出发点在西方,"帝国主义"模式的出发点也在西方,"传统—现代性"理论的出发点同样在西方[103]。也就是说,它们都不是在深入认识中国历史发展特点的基础上总结出来的。以批评前述理论面目出现的"中国中心观",及后现代史学理论等,也同样未能充分揭示中国历史发展的特点。正如评论者所言:"长期以来,如何理解中国解释中国是困扰西方中国研究界的一大问题,从马克思主义史观到现代化理论,都曾经作出努力而又都显出其局限。"[104]余英时先生更是告诫国内学人:"严格地说,没有任何一种西方的理论或方法可以现成地套在中国史的具体研究上面。"[105]

　　困扰西方学术界对中国研究的理论探讨的重要原因之一,是他们研究的对象是中国,但他们的研究立场却不是中国的。早在20世纪30年代,目睹日人侵略我国东北边疆的东北边疆史地研究专家冯家昇先生就说:"学术虽无国界,但对这一项——边疆史地——却该有国界。如果以为人家干得好,我们就可以坐享其成了,那末矢野仁一的《满蒙非支那论》,我们作文章的时候岂不是可以照抄了?《满洲国历史》,《满洲国地理》,岂不是就可当作中华民国的中学或大学的课本了吗?"[106]这被当代学者视为中国边疆研究中"问题的关键点"[107]所在。2007年,葛兆光先生以"九一八"事变后傅斯年与日本学者白鸟库吉等同样是讨论"东北"或"满洲",但立场却大相径庭为例,指出"文史研究尤其是历史研究,不得不面对一个各自不同的学术策略与思想立场问题。正是在这一点上,我们要提倡'批评的中国学研究',因为……欧美也罢,日本也罢,他们的'中国研究',并不应当算作'中国的'学术史与思想史,而是'外国的'学术史和思想史,应当先把它们看作'外国学',并且放入它们自身的政治、社会和历史语境中去讨论"。因此,"传统文史的研究并不完全是一种'无国界'的普遍性科学,现代学术的转型与民族国家重新界定始终同步,文史研究不是在破坏一种认同、一种观念、一种想象,就是在建构一种认同、一种观念、一种想象,特别是当你研究的是一个关于民族和文化的传统时候尤其如此。……同样研究周边的历史文化,'中'与'外'是不同的,如果说他们关注的是'周边',而我们关注的却是'中国'"。[108]同年,彭文斌以近代中西学者对我国西南民族的研究为例,也指出:"民国时期的西南民族研究,是以国家主权独立和民族统一为主题。民国时期有关西南的人类学、民族学著述中,一个重大取向就是强调民族的边际与国家的边界重叠,西南民族研究的学术领域与中国的疆域相吻合。"[109]2009 年,林超民先生在《人类学云南研究的意义》中指出,人类学"本土化的要义就是去西方化;把人类学的云南研究从西方的殖民主义为导向改变为中华民族的自立自强为导向;把西方的民族分治、民族分立、民族独立的人类学取向,改变为中国的民族和睦、民族融合、民族团结、国家统一的人类学取向"。"人类学本土化的重要标志是改变西方人类学研究的动机、理论和方法。西方人类学是伴随着西方殖民主义的发展而发展起来的一门学科,是直接为殖民主义服务的。我们运用西方人类学研究云南问题,显然不能站在殖民主义的立场上"。[110]以上专家学者出身不同,关注的对象和范围也不尽相同,但在中国研究尤其是中国边疆研究中必须要建立自己的立场这一点上却是共同的。而要坚持中国的立场,又要求我们必须从中国历史及中国典籍本身出发,去归纳、总结出中国历史发展的特点,提出相关的理论。就这一点而言,余英时先生的经验值得我们认真学习,余先生说他的中国思想史研究的"立足点永远是中国传统及其原始典籍内部中所呈现的脉络,而不是任何外来的'理论架构'"。[111]

前述各种西方学者关于中国研究的理论都不符合我国的历史

实际,那么适合我国历史的解释理论应该是什么样的理论,这样的理论是否已经提出? 或者说,近代以来,中国学者在与西方"中国学"研究的学者对话的过程中,在争取对中国历史的解释权方面成绩如何,拿回对中国历史的解释权的目的是否达到? 其实,如果说"民族国家"理论代表了西方学者对我国历史的解释模式的话,那么方先生的"中国历史发展的整体性"理论,则可以代表近代以来中国学者在与殖民主义学者进行学术抗争中所提出的反映中国历史发展特点的理论思考。这一理论"把握了中国历史发展的脉络",[112]"深刻阐述了中国多民族国家形成和发展的内在因素和固有规律"。[113]因此,它不仅得到国内权威的肯定,而且还能避免西方相关理论在解释和研究中国历史中的局限,适宜做中国历史研究的理论指导。1964 年 5 月 24 日,因编绘《中国历史地图集》的关系,方先生给吴晗和尹达写信,其中谈到中国历史发展的整体性问题,并将《论中国历史发展的整体性》一文寄上。6 月 3 日,吴晗和尹达回信说,"文章的论点,我们完全同意"。[114]此外,该理论还至少具有两个优点:一是打破单一民族建国理论的桎梏,正确认识中国是"多民族国家"。二是可以避免西方学者研究中国史在理论和实际问题上的局限性。[115]关于前一个优点的论述参见《论中国近代史研究的民族史视角》,至于后一个优点,这里以柯文"中国中心观"为例加以补充论述。柯文教授曾表达了"中国中心观"理论在研究中国问题中的局限和困惑,他说:"有些课题,中国中心观是最合适的取向,有些课题并不是很合适的。不合适的课题……,一个是所谓'少数民族'方面的研究课题。""用中国中心观来研究维吾尔族这个题目,是有问题的。其他的少数民族如苗、瑶等也都有类似的问题"。原因在于:"满洲人统治中国不只是用中国的统治方式和方法,他们统治中国内地的时候,当然使用中国传统的统治方法。但是,在 18 世纪的时候,中国内地之外的内蒙古、新疆和西藏地区也都包括在清帝国的版图之内,这些新包括的地方,每一个地区,满洲统治者都用一套不同的统治方法来统治土著,而不用中国传统的统治方法。"维吾尔族等"在宗教方面,在文化方面,他们跟居住在北部的过去苏联境内的伊斯兰人的关系比较接近,跟汉人的关系却不那么近,但在政治方面当然不能说不住中国"。[116]维吾尔族等少数民族在宗教、文化方面与汉族有异,这是少数民族与汉族不同的地方,也即方先生所说的中国历史发展整体内存在的"差别性"与"不平衡性"。这些"差别性"与"不平衡性"确实是客观存在的,不能视而不见。但是,方先生还指出,"各族之间虽有差别性,也有一致性,在历史发展过程中,并不以差别性而分离,乃以一致性的共同要求而结合成为一个整体"。因此,"差别性"与"不平衡性"要正视,"一致性"也不能忽视。近代时期的中国学者对这两方面一直都是等而视之的。这一时期,我国学者根据我国的历史实际,提出的"边疆"概念中比较重要的有:政治边疆(政治制度与中原汉族地区不同的地区)与文化边疆(居住着与中原文化不同的异文化族群的区域)。据国民政府制定的《战后边疆政制建设计划纲要》:"就文化及民族之意义言……汉族文化(中原文化)未能深入之边缘地带是谓边疆。"[117]胡耐安先生也将"文化(人文)边疆"与"民族边疆"等同。[118]因此,"政治边疆"与"文化边疆"又可统称为"民族边疆"。据此,柯文所谓的与汉人在宗教、文化方面不同的维吾尔族所居地区为"文化边疆",满洲统治者用不同的统治方法统治的内蒙古、新疆、西藏为"政治边疆",同时这些地区又可称为"民族边疆"。根据"中国历史发展的整体性"理论,边疆与内地是一个整体,少数民族与汉族是一个整体,则不仅维吾尔族、藏族、蒙古族的研究不成问题,而且苗族、瑶族及中国的其他任何一族的研究也都不存在问题了。

基于以上认识,我们认为,方先生"中国历史发展的整体性"理论是在深入研究和总结中国历史发展特点的基础上提出来的,能够对中国历史的发展、中国统一多民族国家的形成与巩固等作出合理的解释,不仅在中国历史研究中具有重要的指导意义,也适宜作为中国边疆学研究的理论指导。

注　释

1　方国瑜:《自序——略述治学经历》,载《方国瑜文集》第一辑,云南教育出版社2001年版,第3页。

2　张凤岐:《英法铁蹄下的云南外交问题》,载《新亚细亚》第五卷第六期,1933年6月1日。

3　郭曙南:《从开发西北说到西南国防》,载《边事研究》创刊号,1934年12月1日。

4　马仲侠:《云南的过去现在和将来》,载《边事研究》第三卷第三期,1936年。

5　凌民复:《建设西南边疆的重要》,载《西南边疆》第二期,1938年11月。

6　吴文藻:《论边疆教育》,载《益世周报》第二卷第十期,1939年3月17日。

7　马长寿先生说:"抗战时期,边疆研究似乎成为一种显学。"(参见马长寿:《十年来边疆研究的回顾与展望》,《边疆通讯》第4卷第4期,1947年4月)因马先生此文所总结的边疆研究,实际上即是西南边疆研究,因此也可以说西南边疆研究在抗战时期几乎成为一种显学。

8　《主持人语》,载《西南民族大学学报(人文社科版)》2007年第10期,第1页。

9　林超民:《汉夷杂区社会研究》序,载刘世生选编:《汉夷杂区社会研究:民国石林社会研究文集》,民族出版社2008年12月版,第6页。

10　11　林超民:《文章惊天下　道德著春秋——一代宗师方国瑜》,《林超民文集》第二卷,云南人民族出版社2008年版,第365、363页。

12　28　刘小云:《中山大学语言历史学研究所与现代学术转型》,载《史学月刊》2009年第10期,第90页。

13　李济:《傅孟真先生领导的历史语言研究所》,《傅孟真传记资料》(一),台湾天一出版社,第85—86页。

14　26　杨天宏:《基督教与中国"边疆研究"复兴——中华基督教全国总会的边疆研究》,载《四川大学学报(哲学社会科学版)》2008 年第 1 期,第 41、32 页。

15　27　汪洪亮:《中国边疆研究的近代转型:20 世纪 30—40 年代边政学的兴起》,载《四川师范大学学报(社会科学版)》2010 年第 5 期,第 140、141 页。

16　江应樑:《民族学在云南》,中国民族学研究会编:《民族学研究》第一辑,民族出版社 1981 年版,第 244 页。

17　21　罗致平:《战时中国人类学》,载《社会学讯》第一期,1946 年。

18　林超民:《人类学云南研究的意义》,载《云南民族大学学报(哲学社会科学版)》2009 年第 5 期,第 26 页。

19　杨成志:《云南民族调查报告·附录三:西南民族概论》,载《国立中山大学语言历史学研究所周刊》第十一集第 129—132 期合刊,1930 年 5 月 21 日。

20　夏明方:《清末民国社会调查与近代中国社会科学兴起》,载《中华读书报》2007 年 8 月 1 日第 011 版。

22　参见李根源辑;杨文虎、陆卫先主编:《〈永昌府文征〉校注》(四)《纪载·列传》,云南美术出版社 2001 年 12 月版。

23　方福祺著:《方国瑜传》,云南大学出版社 2001 年版,第 75 页。

24　《王仲荦自述》,高增德、丁东编:《世纪学人自述》第四卷,北京十月文艺出版社 2000 年版,第 453 页。

25　方国瑜:《〈滇史论丛〉自序》,载《史学史研究》1982 年第 2 期,第 73 页。

29　方国瑜:《云南地方史导论》,载《云南社会科学》1984 年第 2 期,第 13 页。

30　云南大学中国西南边疆民族经济文化研究中心编:《文化·历史·民俗》,云南大学出版社 1993 年 4 月版,第 697 页。

31　黄泽:《半个世纪以来三套"西南民族文化研究"丛书评介》,载《广西民族研究》1999 年第 1 期,第 115 页。

32　潘先林:《二十世纪三四十年代云南史地研究的首次学术总结——〈云南史地辑要〉概说》,载《史学史研究》2008 年第 1 期,第 99 页。

33　云南大学出版社 2001 年版。

34　林超民:《名山事业　薪尽火传——〈云南史料丛刊〉编后记》,《林超民文集》第二卷,云南人民出版社 2008 年版,第 387 页。

35　39　云南省档案馆藏档《通知方国瑜呈缴进修计划等件希照办理由》1016—

1—360。

36　云南省档案馆藏档《为修改休假时间一事方国瑜致函熊庆来》1016—1—370。

37　40　云南省档案馆藏档《为核转民国三十二年度国内休假进修教授方国瑜进修报告呈教育部鉴核由》1016—1—370。

38　史继忠：《永恒的丽江星——怀念我的导师方国瑜先生》，林超民编：《方国瑜诞辰一百一十周年纪念文集》打印稿，2013年3月，第89页。

41　林超民、秦树才：《方国瑜与中国西南对外关系史研究》，载《中国边疆史地研究》2008年第4期，第125页。

42　参见贺圣达《中国东南亚史研究的成就和展望》，载《世界历史》2003年第2期。

43　参见潘先林《独辟蹊径的元代云南史地研究力作——读〈马可波罗行纪〉云南史地丛考》，载《中国历史地理论丛》第19卷第4辑，2004年12月。

44　载《西南民族研究集刊》第二集，1981年。

45　载《思想战线》1989年，增刊。

46　参见陆韧著《云南对外交通史》，林超民先生《序》，云南民族出版社1997年6月版。

47　彭法：《瘴气研究的拓荒之作——评〈清代云南瘴气与生态变迁研究〉》，载《学术探索》2009年第3期，第142页。

48　《第三次全国教育会议报告》，第283页。

49　杨成志：《西南边疆文化建设之三个建议》，载《青年中国季刊》创刊号，1939年9月30日。

50　参见娄贵品《近代中国"边疆学"概念提出与传播的历史考察》，载《学术探索》2012年第8期。

51　孙喆、王江著：《边疆、民族、国家：〈禹贡〉半月刊与20世纪30—40年代的中国边疆研究》，人民出版社2013年版，第208页。

52　按：此处省略两字。

53　载《学术研究》1963年第9期。

54　潘先林著：《民族史视角下的近代中国论稿·前言》，云南大学出版社2009年11月版，第2页。

55　72　78　林超民：《博雅精深　学高身正——纪念恩师方国瑜教授诞辰100周年》，《林超民文集》第二卷，云南人民出版社2008年版，第379、384、377页。

56　潘先林教授等认为,"中国历史发展的整体性表现为边疆与内地是一个整体,少数民族与汉族是一个整体,中国古代史与中国近代史是一个整体"。潘先林、张黎波:《西南边疆早期现代化的主要现象及其与国家安全之关系》,载《思想战线》2011年第2期,第132页。

57　李鸿宾:《中国传统王朝(国家)观念在近代社会的变化》,载中央民族大学历史系主编:《民族史研究》第6辑,民族出版社2005年10月版,第8页。

58　62　64　67　108　葛兆光:《预流、立场与方法——追寻文史研究的新视野》,载《复旦学报(社会科学版)》2007年第2期,第7、第8页注④、10、1、2、10页。

59　冯家昇:《东北史地研究之已有成绩》,载《禹贡》半月刊第二卷第十期,1935年1月。

60　108　葛兆光:《预流、立场与方法——追寻文史研究的新视野》,载《复旦学报(社会科学版)》2007年第2期,第8~9页。另见葛兆光《边关何处?——19、20世纪之交日本"满蒙回藏鲜"之学的兴起及其背景》,载《复旦学报(社会科学版)》2010年第3期。

61　参见文明超《政治斗争中的民族话语——兼谈"族群"与"民族"概念之争》,载《开放时代》2010年第6期,第55、56页。

63　早在1934年,顾颉刚先生就在《禹贡发刊词》中指出:"试看我们的东邻蓄意侵略我们,造了'本部'一名来称呼我们的十八省,暗示我们边陲之地不是原有的"(参见《禹贡》半月刊第一卷第一期,1934年3月1日)。1939年1月1日,顾先生在昆明版《益世报·边疆(周刊)》发表《"中国本部"一名亟应废弃》,进一步指出:"中国本部"是日本侵略者为了征服中国必先攫夺满、蒙,"便硬造出'中国本部'这个名词,析出边疆于'本部'之外,拿来骗中国人,骗世界人,使得大家以为日本人所垂涎的只是'中国本部'以外的一些地方,并不会损害了中国的根本。"(参见昆明版《益世报·星期论评》,1939年1月1日第三版。)

65　李埏:《教泽长存　哀思无尽——悼念方国瑜先生》,李埏著:《不自小斋文存》,云南人民出版社2001年版,第728页。按:"伯希和",原文作"白希和",今改。

66　方国瑜:《以马克思主义为指导,开创史学研究的新局面》,载《方国瑜文集》第一辑,云南教育出版社2001年版,第27、28页。

68　参见彭文斌《中西之间的西南视野:西南民族志分类图示》,载《西南民族大学学报》2007年第10期。

69　张雷:《抗战期间昆明报刊的民族史研究》,载《云南社会科学》2007 年第 6 期,第 122 页。

70　载《西南边疆》第四期,1939 年 1 月。

71　载《西南边疆》第八期,1940 年 3 月。

73　载《西南边疆》第十二期,1941 年 5 月 30 日。

74　方国瑜:《云南政治发展之大势》,载《边政公论》第三卷第二期,1944 年 2 月。

75　按:据笔者掌握的资料,1935 年至 1949 年间我国学术界关于“边疆”的概念大概有十五种,其中得到普遍赞同的有:“地理的边疆”(即一国领土内靠近国界的区域)、“政治的边疆”(主要指政治制度与中原汉族地区不同的地区)和“文化的边疆”(指居住着与中原文化不同的异文化族群的区域)。

76　云南省立昆华民众教育馆编:《云南史地辑要》上册,第一篇《云南沿革》,云南省立昆华民众教育馆 1949 年版,第 3 页。

77　方国瑜著:《滇西边区考察记》,国立云南大学西南文化研究室 1943 年 7 月印行。

79　80　81　82　83　84　85　86　89　90　93　94　95　99　方国瑜:《论中国历史发展的整体性》,原载《学术研究》1963 年第 9 期,参见《方国瑜文集》第一辑,第 4、5、5、17、13、14、15、6、8、6、13、1—2、8、15、17、18、2 页。

87　107　潘先林、张黎波:《西南边疆早期现代化的主要现象及其与国家安全之关系》,载《思想战线》2011 年第 2 期,第 132 页。

88　龙云、卢汉修,周钟岳等纂:《新纂云南通志》卷一百六十九族姓考一,1949 年铅印本,第 1 页。

91　方国瑜编:《彝族史稿·弁言》,四川民族出版社 1984 年版,第 1、4 页。

92　方国瑜:《〈云南地方史〉导言》,《方国瑜文集》第一辑,第 47—48、46、47、46 页。

96　芮逸夫:《行宪与边民》,载《边政公论》第六卷第三期,1947 年 9 月。

97　贾湖亭:《论我国半世纪以来之边疆政策》,原载《建设杂志》八卷九期,收入《边疆论文集》1—4 册,台北:国防研究院 1964 年版,第 675 页。

98　张汉光:《中国边政的出路》,载《东方杂志》第四十三卷第十四号,1947 年 8 月。

101　按:“整体性”理论即“中国历史发展的整体性”理论,因标题过长故此处使用省略语。

102　相关论文主要有方铁《论中国边疆学学科建设的若干问题》,载《中国边疆史地研究》2007 年第 2 期;方铁《试论中国边疆学的研究方法》,载《云南师范大学学报

（哲学社会科学版）》2008 年第 5 期。

103　116　周武等:《中国中心观的由来及其发展——柯文教授访谈录》,载《史林》2002 年第 4 期,第 39、40、39、40 页。

104　伍国:《中国阐释的范式重建及其问题——评〈现代中国思想的兴起〉》,载邓正来主编:《中国书评》第四辑,广西师范大学出版社 2006 年版,第 49 页。

105　111　余英时著:《论士衡史》,上海文艺出版社 1999 年版,第 461—462、461 页。

106　冯家昇:《我的研究东北史地的计划》,载《禹贡》第一卷第十期,1934 年 7 月 16 日。

109　彭文斌:《中西之间的西南视野:西南民族志分类图示》,载《西南民族大学学报》(人文社科版)2007 年第 10 期,第 11 页。

110　113　林超民:《人类学云南研究的意义》,载《云南民族大学学报(哲学社会科学版)》2009 年第 5 期,第 26、27、28 页。

112　潘先林:《论中国近代史研究的民族史视角》,载林超民主编:《民族学评论》第二辑,云南大学出版社 2005 年 12 月版,第 260 页。

114　葛剑雄著:《悠悠长水·谭其骧前传》,华东师范大学出版社 1997 年 10 月版,第 279—281、282 页。

115　潘先林:《论中国近代史研究的民族史视角》,载林超民主编:《民族学评论》第二辑,云南大学出版社 2005 年 12 月版,第 261、263 页。潘教授的本意是"中国历史发展的整体性"理论有助于我们"正确认识西方学者研究中国近代史在理论和实际问题上的局限性。"实际上,因西方学者对于中国历史研究的理论创建始于近代,所以该理论对于认识西方学者研究中国史在理论和实际问题上的局限性都有助益。

117　乌兰少布:《中国国民党对蒙政策(1928—1949)》,内蒙古大学中共内蒙古地区党史研究所等编:《内蒙古近代史论丛》(第三辑),内蒙古人民出版社 1987 年版,第 280 页。

118　胡耐安编著:《边政通论》,台北:商务印书馆 1960 年 9 月版,第 1 页。

结　　论

　　本书以《西南边疆》及国立云南大学西南文化研究室为基础，以方国瑜在其中的核心作用为主线，以探讨方国瑜在中国现代学术史上的地位、作用及影响为目的，全面、系统地研究了西南边疆危机与方国瑜的学术转向，《西南边疆》的创刊、主编、作者群体、征稿、经费来源、版面设计、栏目设置、出版周期、停刊原因、内容、特点和价值，及西南文化研究室的成立、人员构成、研究计划与完成情况、终结与成就，并在此基础上总结了方国瑜在中国现代学术史上的地位、作用及影响。本书主要得出以下结论：

　　九一八事变之后的两年中，因盛传法国人在云南将大肆活动，大部分中国人都担心云南为满洲之续。1934年班洪事件爆发，西南边疆危机进一步加剧。从事国学研究，其时正在南京中央研究院史语所苦读的方国瑜大受刺激，于是开始转向西南边疆研究。接着应尹明德之邀参加中英会勘滇缅南段未定界界务，对滇西边疆及西南边疆危机更有深切体认。勘界工作结束后留在云大任教，继续关注和研究边疆问题。

　　全面抗战爆发后，西南边疆成为抗战建国的根据地，内地专家学者纷纷向西南转移，昆明一时成为学术中心。因国人对西南边疆不甚了解,调查研究西南边疆,从而认识西南边疆,了解西南边疆,介绍西南边疆,成为内迁专家学者与云南地方学者的当务之急。双方都有交流、合作,共同推进西南边疆研究的需要。当时边疆研究的大型刊物或被迫停刊,或转移发行,而云南地区涉及边疆研究的刊物寥寥无几,不成气候,无法适应时代需要,急需搭建一个交流、沟通、讨论、合作的学术平台。内迁学者凌纯声与云南学者方国瑜,因都对国人忽视西南边疆危机及西南边疆研究极为愤慨,对刊物在现代学术研究中的重要性亦有深刻认识,遂联合组织西南边疆月刊社,发行《西南边疆》,由方国瑜担任主编。

《西南边疆》创刊号于 1938 年 10 月 27 日在昆明出版,前 12 期在昆明编印,称"滇版",自第十三期起移蓉编印,改为中国民族学会西南边疆研究社编辑,称"蓉版",由徐益棠主编。论文栏目核心作者有 20 位,多为知名学者。就年龄结构言,以 1910 年代生者为主体。就教育背景言,有超过四分之一者有留学背景,留学欧美者最多。就籍贯而言,以江浙为多。这与近代以来江浙为人文渊薮相符。就毕业大学而言,金陵、燕京等教会大学毕业者最多,南高高师——东南大学毕业者占其次,再次是北京大学毕业者、清华大学毕业者和中山大学毕业者。主要来自北京、南京、天津等地高校。与近代高校资源的集中相一致。就学科背景而言,涉及文、理、工、法、商、农、医中的多数科目。就职业而言,以高校教师为主,科研院所研究人员次之。其中多数后来都被吸收为中国民族学会会员。个别组稿主要由方国瑜、凌纯声、徐益棠分头联络进行。已知经费来源有广告收入、销售收入和个人赞助。封面设计及其前后变化,基本符合杂志封面设计的原则。栏目设置及其前后变化均是合理的。译述栏目和书评栏目的设置及经营与中国民族学会关系较大。一至四期为月刊,五、六两期为双月刊,七、八两期为五月刊,第八期以后不定期。因经费跟不上,1944 年 6 月出版第十八期后停刊。

该刊是战时西南边疆研究的综合性的学术期刊,征稿范围在内容上涉及西南边疆的各个方面,所刊文章的研究区域包括云南、四川、贵州、广西、广东、湖南、西康、西藏、缅甸等地。仅"论文"栏目所刊文章就涉及到神话研究、信仰研究、宗教研究、语言研究、边疆教育研究、交通建设研究、边疆开发与建设研究、动物学研究、植物学研究、地理、地质及气象研究、农林水利研究、土司研究、少数民族社会经济研究、民族源流与历法研究、经济研究、云南地方史研究、西南对外交通史研究、西北民族史研究,及一些综合性的介绍或研究等。而且还集中反映了边疆治理问题、民族问题、边疆教育问题、跨国移民问题、边地货币问题、罂粟种植问题、边地瘴疟问题和边地外国教会势力问题等。具有注重社会调查、救国意识鲜明等特点,在边疆地区政治史、社会史及民族史,民俗学、民族学、人类学、社会学研究中具有重要的学术价值。所刊文章中有不少是讨论政治、经济、交通、教育、农林水利、移民垦殖、矿产开发等现实问题的,对于当时社会有重要的现实意义,有些在今天来看也不乏参考价值。所刊文章驳斥"大泰族主义",响应"中华民族是一个"主张,为抗战提供学理支持;纠正了当时的一些错误民族观,有利于中华民族的团结与凝聚,具有重要的政治现实意义。

西南文化研究室的成立,可能是 1940 年成立文史学会的计划在落实中发生变化,先改为西南史地研究室(1941 年 3 月),最迟在 1941 年 9 月确定为西南文化研究室。在筹备中,方国瑜出任筹备主任,熊庆来负责经费筹集。补助经费到位后,于 1942 年 7 月宣告成立。云南大学之所以成立该室,是考虑到西南在文化、民族及与东南亚国家关系中的重要性,有设置专门研究机关的必要。

而云南大学以地域与人事关系，负有研究西南文化之使命。研究室主要设主任、研究员、名誉研究员、名誉编辑员（后改设特约研究员）、特约编辑员。主任由校长在本校聘任。这一职位始终为方国瑜担任。其余则由方国瑜提名，熊庆来核定后以校长名义聘任。研究员最初有姜亮夫、徐梦麟、楚图南、陶云逵、陈定民、白寿彝，最迟到1944年3月，增加了费孝通和方树梅，同年1月陶云逵去世，此后维持不变。名誉研究员最初有顾颉刚、胡小石、徐旭生、向觉民、闻在宥、罗莘田、张印堂、陈碧笙、凌纯声、徐益棠、王文萱、白寿彝、汪典存、游国恩、邓永龄。名誉编辑员有俞季川、李子廉、陈一得、夏嗣尧。特约编辑员最初有张凤岐、于仲直、张希鲁、赵继曾、李拂一、彭桂萼、李辑五、杨万选、胡羽高、岑家梧、李希泌、江应樑、李田意。最迟到1944年3月，不再设"名誉编辑员"，改设"特约研究员"。所聘人员也略有调整和变化，原为名誉编辑员的俞季川、李子廉、陈秉仁、夏嗣尧等人，及原为特约编辑员的张凤岐、杨万选、胡羽高、岑家梧、江应樑等人，改为特约研究员。邓永龄和李田意则不知何故没有在名单中，名誉研究员中增加了吴文藻。以上人员虽有变化，但均按"组织章程"规定聘请，研究员聘自本校，名誉研究员、名誉编辑员（或特约研究员）、特约编辑员，则一律自校外聘请。其中，陶云逵、楚图南、闻在宥、白寿彝、张印堂、凌纯声、徐益棠、岑家梧、张凤岐、江应樑、彭桂萼、李希泌、赵继曾等均是《西南边疆》的撰稿者。来自云南通志馆系统者，有方树梅、于乃义、张希鲁、夏光南、方国瑜等。任教云大（包括曾任教者）或在云大从事研究者，有方国瑜、顾颉刚、胡小石、闻宥、楚图南、费孝通、白寿彝、岑家梧、陶云逵、江应樑、向达、吴文藻、徐嘉瑞、姜亮夫、陶秋英、俞季川等。来自其他学校或研究机构者，有罗常培、徐旭生、张印堂、游国恩、汪懋祖、王文萱、邓永龄、陈碧笙、陈一得、李子廉、夏嗣尧、李拂一、杨万选、胡羽高、李辑五、李田意、张希鲁、张凤岐、于仲直、李希泌、彭桂萼、赵继曾等。

该室拟有宏大研究计划和具体年度工作计划,因资金、物力困难,图书器物的搜罗难以完备,第一年年度工作计划以出书为主,拟出专刊五种,学报一期。但未能如数完成,只印成的学报一期(《云南大学学报》第一类第二号,1942 年 7 月),专刊三种(张印堂著《滇西经济地理》、方国瑜著《滇西边区考察记》、徐嘉瑞著《云南农村戏曲史》,1943 年 7 月出版)。第二年度拟出专刊五种,学报两期,聘专任研究员、专任助理员各一人(后增为各 2 人),组织历史及边疆考察团。在落实中因考虑到此时研究应多经意中南半岛及印度马来诸境,故决定印刷陈修和编著之《越南古史及其民族文化之研究》、徐嘉瑞译述之《印度美术史》和朱杰勤译之《暹罗史》。实际出版了陈修和著《越南古史及其民族文化之研究》(1943 年 12 月)。第三年度继续前两年的做法,拟出版专书五种,聘人计划及组织考察团与上一年度同。另拟出"云南文化丛书"十种,不久增至二十种,但似未得到经费支持。实际出版了方树梅撰《明清滇人著述书目》、英国 HaTvay 著,李田意等译《缅甸史纲》(1944 年 12 月)。第三年年度计划制定后,未见该室制定第四年年度计划,两行对该室的经费资助亦告停止。这除了与当时整个经济形势有关外,可能主要还是受陆崇仁贪污案的影响。后三种书,即李拂一的《泐史》及《车里宣慰世系考订》、徐嘉瑞《大理古代文化史》,主要是向私人筹资印的。1948 年 5 月,云南大学曾向教育部申请补助经费,但未获批准。至 1949 年 7 月出版丛书第十种徐嘉瑞《大理古代文化史》后,研究室陷入瘫痪和停顿。第一、二年年度计划中的《二十四史云南文献辑录》,以该室当时的财力及人力条件,不可能"短期编成"。1942 年 12 月在接洽中的《蛮书校注》后未列入计划,客观原因是在当时条件下无法完成,不得不放弃。李田意翻译《缅甸史纲》,朱杰勤翻译《吴迪〈暹罗史〉》,由西南文化研究室负责出版,均是该室与东方语文专科学校合作的内容。第三年年度计划中的徐嘉瑞译述《印度佛教美术史》(或《印度美术史》)、朱杰勤译《暹罗史》,则不知何故均未能出版。

战后复员时,熊庆来为免使研究工作遭到中断,拟将该室与西南社会研究室合并,扩充为西南文化社会研究室,聘请北京大学、清华大学和燕京大学的教授担任讲座教授或导师,未果。1953年9月,云南省民委让云南大学将该室书籍资料移交应用。10月,云南大学考虑到该室已陷入停顿,将其结束。图书资料等除留少量交图书馆保存外,其余全部移送民委会。

西南文化研究室存在期间共编印学报一种,出版"西南研究丛书"十种。所谓"十一种"或"十余种"的说法,应是将列入计划,但未能出版的罗常培著《莲山摆彝语文初探》算在内,与事实不符。

西南文化研究室是近代研究云南地方史的第一个学术机构,也是云南现代学术史上的第一个研究机构。它出版的"西南研究丛书",涉及民族史研究、人类学民族学研究、文化史研究、区域经济地理研究、目录学研究、东南亚史研究等六个方面,开创了作为整体性区域文化比较及综合研究的"西南研究"或"西南学",为云南现代学术的发展奠定了基础。

《西南边疆》、西南文化室均与方国瑜密切相关。方国瑜不仅是《西南边疆》"滇版"12期的主编和西南文化研究室主任,而且其聘请的研究人员中,陶云逵、楚图南、闻在宥、白寿彝、张印堂、凌纯声、徐益棠、岑家梧、张凤岐、江应樑、彭桂萼、李希泌、赵继曾等均是《西南边疆》的撰稿者,足见方国瑜西南文化研究室的主力为

《西南边疆》的作者群体。而且,《西南边疆》的征稿范围与西南文化研究室的研究项目相当接近。"西南研究丛书"中某些著作的内容最先就是在《西南边疆》发表。但《西南边疆》的创刊与西南文化研究室的创建并不同时,《西南边疆》也不是西南文化研究室所办。

直到全面抗战爆发,西南边疆研究在中国边疆研究中的不受重视和薄弱都是众所周知的。《西南边疆》作为战时西南边疆研究的唯一一份综合性学术期刊,凝聚了一批研究西南边疆的知名学者,集中刊发了一批研究西南边疆的文章,西南文化研究室拟有宏大研究计划,聘请省内外知名学者加盟,所出版"西南研究丛书"涉及民族史研究、人类学民族学研究、文化史研究、区域经济地理研究、目录学研究、东南亚史研究等六个方面,极大地改变了西南边疆研究的滞后局面。

方国瑜的学术转向为抗战爆发后与内迁专家学者联合组织西南边疆月刊社,出版《西南边疆》,邀请省内外知名学者加盟西南文化研究室,推进西南边疆研究奠定了基础。这些工作促进了现代学科和现代学术在西南边疆的建立、传播与发展,极大地推进了关于西南边疆知识的生产与积累,《西南边疆》及"西南研究丛书"为西南边疆保存了最为广泛的资料,从而全面建立了西南边疆的知识体系,为国人认识西南边疆、研究西南边疆、建设西南边疆奠定了扎实的史料基础、学术基础和学术意见,推动了中国传统边疆研究的现代转型。

方国瑜创办和主编的《西南边疆》,主持的西南文化研究室,对《国立中山大学文学院边疆学系组织计划纲要》规定的"边疆学"的研究对象作了具体化处理,对"边疆学"的研究区域作了更为明确的界定,并联络省内外研究西南边疆问题的专家学者,就相关问题展开多学科的综合研究,发表了大量论著,为中国边疆学的构筑打下了扎实的学术桩子。因此,可以说,方国瑜开展了中国边疆学构筑的早期实践,而且是最重要的早期实践者。

方国瑜组织的西南边疆研究开辟了一系列新的研究领域,并做出了开拓性贡献,在多方面决定了西南边疆研究的未来走向,对后来多个领域的学术发展产生了深刻影响。如云南史料的整理与研究、南亚史和东南亚史的研究、《马可波罗云南行纪》研究、西南对外交通史研究、以瘴气研究为中心的西南环境史研究、云南区域经济地理研究等。

方国瑜酝酿了"中国历史发展的整体性"理论,为中国研究及中国边疆学研究提供了理论指导。该理论酝酿于 20 世纪三四十年代,"统一"与"整体"是该理论的主要概念,"统一"与"整体"的关系,整体之内的差别性、不平衡性与一致性,都是该理论的主要内容。该理论主要表现为边疆与内地是一个整体,少数民族与汉族是一个整体,中国古代史与中国近代史是一个整体。该理论因为把握了中国历史发展的脉络,深刻阐述了中国多民族国家形成和发展的内在因素和固有规律,适宜做中国历史研究及中国边疆学研究的指导理论。

附　　录

附录 1：本校西南文化研究室名誉研究员、名誉编辑员、特约编辑员名单

名誉研究员

姓名	通讯地址
顾颉刚	重庆中央大学文学院
徐旭生	昆明北平研究院史学研究所
胡小石	重庆白沙女子师范学院
张印堂	昆明西南联合大学地理系
罗莘田	昆明西南联合大学文学系
游国恩	昆明西南联合大学文学系
向达	甘肃敦煌中央博物馆工作站

续表

姓名	通讯地址
闻在宥	成都华西大学研究所
凌纯声	四川南溪李庄中央研究院史语所
徐益棠	成都金陵大学文学院
汪典存	大理国立师范转
王文萱	呈贡东方语文学校
邓永龄	四川北碚金刚碑金刚草堂勉仁书院子琴
陈碧笙	昆明滇缅铁路督办公署秘书处
白寿彝	四川南溪李庄中央研究院凌纯声转

名誉编辑员

陈一得	昆明钱局街一得测候所
李子廉	昆明教育厅
夏嗣尧	昆明云南经济委员会
俞德浚	昆明黑龙潭农林植物研究所

特约编辑员

岑家梧	四川璧山国立艺术专科学校
李拂一	车里县政府教育科转

姓名	通讯地址
杨万选	贵阳慈善巷贵州文献征集馆转
胡羽高	贵阳慈善巷贵州文献征集馆转
李辑五	大理省立中学
江应樑	呈贡东方语文专科学校
李田意	重庆中央大学英语系
张希鲁	昭通省立中学
张凤岐	大理云贵监察使署
于乃义	昆明翠湖昆华图书馆
李希泌	大理云贵监察使署
彭桂萼	缅宁简易师范学校
赵继曾	大理县立中学

附录2:西南文化研究室部分研究人员小传

1. 姜亮夫(1902—1995),名寅清,字亮夫,以字行,云南昭通人。先后毕业于北京师范大学、清华大学研究院,师从王国维、梁启超、陈寅恪、赵元任诸先生学习。后由李根源先生介绍为章太炎先生入室弟子。在南通、无锡教过中学,后到上海,在大夏、暨南、复旦等校任教授,同时在北新书局任编辑。1935 年至 1937 年赴法留学,初意学考古学,后与挚友王重民、向达诸君为挽救流散于法国巴黎、英国伦敦诸地的敦煌经卷,两年的留学生涯,遂以收集敦煌文献为其主业。1942 年 2 月,允任云南大学文法学院院长。(资料来源:《自订年谱》,姜亮夫著:《姜亮夫全集》二十四卷《回忆录》,云南人民出版社 2002 年 12 月版,第 416 页。)

2. 徐嘉瑞(1895—1977),号梦麟,云南大理人。先后考入工矿学堂、省立师范学院,但因经济原因均未能完成学业。1913 年至 1922 年,在昆明陆军学院做司药,同时开始"以群书为吾师,凭自学而成才"的奋进生活,勤奋钻研,广博群书,并自学日语和英语。1923 年任昆明成德中学国文教员,后又任云南省立第一中学、省立女子中学教员、昆明《民众日报》社长兼编辑等职。(资料来源:《徐嘉瑞》,西南民族学院少数民族语言文学研究所主编,王强等著:《中国现代民间文艺学家》第一分册,中央民族学院出版社 1988 年版,第 150—151 页。)

3. 陈定民(1910—1985),生于浙江宁波,原籍绍兴。1934 年得到中法大学公费赴法留学。在巴黎大学语音学院学习,1938 年获得文学博士学位。1939 年回国到云南大学教法语,以后又在西南联大任教。(资料来源:《陈定民自述》,北京图书馆《文献》丛刊编辑部,吉林省图书馆学会会刊编辑部编:《中国当代社会科学家》第 6 辑,1984 年版,第 154、159、160 页。)

4. 费孝通(1910—2005),笔名费北,江苏吴江人。1933 年毕业于燕京大学社会学系。1935 年毕业于清华大学研究院。1938 年获伦敦政治学院哲学博士学位。1938 年 11 月受中英庚款董事会资助到云大从事研究工作。自此先后在云南大学、西南联大、清华大学、北京大学、中央民族大学任教。(资料来源:《中英庚款董事会资助科学人员到云大继续研究》,《云南日报》1938 年 11 月 5

日第四版。)

5. 方树梅(1881—1967),字臞仙,号雪禅,又号梅居士,因喜好收集滇南文献和研究滇史,又自号滇癖,晋宁人。家学渊源颇深。1905年考入昆明高等学堂。1906年,高等学堂改办优级师范,方树梅即转入该校博物班。因受赵藩、陈荣昌、袁嘉谷、李坤等文化名人的影响,青年时期便立志要以平生精力"阐扬吾滇文献"。在优级师范上学时,除了攻读经史外,又增加了图书、外语等科目。因此,方树梅得以系统地学习文献、目录学的理论知识。课余闲暇之时,"好游古书肆",专门览购古滇历代贤哲著作。在购求云南文献时,尤注重方志的搜访。1910年以后先后任晋宁教育研究会会长兼讲员、《云南日报》编辑、昆明师范学校学监兼国文修身教员、云南丛书处编校员、女中第八班国文教员、图书馆庶务长兼丛书处文牍、女中十二班国文教授、省立博物馆艺术馆主任、云南通志馆干事等职。(资料来源:李硕:《藏书家方树梅〈明清滇人著述书目〉》,中国人民政治协商会议云南省委员会文史资料研究委员会编:《云南文史资料选辑》第21辑,云南人民出版社1984年版,第64—65页;王水乔:《方树梅对云南地方文献的搜集与整理》,载《学术探索》1993年第4期,第58页。)

6. 顾颉刚(1893—1980),原名诵坤,字铭坚,江苏苏州人。1920年毕业于北京大学文科中国哲学门。自1926年至1954年,历任厦门大学、中山大学、燕京大学、北京大学、云南大学、中山大学、复旦大学、兰州大学等校教授,1954年起任职于中国科学院里说研究所,是中国历史地理学和民俗学的开创者、"古史辨"学派的创建人。

7. 徐旭生(1888—1976),河南省唐河县人,原名炳昶,后来以字行,笔名虚生、值庵。先后入北京豫学堂、北京译学馆、巴黎大学。1919 年夏回国后,先后任教于开封第一师范学校、河南留学欧美预备学校和北京大学。1925 年任《猛进》主编。是年秋任北京大学教务长。1927 年任中国西北科学考察团中方团长。1929 年 12 月任国立北平大学第二师范学院院长。1931 年 2 月任北师大校长。1932 年任北平研究院史学研究会编辑,后改为研究员。1933 年前往西安,与当地文化人士合组陕西考古会。1937 年初,北平研究院史学研究会改为史学研究所,任所长。抗战爆发后,该所南迁昆明,徐先生也到昆明。(资料来源:《徐旭生先生传略》,徐旭生著:《中国古史的传说时代》,广西师范大学出版社 2003 年版,第 356、357、358、359 页。)

8. 胡小石(1888—1962),原籍浙江嘉兴,生于南京,名光炜,字小石,号倩尹,又号夏庐,晚年别号子夏、沙公。清末毕业于两江师范学堂。毕生从事高等学校的教学和科研工作。历任北京女高师、武昌高师、西北大学、东南大学、中央大学、金陵大学、白沙大学、云南大学等校教授兼中文系主任、文法学院院长等职。中华人民共和国建立后,任南京大学教授兼文学院院长、图书馆馆长、南京博物院顾问等职。科研范围较广,特别以甲骨、钟鼎、古文字音韵、楚辞、杜诗、书法及古物鉴别见长。(资料来源:范存忠:《序言》,载《胡小石论文集》,上海古籍出版社 1982 年版。)

9. 罗常培(1899—1958),字莘田,号恬庵,生于北京。1919 年毕业于北京大学中国文学系。时值五四运动,又进哲学系两年。1928 年以后,先后任中央研究院历史语言研究所研究员、北京大学教授。抗战期间任北大文科研究所所长、西南联大中文系主任和师范学院国文系主任。

10. 游国恩(1899—1978),江西临川人。1920 年考入北京大学中文系预科。1922 年升入北京大学中文系本科。1926 年 7 月毕业。先后任教于临川中学、南昌女子第一中学、南昌第一中学、武汉大学、青岛大学、华中大学、西南联合大学及北京大学。在喜洲期间,利用方志和有关西南地区的文献,对西南民族的历史、民俗、语言、文化等作了大量研究。如《说蛮》(上、下)、《说洱海》、《火把节考》、《南诏用汉字文字考》、《从文献上所见的西南夷语》、《南诏德化碑校勘记》、《白古通考》、《夷族令节考》、《跋杨慎滇载记》、《韦土官非阴后裔辨》、《驳段樊堂二名不偏讳说》等。(资料来源:游宝谅:《游国恩先生年谱》,载《淮阴师范学院学报(哲学社会科学版)》2002 年第 1 期。)

11. 向达(1900—1966),字觉明,湖南溆浦人。毕业于南高——东大,后任上海商务印书馆编译所编译员、北平图书馆编辑(1935 年作为交换馆员,赴英国牛津大学图书馆,整理中文图书,曾到伦敦不列颠博物院、德国柏林、法国巴黎的国家图书馆研究被盗去的中国古文书及敦煌卷子)。1939 年秋应迁到昆明的北京大学之聘,任北京大学文科研究所专任导师,兼西南联大历史系教授。1942 年应约参加中央研究院组织的西北史地考察团,任考古组组长。[1]1941 年 3 月,熊先生致函西南联大,拟聘请向氏为云南大学文史系兼任教授[2]。(资料来源:《向达》,赵忠文编:《中国史学大辞典》,延边大学出版社 1992 年版,第 201 页;《云南大学拟聘向觉民函》,云南大学,云南省档案馆编,刘兴育主编:《云南大学史料丛书·校长信函卷》(1922—1949),云南民族出版社 2009 年 9 月版,第 148 页。)

12. 汪懋祖,字典存,江苏苏州人,早年留学美国,专攻教育学。回国后曾任北京师范大学教授、南京东南大学教育系主任等职。1927—1931 年创办苏州中学并任校长。抗战爆发后,全家迁往云南大理。1938 年,汪先生自筹经费,创办大理师范学校。后

来正式定名为"国立大理师范学校",汪先生任校长。(资料来源:
章育才:《民族教育的开拓者——纪念汪懋祖先生诞辰一百周
年》,载《云南教育》1992 年第 3 期,第 7 页。)

13. 邓永龄(1902—1984),即邓子琴,笔名无畏,云南省永善
县人。1923 年由云南省教育厅考送成都国立高等师范国文部学
习,毕业后,在南京中央大学哲学系插班一年毕业。后到江苏省立
南通中学任教半年,经中央大学汤用彤教授介绍,回校在哲学系任
助教。1931—1933 年,在昭通省立第二中学任教务主任、代理校
长。1933 年 1 月创办永绥联立中学(今永善县一中),担任校长。
1933 年 8 月调任云南省教育厅督学、编译,翻译出版《阿输迦王石
刻》一书。1934 年 6 月在楚雄中学任教。1935 年秋,在山东菏泽
乡村建设研究分院任导师。抗战爆发后,受聘四川璧山中学教务
主任。1939 年秋,在乐山复性书院任都讲。不久任教成都建国中
学。1941 年任齐鲁大学讲师。1942 年至 1948 年,在勉仁书院任
研究员(参见郑青刘平斋主编《四川省社会科学手册》,四川省社
会科学院出版社 1989 年版,第 453 页)。早年有《讨究西南方音
及西南民族历史语言之管见》(载《国立中央大学半月刊》第一卷
第五期,1929 年)一文。

14. 陈碧笙(1908—1998),福建福州人。1926 年毕业于上海
公学大学部经济系。1928 年至 1932 年先后在日本东京东亚高等
预备学校、早稻田大学政治学部学习,回国后任上海暨南大学经济
系教授。1945 年 10 月在重庆加入民盟。(资料来源:中共厦门市
委党史研究室编:《中共厦门党史人物辞典》(社会主义时期),中
央文献出版社 2003 年版,第 150 页。)

15. 夏光南,字嗣尧,1892 生于云南会泽。毕业于北京大学,
在省立第一中学等校教历史多年。所著《元代云南史地丛考》一

书,由中华书局出版,对云南古代史料勤于考索,贡献颇多。《新纂云南通志·地理考》中的疆域部分,主要为其所编。(资料来源:民国云南通志馆编,云南省志编纂委员会办公室编校:《续云南通志长编》下册,云南省志编纂委员会办公室1985年12月版,第841页。)

16. 俞季川(1908—1986),即俞德浚,季川是其字,北京人。1928年考入国立北平师范大学生物系。1931年毕业后到北平静生生物调查所从事植物分类学研究。1932年被派往四川北碚中国西部科学院任植物部主任。1934年回北平静生生物调查所工作。该所后来又受英国皇家植物园和皇家园艺学会之托,接受到云南采集高山植物种子的任务,俞先生于1937—1939年又被派往云南西北部从事为期3年的野外考察采集。抗战爆发后,该所南迁昆明,后与云南省教育厅合作成立云南农林植物研究所,1939—1947年俞先生成为该所研究员,1945年起任副所长。在此期间,又兼任云南大学生物系和农学院讲师、副教授。(资料来源:陆玲娣:《俞德浚》,《科学家传记大辞典》编辑组编:《中国现代科学家传记》第五集,科学出版社1994年版,第563—564页。)

17. 李拂一,云南普洱人,1901年生,卒年不详。1923年进入西双版纳,1949年下半年移居泰国,1950年移居台湾。先后任普思沿边行政总局科员、科长、车里富滇银行分行经理、五福县(勐遮)政府秘书、五福县教育局长、佛海县教育局局长、云南省立佛海简易师范学校校长、佛海县政府秘书、佛海代理县长、云南经济委员会佛海服务社经理、云南省教育厅西南督学区国教视导员、云南省参议员、国民党第一届全国代表大会代表、车里县县长、云南省政府秘书、云南省政府参议等职。(资料来源:侯祖荣:《李拂一先生其人其事》,中国人民政治协商会议景洪市委员会文史资料委员会编:《景洪文史资料选辑》第二辑,1995 年版,第 94—95 页。)

18. 杨万选,贵州人,1922 年前后任贵州大定内地会福音堂立之两级小学校校长。1926 年前后于北京师范大学进修社会学。1928 年回黔从政。著有《贵州苗族考》,该书被视为我国苗族人类学研究之最早著作(参见杨万选,杨汉先,凌纯声等著:《贵州苗族考》按语,贵州大学出版社 2009 年版)。论文有《贵州省大定县的农民》(载《东方杂志》第二十四卷第十六号,1927 年 8 月 25 日)、《苗族与中国民族之起源》(《大陆杂志》第十六卷,1958 年)等。

19. 胡羽高(1895—1957),原名承嚚,后改名嚚,贵州三都县三合镇人。1917 年毕业于北京国立高等师范学校国文专修科。1918 年出任贵州天柱县县长,后历任贵阳、遵义、镇远、镇宁等县县长。1927 年任省参议员。1928 年任贵南马路总监工委员,并力争把修筑三合支路纳入贵南路修建计划。1933 年任湖南何建部少将参议员,后任四川万县物资专员。1948 年当选国大代表。酷爱读书、藏书和著书。1940 年在县城旧居建"德金图书馆",藏书 5 万余册。曾主编《三合县志略》及《镇宁县志》,参与续编《贵州通志》,著有《牂牁丛考》、《胡忠简公年谱》、《三都乙酉水灾纪实》及 1935 年前后贵州军事的一些资料汇编。曾在贵阳开设"羽高书店",1957 年病逝于贵阳。(资料来源:《胡羽高》,林建曾等编:《贵州著名历史人物传》,贵州人民出版社 2001 年版。)

20. 李家瑞(1895—1975),原名辑五,云南剑川人。1920 年考入东南大学,旋又考入北京大学,受业于刘复先生,并兼修哲学、历史。1928 年毕业后经刘先生介绍,入中央研究院历史语言研究所工作。在刘先生指导下,从事我国俗文学资料搜集和研究工作。先后参与刘先生编写《宋元以来俗字谱》,协助刘先生主编《中国俗曲总目稿》，独立完成《北平风俗类征》。抗战爆发后返回云南。1940 年因神经衰弱返里休养。1941 年任教大理中学高中部。两年半后转丽江中学任教。1950 年以后任鹤庆中学教员、云南省博物馆文物整理保管部主任、副馆长兼研究员等。执教之余，从事云南地方民族文物与考古的研究。（资料来源：马长舟：《李家瑞传略》，方树梅纂辑：《续滇南碑传集校补》，云南民族出版社 1993 年10 月版。）

21. 张希鲁（1900—1979），名连懋，号西楼，云南昭通人。1923 年考入东陆大学文史专业。1930 年返回昭通任教于省立第二中学和昭通女子师范学校。1931 年义务兼任昭通民众教育馆筹备员。酷爱文物考古。1931 年夏，主持发掘昭通后海子古墓。1934 年外出考察文物，取道四川，沿长江东下，抵南京，转北京，与容庚、高阆仙等学者探讨学术。同时，参加容庚主持的中国最早的考古学术组织——考古学社。后与云南通志馆方树梅同行，经河北、山西、山东、江苏、河南、陕西、湖北、江西、安徽、浙江等省，沿途搜集文献文物，与当地学者交流切磋，历时 1 年半。回云南后，于1935 年秋应邀前往楚雄中学任教。1937 年春，为研究昭通地方历史、文物，向云南通志馆提供文物资料，返回昭通，仍任教于省立第二中学。抗战期间与方先生多有书信往还。如《西楼文选》收有《方国瑜兄来信》（1939）、《方国瑜兄来书》（1941）等。（资料来源：《张希鲁》，张荣才总纂，昭通地区地方志编纂委员会编纂：《昭通地区志》（下卷），云南人民出版社 1999 年版，第 447—448 页；张希鲁著：《西楼文选》，昭通地区行署文化局 1985 年版，第 323、328 页。）

22. 于乃义（1915—1980），字仲直，号明净，别署饮光，云南昆明人。1928 年考入云南法政专门学校政治经济系本科，1932 年毕业。1933 年 1 月起在云南省立昆华图书馆担任编目工作。期间还参加了云南丛书中《滇文丛录》、《滇诗丛录》的整理,并担任校印工作。又协助袁丕佑编成《石屏县志》后二十卷。参加《新纂云南通志》的编纂,参与《云南史地辑要》的写作。1943 年,与李根源、潘光旦、朱自清等创办五华中学。1944 年主持五华中学。1947 年,被推举为五华文理学院教务长。(资料来源:民国云南通志馆编,云南省志编纂委员会办公室编校:《续云南通志长编》下册,云南省志编纂委员会办公室 1985 年 12 月版,第 839—840 页。)

23. 吴文藻(1901—1985),江苏江阴人。1917 年考入清华学堂。1923 年赴美留学,攻读社会学,在哥伦比亚大学获博士学位。1929 年回国后历任燕京大学教授、社会学系主任、文学院院长等职。抗战期间任云南大学文学院院长,创办社会系并兼主任。(资料来源:《吴文藻自述》,高德增、丁东编:《世纪学人自述》第 1 卷,北京十月文艺出版社 2000 年版。)

24. 陶秋英(1909—1950),原籍江苏苏州,生于上海。1930 年毕业于上海持志学院国文系。1931 年毕业于燕京大学国文系研究院。先后任上海惠平中学、上海明强中学、上海中西女中、杭州弘道女中文史教员。1938 年在上海与姜亮夫结婚。1941 年 8 月至 1942 年 6 月任东北大学中文系讲师。1944 年 8 月至 1946 年 7 月任云南大学中文系讲师。1947 年 8 月至 1949 年 1 月任英士大学中文系教授。1949 年 9 月至 1950 年 8 月任云南大学中文系教授。1950 年因病辞职。(资料来源:《妻陶秋英略历》,姜亮夫著:《姜亮夫全集》二十四卷《回忆录》,云南人民出版社 2002 年 12 月版,第 420 页。)

25. 缪鸾和,1938 年进入云南大学文史系。有深厚的家学渊源。他在一年级时选读吴晗教授的明史课,即深得吴先生夸赞。大三时选定《南中志》校注作为毕业论文的选题,请方国瑜先生做他的指导教师。毕业论文《南中志校注稿》被方先生评为最佳成绩。云大文史系主任徐嘉瑞先生曾有意为之刊印,但限于经费未能实现。1942年7月毕业,因成绩优异,留校任文史系助教,兼在西南文化研究室工作。(资料来源:李埏:《缪鸾和同志及其遗著》,李埏著:《不自小斋文存》,云南人民出版社2001年版,第734页;李埏:《熊迪之先生轶事》,李埏著:《不自小斋文存》,云南人民出版社2001年版,第721、722页。)

注　释

1　《向达》,赵忠文编:《中国史史学大辞典》,延边大学出版社1992年版,第201页。

2　《云南大学拟聘向觉民函》,云南大学、云南省档案馆编,刘兴育主编:《云南大学史料丛书·校长信函卷》(1922年—1949年),云南民族出版社2009年9月版,第148页。

参考文献

一　基本资料

（一）《西南边疆》杂志

（二）"西南研究丛书"（按出版时间排序）

张印堂著:《滇西经济地理》,国立云南大学西南文化研究室1943年7月版。

方国瑜著:《滇西边区考察记》,国立云南大学西南文化研究室1943年7月版。

徐嘉瑞著:《云南农村戏曲史》,国立云南大学西南文化研究室1943年7月版。

方树梅撰:《明清滇人著述书目》,国立云南大学西南文化研究室1944年12月版。

［英］HaTvay著,李田意等译:《缅甸史纲》,国立云南大学西南文化研究室1944年12月版。

陈修和著:《越南古史及其民族文化之研究》,国立云南大学西南文化研究室1943年12月版。

张镜秋译注:《僰民唱词集》,国立云南大学西南文化研究室

1946 年 8 月版。

李拂一译:《泐史》,国立云南大学西南文化研究室 1947 年 2 月版。

李拂一撰:《车里宣慰世系考订》,国立云南大学西南文化研究室 1947 年 4 月版。

徐嘉瑞著:《大理古代文化史》,国立云南大学西南文化研究室 1949 年 7 月版。

(三)档案

云南大学档案馆藏相关档案

中国第二历史档案馆编:《中华民国史档案资料汇编》第五辑第二编教育(二),江苏古籍出版社 1997 年版。

(四)方国瑜研究资料(按作者姓氏字母排序)

方国瑜著,林超民编:《方国瑜文集》第一至五辑,云南教育出版社 2001 年版(一至四辑)、云南教育出版社 2003 年版(第五辑)。

方福祺著:《方国瑜传》,云南大学出版社 2001 年版。

林超民著:《林超民文集》第一、二卷,云南人民出版社 2008 年版。

林超民著:《林超民文集》第三、四卷,云南人民出版社 2010 年版。

(五)报刊(按刊名首字字母排序)

《边疆通讯》、《边疆研究通讯》、《边疆研究论丛》、《边政公论》、《边事研究》、《地理》、《地理学报》、《东方杂志》、《广播周报》、《海外月刊》、《今日评论》、《联合画报》、《民族学研究集刊》、《民族杂志》、《平等杂志》、《清华周刊》、《清真铎报》、《青年中国季刊》、《社会研究》、《时事类编》、《天南》、《图书季刊》、《外交月报》、《外交评论》、《新动向》、《新社会学》、《新亚细亚》、昆明版《益世报·边疆(周刊)》、《益世周报》、《禹贡》、《云南日报》、《正论》、《正义报》。

二 研究论著(按作者或编者姓氏字母排序)

(一)著作

陈友康、罗家湘著:《20 世纪云南人文科学学术史稿》,云南人民出版社 2003 年版。

丁守和、马勇、左玉河等主编:《抗战时期期刊介绍》,社会科学文献出版社 2009 版。

复旦大学历史地理研究中心主编:《港口——腹地和中国现代化进程》,齐鲁书社 2005 年版。

顾颉刚著:《顾颉刚日记》第四卷(1938—1942),台北联经事业出版公司 2007 年版。

胡耐安编著:《边政通论》,台北商务印书馆 1960 年 9 月版。

黄奋生:《边疆屯垦手册》,青年出版社 1946 年版。

姜亮夫著:《姜亮夫全集》二十四卷《回忆录》,云南人民出版社 2002 年 12 月版。

江应樑著:《摆夷的经济文化生活》,云南人民出版社 2009 年7 月版。

李埏著:《不自小斋文存》,云南人民出版社 2001 年版。

刘梦溪著:《中国现代学术要略》,三联书店 2008 年版。

马祖毅等著:《中国翻译通史》现当代部分第 1 卷,湖北教育出版社 2006 年版。

孙喆、王江著:《边疆、民族、国家:〈禹贡〉半月刊与 20 世纪30—40 年代的中国边疆研究》,中国人民大学出版社 2013 年版。

王建民著:《中国民族学史》上卷(1903—1949),云南教育出版社 1997 年版。

许清茂著:《杂志学》,厦门大学出版社 2002 年版。

朱德普著:《泐史研究》,云南人民出版社 1993 年版。

张宪文主编:《金陵大学史》,南京大学出版社 2002 年版。

左玉河著:《移植与转化——中国现代学术机构的建立》,大象出版社 2008 年版。

左玉河著:《中国近代学术体制之创建》,四川人民出版社 2008 年版。

(二)论文

葛兆光等:《研究范式与学科意识的自觉》,载《山东大学学报》2005 年第 4 期

葛兆光:《预流、立场与方法——追寻文史研究的新视野》,载《复旦学报(社会科学版)》2007 年第 2 期。

葛兆光:《边关何处?——19、20 世纪之交日本"满蒙回藏鲜"之学的兴起及其背景》,载《复旦学报(社会科学版)》2010 年第 3 期。

贺圣达:《"南诏泰族王国说"的由来与破产》,载《中国社会科学》1990 年第 3 期。

贺圣达:《中国东南亚史研究的成就和展望》,载《世界历史》2003 年第 2 期。

胡逢祥:《现代中国史学专业机构的建制与运作》,载《史林》2007 年第 3 期。

黄泽:《半个世纪以来三套"西南民族文化研究"丛书评介》,载《广西民族研究》1999 年第 1 期。

江应樑:《民族学在云南》,载中国民族学研究会编:《民族学

研究》第一辑，民族出版社 1981 年版。

李何林：《读〈云南农村戏曲史〉》，收入徐嘉瑞著：《云南农村戏曲史》，云南人民出版社 1958 年版。

李硕：《藏书家方树梅〈明清滇人著述书目〉》，中国人民政治协商会议云南省委员会文史资料研究委员会编：《云南文史资料选辑》第 21 辑，云南人民出版社 1984 年版。

李亦园：《凌纯声先生的民族学》，《李亦园自选集》，上海教育出版社 2002 年版。

李鸿宾：《中国传统王朝（国家）观念在近代社会的变化》，载中央民族大学历史系主编：《民族史研究》第 6 辑，民族出版社 2005 年 10 月版。

刘峰、范继忠：《民国（1919—1936）时期学术期刊研究述评》，载《北京印刷学院学报》2008 年第 3 期。

林超民：《应对边疆危机的新学科——边政学的兴起与发展》，载张波主编：《丽江民族研究》第二辑，云南民族出版社 2008 年 12 月版。

林超民、秦树才：《方国瑜与中国西南对外关系史研究》，载《中国边疆史地研究》2008 年第 4 期。

林超民：《人类学云南研究的意义》，载《云南民族大学学报（哲学社会科学版）》2009 年第 5 期。

林超民：《方国瑜在国学研究中的贡献》，载《丽江民族研究》第三辑，云南民族出版社 2009 年 12 月版。

林超民：《整体性：方国瑜的理论贡献》，载《云南民族大学学报（哲学社会科学版）》2013 年第 5 期。

马大正：《二十世纪的中国边疆史地研究》，载《历史研究》1996 年第 4 期。

马大正:《当代中国边疆研究者的历史使命》,载《中国边疆史地研究》1992 年第 2 期。

马大正:《关于构筑中国边疆学的断想》,载《中国边疆史地研究》2003 年第 3 期。

马戎:《黄帝崇拜与中华民族的民族构建——介绍孙隆基新作〈历史学家的经线:历史心理文集〉》,载《西北民族研究》2007 年第 2 期。

潘先林:《独辟蹊径的元代云南史地研究力作——读〈马可波罗行纪〉云南史地从考》,载《中国历史地理论丛》第 19 卷第 4 辑,2004 年 12 月。

潘先林:《论中国近代史研究的民族史视角》,载林超民主编:《民族学评论》第二辑,云南大学出版社 2005 年 12 月版。

潘先林:《二十世纪三四十年代云南史地研究的首次学术总结——〈云南史地辑要〉概说》,载《史学史研究》2008 年第 1 期。

潘先林、张黎波:《西南边疆早期现代化的主要现象及其与国家安全之关系》,载《思想战线》2011 年第 2 期。

彭文斌:《中西之间的西南视野:西南民族志分类图示》,载《西南民族大学学报》(人文社科版)2007 年第 10 期。

彭法:《瘴气研究的拓荒之作——评〈清代云南瘴气与生态变迁研究〉》,载《学术探索》2009 年第 3 期。

石璋如:《董彦堂先生在昆明——为董作宾先生逝世廿五周年纪念作》,载《中原文献》第二十卷第十一期,1988 年 11 月 30 日。

[日本]上野稔弘著,钱杭译:《关于 20 世纪上半叶中国民族问题研究的原始资料——以台湾地区的收藏状况为中心》,载《史林》2009 年第 1 期。

王明珂等:《在历史学与人类学之间》,载《广西民族学院学报(哲学社会科学版)》2004年第4期。

王桃:《早期学报与中国现代学术的兴起》,载《编辑学刊》2004年第3期。

万亚:《"西南研究丛书"文献简介》,载《云南大学学报(社会科学版)》2003年第2期。

吴忠良:《〈史地学报〉作者群析论》,载《东方论坛》2005年第5期。

伍国:《中国阐释的范式重建及其问题——评〈现代中国思想的兴起〉》,载邓正来主编:《中国书评》第四辑,广西师范大学出版社2006年版。

王敬骝、肖玉芬:《方国瑜对阿佤山抗英的历史贡献》,肖学仁主编:《论班洪抗英的历史意义及当代价值》,云南民族出版社2007年版。

王国梁:《方国瑜历史地理学思想研究——以〈中国西南历史地理考释〉为中心》,云南大学硕士研究生学位论文,2009年5月。

王传:《中大语言历史学研究所与现代中国西南民族研究》,载《史学史研究》2010年第2期。

汪洪亮:《中国边疆研究的近代转型:20世纪30—40年代边政学的兴起》,载《四川师范大学学报(社会科学版)》2010年第5期。

许纪霖:《20世纪中国六代知识分子》,收入许纪霖著《另一种启蒙》,花城出版社1999年版。

夏明方:《清末民国社会调查与近代中国社会科学兴起》,载《中华读书报》2007年8月1日第011版。

徐畅:《中国民族学研究的先行者——回忆先父徐益棠的治

学之路》,《中国民族报》2010 年 11 月 12 日第 07 版:理论周刊·时空。

杨天宏:《基督教与中国"边疆研究"复兴——中华基督教全国总会的边疆研究》,载《四川大学学报(哲学社会科学版)》2008年第 1 期。

杨文辉:《一部不应被忽略的佤族研究著作——读〈滇西边区考察记〉》,那金华主编:《中国佤族"司岗里"与传统文化学术研讨会论文集》,云南人民出版社 2009 年版。

张公瑾:《傣文文献及其科学整理》,载贾春光等编:《民族古籍研究》,民族出版社 1987 年版。

张善尧:《云南期刊〈西南边疆〉述评》,载《云南图书馆》1993年第 3 期。

张银玲:《中国西南地区近代地学期刊发展史略》,载《西北大学学报(自然科学版)》1994 年第 3 期。

周武等:《中国中心观的由来及其发展——柯文教授访谈录》,载《史林》2002 年第 4 期。

张雷:《抗战期间昆明报刊的民族史研究》,载《云南社会科学》2007 年第 6 期。

后 记

如果说学术史可以视为一条长河的话，那么，反映专家学者的学术活动的载体，无疑就是长河上的景点与景观，那些杂志、丛书、论著等等，都是长河流程的标志，它们构成了长河上一道道亮丽的风景。《西南边疆》杂志、"西南研究丛书"等作为中国现代学术史这条长河沿途的"美景"，自然不乏引人注目的魅力。因此，本书的研究，不仅表达了后辈对国瑜先生的思慕，亦所以彰显先生的成就，扩大先生的学术影响与社会影响。

本书由我的博士学位论文修改而成，原副标题"基于《西南边疆》及'西南文化研究室'的考察"因过长，不宜放在书名中，才未采用。书名虽定为《方国瑜与中国西南边疆研究》，但内容与博士学位论文大体一致，对方先生的其他研究并未涉及。在选题、构思、写作和修改过程中，始终得到林超民教授和潘先林教授的悉心指导。但由于个人水平有限，书中定有不少错谬，诚望各位方家大雅不吝赐教。林文勋教授、朱端强教授、陆韧教授、秦树才教授、周智生教授、周琼教授、马勇教授拨冗出席开题论证会和论文答辩会，均提出中肯的批评意见，使我受益匪浅。由于我的拖沓，本书的修改进展缓慢。今日能够出版，与罗群教授和先林师的督促、鞭策密不可分。

　　2005 年 9 月,报考第一志愿落榜的我在兰州大学乔健教授、云南大学周琼教授和秦树才教授的帮助下,承先林师不弃,得以进入云大民族史点学习。从此,我的人生走上了意料之外的轨道。2008 年 7 月硕士研究生毕业后,又承先林师厚爱,成为他的第一位博士研究生。2011 年 7 月毕业留校工作。至今在云大已度过 8 个春秋。

　　回首前尘,在云大民族史点的学习虽然只有 6 个年头,但却使我认识到自己性之所近,在根本上明确了未来的人生走向。各位师长的言传身教,对于我的自我塑造助益甚大。可以说,在这里的所见所闻,都是我最深切最重要的人生阅历。在这里所受到的熏陶和感染,包括学问、道德和为人,都是我无法估价的人生财富。

　　多年来,对我启益最多的是林超民教授。先生是一位学养渊深、循循善诱、和蔼可亲的长者。先生金针度人,在栽培和提携后进方面不遗余力。先生提倡"在学中做,在做中学",指引学生逐步探知治学门径。作为国瑜先生的衣钵传人,林先生对方先生的学问和学术思想的理解是十分深刻的。本书的完成,得益于先生的指点和启迪最多。

　　多年来,为我操心最多的是导师潘先林教授和师母杨朝芳老师。是先林师的不断鞭策和启发,使我懂得了"草鞋无样,边打边像"的学术道理。先林师指导学生的特点,是心中始终记挂着学生的论文。他总是将自己想到的对学生有用的心得、看到的对学生有用的论著、听到的对学生有用的意见、发现的对学生有用的资料等及时告诉学生。如万一不能及时告知,则会马上记下来,另择适当机会告知。因此,我的论文中大至一章一节,细至一句一字,都凝聚了先林师辛勤的汗水和大量的心血。先林师对我的马虎、粗心所表现出的耐心，更是使我多次深怀愧疚。先林师和师母对我的生活所给予的关心，尤其让我难以忘怀。

多年来，我还有幸蒙林文勋教授指导和帮助，因而颇受教益。中国社科院边疆史地研究中心的马大正、厉声、李国强、李大龙诸先生多次到云大讲学，每次聆听后我都颇受教益。在方铁教授开设的《中国边疆学通论》课上聆听方老师的教诲，得到的不仅有专业知识，还有方老师的治学心得和治学方法。

多年来，云大民族史专业出身的郑志惠教授、陆韧教授、秦树才教授、周琼教授、沈海梅教授、周智生教授、马勇教授、王璞副教授、杨文辉副教授、周立英副教授、陈国保老师和辛亦武老师对我多有指导和关怀。罗群教授、李晨阳教授、赵小平副教授、张轲风副教授、沙文涛老师和田晓忠老师对我也屡有关照。感激之情，无以尽述。

多年来，学长年四国老师、路中康博士、熊斌博士、毛立红博士、陈果博士、胡习珍博士、曹曦博士、留振博士，学友罗勇、和六花、黎志刚、刘俊珂、张黎波、杨子人、毛丽娟、吴连才、李学文、梁初阳、姚勇、朱军、曾黎梅、王春桥、王冬兰等一直给予我精神上的支持、学习上的鼓励和生活上的帮助，云大民族史、历史文献学专业的其他学长和学友对我亦时有关照、帮助和鼓励，深情厚谊，刻骨铭心。

父母吃苦耐劳，辛勤劳作，一直是我重要的精神动力来源。母亲一字不识，并不了解我所选择的路，又屡受病魔折磨，但却始终支持我的选择，使我感愧交集。姐姐和表妹长期照顾父母，令我铭感。

兰州大学校友张秀平编审为本书的编辑做了认真细致的工作，并提供修改意见，令我感动。

在过去的岁月中，我还得到了很多以上未提及的师友和亲朋的帮助，在此一并表达我深深的谢意。

　　回顾多年来的学习与生活，"文章事大才难任，师友恩多报未能"最能表达我现在的感受。

娄贵品

2014 年 5 月

图书在版编目（CIP）数据

方国瑜与中国西南边疆研究 / 娄贵品著.
– 北京：人民出版社，2014
（中国边疆历史研究丛书 / 林文勋主编）
ISBN 978–7–01–012837–5
Ⅰ.①方… Ⅱ.①娄… Ⅲ.①边疆地区 – 地方史 – 研究 – 西南地区
②方国瑜（1903～1983）–人物研究Ⅳ.① K297 ② K825.81
中国版本图书馆 CIP 数据核字（2013）第 274202 号

方国瑜与中国西南边疆研究
FANGGUOYU YUZHONGGUOXINANBIANJIANGYANJIU

丛书主编：林文勋
作　　者：娄贵品
责任编辑：张秀平
封面设计：徐　晖

人民出版社出版发行
地　　址：北京市东城区隆福寺街 99 号金隆基大厦
邮政编码：100706　http://www.peoplepress.net
经　　销：新华书店总店北京发行所经销
印刷装订：北京昌平百善印刷厂
出版日期：2014 年 6 月第 1 版　2014 年 6 月第 1 次印刷
开　　本：880 毫米 ×1230 毫米　1/32
印　　张：11.5
字　　数：270 千字
书　　号：ISBN 978–7–01–012837–5
定　　价：39.50 元